D1722769

C(

Technische »Revolutionen«, neue Schlüsseltechniken prägen die Lebenserfahrung insbesondere der jeweils heranwachsenden Generationen. Diese bleibenden Jugenderinnerungen formen den Umgang mit allen späteren technischen Neuerungen: Beurteilungsmaßstäbe, Bedienungskompetenz, Aneignungsbereitschaft.

Anhand vielfältigen empirischen Materials beschreiben die Autoren vier »Technikgenerationen« dieses Jahrhunderts. Sie befassen sich mit Alters- und Geschlechtsdifferenzen, mit der Weiterbildung sowie mit den Unterschieden zwischen Ost- und Westdeutschen. Ein Ergebnis: Die Einführung des Computers hat den Abstand zwischen den Generationen vergrößert, aber die Älteren holen auf.

Reinhold Sackmann ist wissenschaftlicher Assistent am SFB »Lebenslaufforschung« an der Universität Bremen, *Ansgar Weymann* ist dort Professor für Soziologie.

Reinhold Sackmann, Ansgar Weymann

Die Technisierung des Alltags

Generationen und technische Innovationen

Unter Mitarbeit von Bernd Hüttner

Campus Verlag
Frankfurt/New York

Die Deutsche Bibliothek – CIP-Einheitsaufnahme

Sackmann, Reinhold:
Die Technisierung des Alltags: Generationen und technische
Innovationen / Reinhold Sackmann; Ansgar Weymann.
Unter Mitarb. von Bernd Hüttner. – Frankfurt/Main;
New York: Campus Verlag, 1994
   ISBN 3-593-35177-3
NE: Weymann, Ansgar:

Umschlaggestaltung: Atelier Warminski, Büdingen
Druck und Bindung: KM-Druck, Groß-Umstadt
Gedruckt auf säurefreiem und chlorfrei gebleichtem Papier.
Printed in Germany

Inhalt

Vorbemerkung

Es gilt als selbstverständlich, daß in Kaufhäusern Jugendliche die Computerabteilung oder HiFi-Neuerscheinungen umlagern, und wir wundern uns auch nicht, wenn ältere Menschen mit der Bedienung eines Fahrschein- oder Geldautomaten offensichtliche Schwierigkeiten haben. Solche alltäglichen Beobachtungen entsprechen unseren Erwartungen. Wir erklären sie gerne mit dem Unterschied zwischen Jugend und Alter im Umgang mit technischen Neuerungen, als Folgen des Alterwerdens also. Technik gilt als Jugendsache.

Bei genauerem Hinsehen jedoch erweist sich die plausible Erklärung solcher Beobachtungen als "altersgemäßer" Umgang mit Technik als zu einfach, ja als falsch. Nicht so sehr das Alter eines Menschen, sondern vor allem seine Zugehörigkeit zu einer bestimmten Generation mit ihren besonderen Technikerfahrungen erklärt Akzeptanz und Beherrschung technischer Innovationen im Alltag. Dies ist das Thema des Buches: Generationen und Technik. Im Zentrum steht die fortschreitende Technisierung der Alltagswelt in diesem Jahrhundert als Lebenserfahrung. Zwar teilen alle Generationen die Erfahrung einer sich technisierenden Alltagswelt, jedoch unterscheiden sich Art und Tempo der Technisierung von Generation zu Generation ganz erheblich. In generationstheoretischer Perspektive erscheint nicht nur manche alltägliche Beobachtung, sondern auch manches Ergebnis sozialwissenschaftlicher Technikforschung in einem neuen Licht.

Das Material für dieses Buch entstammt einer empirischen Untersuchung, die vom Bundesministerium für Forschung und Technologie gefördert und am Institut für Empirische und Angewandte Soziologie (EMPAS) der Universität Bremen durchgeführt wurde. Das Buch verzichtet jedoch - mit Ausnahme der Einleitung - auf die für Forschungsberichte typischen, umfassenden theoretischen und methodischen Abhandlungen und setzt auch statistische Daten, Abbildungen, Tabellen, Interviewauszüge lediglich exemplarisch ein. Eine Dokumentation der Untersuchung würde das Buch unlesbar machen.[1]

Wir danken den Teilnehmern an Interviews und Gruppendiskussionen für ihre Mitarbeit sowie den studentischen Hilfskräften Jens Höfer, Christoph Gawin und Eva Ramme für ihre Unterstützung. Eine große Hilfe waren Hinweise von Jörg Blasius, Ludwig von Friedeburg, Wolfgang Glatzer, Ernst Kistler, Sibylle Meyer, Eva Schulze, Verena Weymann und Matthias Wingens sowie von einigen (anonymen) Rezensenten anläßlich von Vorträgen. Die Repräsentativbefragungen wurden von EMNID nach unseren Vorgaben durchgeführt. Bernd Hüttner war als wissenschaftlicher Mitarbeiter an den Untersuchungen zu den Kapiteln 2.1, 3.3 - 3.5, 4, 8.1, 8.3, 9.1 und 9.3 beteiligt.

---

1 Der Abschlußbericht an das BMFT liegt als Manuskript vor unter Sackmann/Hüttner/ Weymann: Technik und Forschung als Thema der Generationen. Bremen 1992 (Projekt 216-3190-SWF00566). Als Teilveröffentlichungen erschienen Weymann/Sackmann 1994; Sackmann 1993.

1. Einleitung

Die Technisierung des Alltags ist in diesem Jahrhundert ein zentrales Erlebnis für alle Jahrgänge. Wer aus der heute in mittleren Lebensjahren stehenden Altersgruppe erinnert sich nicht gerne an das erste eigene Radio, den Plattenspieler, das Mofa, das Auto? Welcher Jugendliche kennt sich nicht mit game boy und Computer aus? Und wie war das noch mit den Erzählungen der Älteren über Doppeldecker, Zeppeline, die ersten Kühlschränke und Waschmaschinen, oder mit den Berichten der (Ur)Großeltern über die Einführung von elektrischem Licht in Stadt und Haus? Von den frühesten Erinnerungen der Großeltern an elementare technische Hilfen zur Erleichterung schwerer Arbeit in Beruf und Haushalt führte der Weg über technische Innovationen als erschwinglichem Konsumgut zur Technik als Element von Lebensstil und Jugendkultur.

Von Zeit zu Zeit prägen technische "Revolutionen" mit neuen Schlüsseltechniken die Lebenserfahrung von Heranwachsenden in besonderer Weise und beherrschen auch spektakulär die öffentliche Meinung. Deshalb bedeutet Technik verschiedenen Generationen nicht dasselbe. Frühe technische Erfahrungen formen die Beurteilungsmaßstäbe, die Angehörigen einer Generation langfristig als Orientierungshilfe gegenüber technischen Neuerungen dienen. Praktische Erfahrungen im Alltag sind dabei für das "technology assessment" auf lange Sicht genauso wichtig wie die Pendelschläge öffentlicher Technikdebatten.

Nach unseren Untersuchungsergebnissen leben in der Bundesrepublik heute vier Technikgenerationen: Eine vor 1939 geborene "vortechnische Generation", eine zwischen 1939 und 1948 geborene "Generation der Haushaltsrevolution", eine zwischen 1949 und 1964 geborene "Generation der zunehmenden Haushaltstechnisierung" und eine nach 1964 geborene "Computergeneration". Die jeweils jüngeren Technikgenerationen greifen technische Innovationen schneller auf, indem sie früher neue Geräte kaufen und neue Kompetenzen erwerben. Erst später, wenn eine technische Innovation zum Alltag gehört, wie z.B. Pkw und Telefon, gleichen sich Kaufverhalten und Kompetenzunterschiede zwischen den Generationen an.

In diesem Buch ist der Gedanke einer zeitlichen Abfolge technischer Innovationsschübe und damit generationstypischer Zeitgebundenheit von Technikbesitz, Technikerfahrungen, Technikkompetenz zentral. Da eine Generationsperspektive bei techniksoziologischen Untersuchungen aber unüblich ist, soll in der Einleitung der *Generationsbegriff* genauer definiert werden. Auch der alltagssprachlich so selbstverständlich erscheinende *Technikbegriff* bedarf einer gewissen Vorklärung. Schließlich sind zum *methodischen Vorgehen* der Untersuchung einige Informationen zu geben.

1.1 Technik

Das Thema Technik ist ein ehrwürdiger Gegenstand der Sozialwissenschaften. Es reicht bis in ihre Anfänge zurück. Vor allem drei theoretische Überlegungen der Klassiker entsprechen noch heute unserem Technikverständnis: Technik als Mittel zur Verbesserung der Produktivität und des Wohlstandes, Technik als Element allgemeiner Rationalisierung der Lebensweise im Abendland und Technik als Hilfsmittel des anthropologisch unzureichend ausgestatteten "Mängelwesens" Mensch verbunden mit kulturkritischer Technikkritik.

Den 1776 erstmals erschienenen Band "Der Wohlstand der Nationen" beginnt Adam Smith mit einem Kapitel über die Verbesserung der "produktiven Kräfte der Arbeit". In diesem Kapitel beschreibt er zunächst sehr plastisch die produktiven Folgen der Arbeitsteilung bei der Herstellung von Stecknadeln. Wenn Stecknadeln in nur einem, ungeteilten Arbeitsgang hergestellt werden, so produziert ein Arbeiter pro Tag zwischen einer und zwanzig Nadeln, ein kleiner Betrieb mit 10 Arbeitern also zwischen 10 und 200 Stück. Eine geschickte Aufteilung der Herstellungsschritte auf die 10 Arbeiter hingegen, die jedem nur einen einzigen, spezialisierten Arbeitsvorgang zuweist, führt zu einem Ausstoß von bis zu 48.000 Nadeln am Tage. Eine noch höhere Leistung in der Verbesserung der Produktivität erreicht die Teilung der Arbeit dann, wenn sie mit Technikeinsatz in den spezialisierten, vereinfachten Arbeitsschritten einhergeht. "So war bei den ersten Dampfmaschinen ein Junge dauernd damit beschäftigt, den Durchlaß vom Kessel zum Zylinder abwechselnd zu öffnen und zu schließen, wenn der Kolben herauf- oder herunterging. Einer dieser Jungen, der lieber mit den anderen spielen wollte, beobachtete dabei folgendes: Verbindet er den Griff des Ventils, das die Verbindung öffnet, durch eine Schnur mit einem anderen Teil der Maschine, so öffnet und schließt sich das Ventil von selbst, und es bleibt ihm dadurch Zeit, mit seinen Freunden zu spielen. ... Natürlich haben keineswegs nur Arbeiter Maschinen verbessern und weiterentwickeln helfen, die sie bedient haben. In vielen Fällen verdanken wir den technischen Fortschritt der Erfindergabe der Maschinenbauer, nachdem der Maschinenbau ein selbständiges Gewerbe geworden war" (Smith 1978: 14).

Technik erhält hier ihren Platz im Rahmen fortschreitender Arbeitsteilung in Betrieb und Gesellschaft. Sie ist ein Hilfsmittel zur Steigerung der Produktivität, auch zur Verringerung der Arbeitszeit zugunsten von mehr Freizeit ("zum Spielen"). Diese ökonomische Technikdeutung ist uns bis heute sehr vertraut, einschließlich der weiterführenden Überlegungen, daß der Arbeitsplatz des erfindungsreichen Jungen durch erfolgreiche Rationalisierung entfallen ist, oder daß sich die zukünftigen Qualifikationsanforderungen am neuen, technisierten Arbeitsplatz ändern werden, oder daß dank höherer Produktivität und geringerer Stückkosten höhere Gewinne und Einkommenszuwächse möglich sind.

Eine andere Deutung der Technik entwickelte Max Weber. Um die ungewöhnliche technische und wirtschaftliche Entwicklung in der jüngeren Geschichte Europas zu verstehen, entwickelte er kultur- und religionssoziologische Erklärungen. Technische Modernisierung wird hier als Element okzidentaler Rationalität beschrieben, eines historisch einzigartigen Zusammentreffens von religiösen Ideen, gesellschaftlichen Institutionen, materiellen und ideellen Interessen. In seinen weltgeschichtlichen Studien stieß Weber immer wieder auf Gesellschaften, die zwar Ansätze zu einer wissenschaftlichen oder technologischen Entwicklung aufwiesen (wie z.B. die antiken Stadtstaaten, das alte China oder Indien), die aber aufgrund behindernder oder fehlender gesellschaftlicher Institutionen und Lebensordnungen in Ökonomie und Recht oder infolge leitender Ideen nicht zu einer Weichenstellung in Richtung einer systematischen Entfaltung von Technik gelangten (Weber 1956: 349 - 352). So gab es beispielsweise in den antiken Stadtstaaten bis heute bewunderte philosophische Ansätze wissenschaftlicher Methodik, hingegen wenig technologische Neuerungen im Alltag. Weber erklärt dies damit, daß Handwerk und Landwirtschaft überwiegend mit Sklavenarbeitern betrieben wurden, weshalb kein Anreiz für technologische Neuerungen bestand (Weber 1909: 118f. und 165). Ungeeignet zur Weichenstellung in Richtung eines systematischen technischen Fortschritts waren auch die Weltbilder einiger asiatischer Kulturen, die kosmozentrisch, Unrast überwindend, passiv-weltablösend oder welt-akzeptierend waren. Hier fehlte die okzidentale Leitidee, die Welt (nach der Vertreibung aus dem Paradies) in einer Verbindung von Gebet und Arbeit ("ora et labora") dem Menschen untertan zu machen. Insbesondere die "Wahlverwandtschaft" zwischen innerweltlicher Askese der Lebensführung im reformierten Protestantismus und rationaler kapitalistischer Wirtschafts-weise gilt Weber als wichtige Weichenstellung okzidentaler Rationali-sierung.

Die moderne technische Entwicklung des Abendlandes seit dem 16. Jahr-hundert ist also das Ergebnis eines einzigartigen, historisch-gesellschaftli-chen Rationalisierungsprozesses, der Wissenschaft, Recht, Kultur, Lebens-führung, Religion und nicht zuletzt Ökonomie einschließt (Schluchter 1979; Lepsius 1990; Sackmann 1990). "Die ökonomische Orientiertheit der heute sog. technologischen Entwicklung an Gewinnchancen ist eine der Grundtat-sachen der Geschichte der Technik. Aber *nicht* ausschließlich diese wirt-schaftliche Orientierung, so grundlegend wichtig sie war, hat der Technik in ihrer Entwicklung den Weg gewiesen, sondern z.T. Spiel und Grübeln welt-fremder Ideologen, z.T. jenseitige oder phantastische Interessen, z.T. künst-lerische Problematik und andere außerwirtschaftliche Motive. Allerdings liegt von jeher und zumal heute der Schwerpunkt auf der ökonomischen Bedingtheit der technischen Entwicklung; ohne die rationale Kalkulation als Unterlage der Wirtschaft, also ohne höchst konkrete wirtschaftsgeschichtli-che Bedingungen, würde auch die rationale Technik nicht entstanden sein" (Weber 1980[5]: 33).

Auch diese gesellschaftstheoretische Deutung von Technik ist uns vertraut. Rationalität in technischen Dingen setzt neben technischer Spitzen-qualität der Produkte eine disziplinierte Bedienung und Wartung, eine hoch-qualifizierte Ausbildung, geeignete rationale Rechtsnormen und nicht zuletzt das Denken in Kategorien der betriebs- und volkswirtschaftlichen Rentabilität voraus. Moderne Technik ist deshalb nicht ohne weiteres in alle Kulturkreise und Gesellschaften exportierbar bzw. sie wird unter anderen Bedingungen andere Folgen zeitigen. Angestellt wurden und werden solche Überlegungen immer wieder, z.B. anläßlich der Diskussion um die Über-tragbarkeit westlicher Modelle auf Entwicklungsländer oder die Staaten Osteuropas.

Eine dritte Deutung technischer Entwicklung findet sich bei Arnold Gehlen. Er begründet die technische Entwicklung nicht wirtschaftstheore-tisch oder als kulturelles, abendländisches Spezifikum, sondern universal-anthropologisch und verbindet seine Analyse mit kulturkritischen Über-legungen zur technisierten modernen Industriegesellschaft. Der Mensch ist biologisch nicht ausreichend an eine bestimmte ökologische Nische angepaßt. Er ist nicht überlebensfähig, ohne durch technische Hilfsmittel und Kooperation in der Gruppe seine Lebensbedingungen zu optimieren. Für Gehlen gehört die technische Betätigung "geradezu zu den menschlichen Konstitutionsmerkmalen" (Gehlen 1986: 95). Der Mensch als biologisches "Mängelwesen" benötige die Technik als "Organersatz" zur "Organentlastung" und "Organüberbietung". Aus seiner biologischen Unterausstattung und aus der instinktreduzierten Unterdetermination seines Verhaltens habe der Mensch jedoch den Vorteil der Weltoffenheit und Plastizität gewonnen. Der Mensch ist nicht nur zum Lernen gezwungen, sondern auch außerordentlich lernfähig und lernwillig. Mit Hilfe der Technik kann er "verwendungsvieldeutig" sein, "spezialisiert für unspezialisierte Aufgaben und Leistungen, gewachsen daher den unvorhersehbaren Problemen der offenen Welt" (ebd.).

Die ursprünglich anthropologisch bedingte Enfaltung von Technik hat allerdings dazu geführt, daß die natürliche Welt schrittweise und immer umfassender in eine kunstvoll geschaffene Welt umgestaltet wurde. Die Umgestaltung folgt der Logik einer "fortschreitenden *Objektivation* menschlicher Arbeit und Leistung sowie der zunehmenden *Entlastung* des Menschen" (ebd.: 159). Der Mensch entäußert und vergegenständlicht seine Handlungen in seinen Werkzeugen, die ihm dann als technisch geprägte Welt wieder entgegentreten. "Die Welt der Technik ist also sozusagen der 'große Mensch': geistreich und trickreich, lebenfördernd und lebenzerstörend wie er selbst, mit demselben gebrochenen Verhältnis zur urwüchsigen Natur. Sie ist, wie der Mensch, '*nature artificielle*'" (ebd.: 149).

Kulturkritisch merkt Gehlen an, daß die Verselbständigung der technischen Rationalität durch die funktionelle Kopplung von Naturwissenschaften, Technik und Industriesystem eine "Superstruktur" erzeugt habe, die zu Lasten kultureller Traditionen wirke und dadurch Ambivalenzen im Verhältnis zur Technik in der modernen industriellen Gesellschaft verursache (Gehlen 1986: 100 f.). Heute sind solche kulturkritischen Bemerkungen zur "Seele im technischen Zeitalter" (Gehlen) vor allem aus der Ökologiebewegung vertraut. Von ihr wird die Eigenrationalität der technischen Entwicklung kritisiert, als Folge erfolgreicher Bewältigung naturwüchsiger Lebensrisiken seien neue Risiken 2. Ordnung erzeugt worden, eine "Risikogesellschaft" hätte sich formiert (Beck 1986; 1988; 1991).[2]

Umfangreiches neues Material hat die sozialwissensschaftliche Technikforschung vor allem seit Ende der siebziger Jahre erbracht. Im Gefolge der Umweltbewegungen wurde 1972 in Amerika das "technology assessment" (TA) durch Gesetz institutionalisiert. Obwohl dieses Instrument in der Bundesrepublik nicht übernommen wurde, fand der Gedanke der Technikfolgenabschätzung (angeregt durch die Kernkraftdebatten der siebziger Jahre) auch hier viele Freunde. Enquêtekommissionen förderten die Nachfrage nach sozialwissenschaftlicher Technikforschung, die sich mit Akzeptanzproblemen in der Bevölkerung beschäftigen sollte. Bekannt wurden die Kommissionen zur Zukunft der Energieversorgung und zur Gentechnologie.

Im Gedanken des "technology assessment" ist u.a. ein Spannungsverhältnis zwischen technischer Eigenlogik und kultureller Dynamik beschrieben. Auch dieser Streit um den Einfluß von Technik auf Kultur einerseits und von Kultur auf Technik andererseits ist ein altes Thema. Argumente, die den Vorrang technischer Entwicklungslogik ("Sachzwänge") gegenüber kulturellen Anpassungsproblemen ("verantwortungsbewußte Nutzung") hervorheben, können sich auf William Ogburn stützen: "In der westlichen Welt der Gegenwart sind Technik und Wissenschaft die großen Beweger des sozialen Wandels. Diese Feststellung hat fast universale Gültigkeit" (Ogburn 1967: 333). "Wenn wir ... Entdeckungen und Erfindungen übernehmen, müssen wir uns ihnen anpassen, wir müssen uns mit der veränderten Umwelt in Einklang bringen, aber wir erreichen das erst mit einer gewissen Verspätung" (ebd.: 335). Anhänger einer kulturalistischen Perspektive können sich von der Industriesoziologie bestätigt sehen (Rice/Rogers 1980; Whyte 1982; Beck/Bonß 1989). Untersuchungen zur Technikentwicklung zeigen, daß Nutzer sich neuer Technik nicht einseitig anpassen, sondern durch kulturell bedingte Bedürfnisse die technische Entwicklung in ihrem Verlauf und ihren Ergebnissen mit beeinflussen (Bijker/Hughes/Pinch 1987). Ein Gerät muß dem "technischen *Habitus*" seiner Benutzer entsprechen, damit es große Verbreitung findet. "Kulturelle Rahmung und Integration in die alltägliche Praxis" spielen eine starke Rolle (Rammert 1993: 236f.). Das Spannungsverhältnis von technikdeterministischen und kulturalistischen Sichtweisen kann nicht theoretisch zu einer Seite hin aufgelöst

---

2 Zur Erläuterung der Anthropologie Gehlens vgl. Honneth/Joas 1980; zur Diskussion der kultursoziologischen Deutungen Plessner 1988[3]; Eder 1988; Lübbe 1983; zum Risikobegriff Bonß 1994.

werden, da es sich um gegenseitig bedingende Prozesse handelt (Hampel u.a. 1991: 14).

Der Alltag technischer Geräte und Innovationen, nicht spektakuläre Großtechnik oder Forschung, steht im Mittelpunkt dieses Buches. Alltägliche technische Geräte stellen in der Öffentlichkeit das Sinnbild technischen Handelns dar (Braun 1993). Wir beschäftigen uns mit innovativen technischen Geräten aus der Perspektive ihrer Nutzer und Besitzer (Hörning 1985), nicht unter dem Blickwinkel von Wissenschaftlern, Technikern, Produzenten oder Händlern, denn die Nutzerperspektive "stellt die technischen Objekte und Aggregate mitten in den Alltag deutender und handelnder Menschen. Hierüber erst werden die Handlungseinschränkungen, aber auch Spielräume und Widerstände beim alltäglichen Einsatz und Gebrauch von Technik sichtbar" (ebd.: 13).

Technische Alltagserfahrung (Joerges 1988a, 1991) bezeichnet den Lebensraum und das Wissen von Laien im Unterschied zum Experten (Berger/Luckmann 1980; Braun 1993). Aus Expertensicht beispielsweise datiert die Technikgeschichte Geräte nach dem Erfindungszeitpunkt. Für den Laien wird das neue Gerät jedoch erst relevant, wenn es eine weite Verbreitung in der alltäglichen Umgebung gefunden hat. So wurde das 1885 erfundene Auto in Europa erst in der zweiten Hälfte unseres Jahrhunderts für breite Bevölkerungskreise allgegenwärtig und erst damit z.B. zu einem umweltpolitischen Thema. Im Alltag werden technische Geräte in neue, nicht immer erwartete Nutzungen genommen, die wiederum in Entwicklung und Produktion von neuen Gerätegenerationen einfließen. Ein technisches Gerät ist nicht "fertig", wenn es auf den Markt kommt (Friedrichs 1991; Sackmann 1993). Wirtschaftlicher und praktischer Nutzen durch neue Einsatzmöglichkeiten, soziale Bedeutung und Prestige von Geräten ändern sich. Mit der Zeit erwachsen aus anfänglicher Ungewißheit anerkannte Selbstverständlichkeiten von Nutzung, Beurteilung, Prestige. Geräte erhalten erst durch ihre Nutzer symbolische Bedeutungen, die die rein technisch-funktionalen Aspekte weit übersteigen können (Hörning 1985: 29). Verwendung von Technik ist mehr als der vorgegebene Gebrauch eines Gerätes, es ist ein aktives Verhältnis zur Technik, das Nutzung, Bedeutung und Bewertung einschließt. Kulturelle Deutungen und funktionale Nutzenkalküle fließen im Alltag ineinander.

Alltags- und Haushaltstechnik gerieten erst in den letzten Jahren in den Blickpunkt des Interesses (Glatzer 1993). Der Haushalt galt lange Zeit als technikferner Bereich. Rammert (1993: 209ff.) spricht vom Prozeß der primären Haushaltstechnisierung als einem Innovationsschub im Sinne der "langen Wellen" des Konjunkturverlaufs (vgl. Mensch 1977). Während Industriearbeiter schon im 19. Jahrhundert mit der jeweils neuesten Technik konfrontiert wurden, war die Arbeit von Hausfrauen auf einfache Hilfsgeräte beschränkt (Popitz 1989). Erst in der späten Nachkriegszeit fanden elektrische Haushaltsgeräte in größerem Umfang Verbreitung.[3] "Die Haushaltstechnisierung folgt der industriellen Technisierung mit großer Verzögerung. Während die industrielle technische Revolution sich in der Mitte des letzten Jahrhunderts durchsetzte, ist die breitenwirksame Technisierung der privaten Haushalte eine Erscheinung der zweiten Hälfte des zwanzigsten Jahrhunderts" (Glatzer u.a. 1991: 12).

1.2 Generationen

Der Begriff "Generation" wird im alltäglichen und wissenschaftlichen Gebrauch mehrdeutig verwendet. Er wird zur Bezeichnung von familialen Generationen (z.B. Vater - Sohn), von Altersgenerationen (z.B. die junge und die alte Generation) und zur Kennzeichnung zeitgeschichtlicher Generationen (z.B. Nachkriegsgeneration, 68er Generation) herangezogen. Gegenstand dieses Buches sind die zeitgeschichtlichen Generationen.

Die vorsoziologischen Generationstheorien[4] von Dilthey (1957), Ortega Y Gasset (1978) und Pinder (1926) unterschieden noch nicht klar zwischen den verschiedenen Bedeutungskomponenten des Generationsbegriffs. Erst Karl Mannheim (1964) entwickelte eine *soziologische Generationstheorie*. Danach sind Generationen durch den sozialen Wandel sich unterscheidende Gruppen benachbarter Geburtskohorten ("Generationslagerung"), die bei einschneidenden gesellschaftlichen Ereignissen ein gemeinsames Bewußtsein ihrer Lage entwickeln können und damit auf den Prozeß des sozialen Wandels zurückwirken ("Generationszusammenhang").[5] Ihr Erfahrungsraum ist das Feld aller "konjunktiven" Erfahrungen mit bestimmten Ereignissen, Zuständen, Objekten oder kulturellen Diskursen. Der Begriff der konjunktiven Erfahrungen wurde von Mannheim (1980: 155ff.) in einer

---

3 Zur Vorgeschichte der Haushaltstechnisierung vgl. Bussemer u.a. 1988; Orland 1987; Braun 1988; Meyer/Schulze 1989.

4 Zu den Ursprüngen des Generationskonzepts s. Sackmann 1992.

5 Zur genaueren Diskussion des Mannheimschen Generationskonzepts s. Fogt (1982), Kreutz (1983), Matthes (1985), Lüscher/Schultheis (1993).

Auseinandersetzung mit dem Historismus entwickelt. Mannheim weist darauf hin, daß jegliche Erfahrung perspektivisch ist. In der Teilhabe an konjunktiven Erfahrungsgemeinschaften verfestigen sich Erfahrungen zu geteilten Bedeutungen. Als Kollektivvorstellungen belegen sie Gegenstände und Handlungsweisen mit übersituativem Sinn. Bedeutung muß also nicht in Auseinandersetzung mit bestimmten Personen, Gegenständen und Ereignissen jeweils individuell neu entwickelt werden, sondern stützt sich auf generationsspezifische Begriffe und Erfahrungen.

Konjunktive Erfahrungen sind auch im Bereich technischer Innovationen zu finden. Während der Lebenszeit einer bestimmten Generation kommt es zu technischen Erfindungen, verbreiten sich neue Geräte im Alltag, herrscht eine bestimmte Art des öffentlichen Diskurses über Technik vor. Innerhalb dieses konjunktiven Erfahrungsraumes werden Wahrnehmungen gemacht und Handlungen konzipiert. Je schneller der gesellschaftliche Wandel voranschreitet, desto größer sind die Unterschiede der konjunktiven Erfahrungen verschiedener zeitgenössischer Generationen. In einer traditionalen Landwirtschaft beispielsweise veränderte sich in den grundlegenden technischen Mitteln der Arbeit von Generation zu Generation der Familienabfolge wenig. Ganz anders in der technisierten Landwirtschaft der Gegenwart. Ein 1920 geborener Landwirt hat noch Erfahrungen mit von Ochsen oder Pferden gezogenen Pflügen gesammelt. Sein 1960 geborener Nachbar dagegen wurde schon mit einem mit elektronischen Apparaturen ausgestatteten Traktor groß. Mit dem Pflügen und dem Einsatz von Computern verbinden diese beiden Angehörigen verschiedener Technikgenerationen andere konjunktive Erfahrungen, andere Kompetenzen, andere Bewertungen. Welche Wirkungen solch unterschiedliche historische Erfahrungen für die Beurteilung und Bewältigung der gemeinsam geteilten Gegenwart zeitigen, stellt eine zentrale Fragestellung des Generationsansatzes dar: sie gilt der "Ungleichzeitigkeit der Gleichzeitigen" (Pinder 1926).

Das Generationskonzept wurde lange Zeit nicht weiterentwickelt. Die in den fünfziger Jahren dominante Theorie des Strukturfunktionalismus interessierte sich - ihrer Neigung zum Über- und Ahistorischen folgend - mehr für Altersklassen und Jugendgenerationen als für zeitgeschichtlich gebundene Generationen (s. Eisenstadt 1966; Weymann 1994). Eine erneute Aktualität erhielt das Konzept erst wieder in der Kohortentheorie Norman Ryders (1965). Ähnlich wie Mannheim interessierte er sich für die Auswirkungen des sozialen Wandels auf das Leben einer Geburtskohorte: "The new cohorts provide the opportunity for social change to occur. They do not cause change; they permit it" (ebd.: 844). In Ergänzung zu punktuellen gesellschaftlichen Strukturbrüchen (Revolution, Krieg), die Mannheims Beispiele für die Formierung von Generationen darstellen, versuchte Ryder, auch langsame, evolutionäre soziale Wandlungen als generationsdifferenzierende Phänomene zu beschreiben. Er kommt in diesem Kontext auch auf die generationsdifferenzierende Wirkung von technisch-industriellem Wandel zu sprechen:

"The principal motor of contemporary social change is technological innovation. [...] The modern society institutionalizes this innovation and accepts it as self-justifying. To the child of such a society, technological change makes the past irrelevant. Its impact on the population is highly differential by age, and is felt most by those who are about to make their lifelong choices. Technological evolution is accomplished less by retraining older cohorts than by recruiting the new one, and the age of an industry tends to be correlated with the age of its workers. Accessions to the labor force flow most strongly into the new and growing industries; separations from the labor force are predominantly out of declining industries. The distinctive age composition of the industrial structure is nowhere more evident than in the rapid industrialization of a previously traditional economy. In effect, it is accomplished not so much by educating the population as a whole as by introducing each new cohort in turn to the modern way of life" (Ryder 1965: 851).

Junge Generationen sind näher am technischen Wandel als ältere. Je schneller der soziale Wandel, je stärker der Zwang zur Innovation, desto mehr werden die jungen Generationen nicht von den älteren, sondern müssen umgekehrt die älteren von den jüngeren lernen (Buchhofer/ Friedrichs/Lüdtke 1970: 305ff.).

Ryders Behandlung evolutionärer Wandlungsprozesse in Generationstheorien kann als Fortschritt für die Theorieentwicklung angesehen werden. Seine terminologische Unterscheidung von Generationen und Kohorten hat dagegen zu falschen Grenzziehungen geführt. Für ihn bezeichnet der Begriff "Generation" nur familiale Generationen, "Kohorte" dagegen zeitgeschichtliche Generationen (Ryder 1965: 853). Obwohl Ryder stark von Mannheim beeinflußt wurde, ordnete er Mannheim terminologisch - fälschlicherweise - einer familialistischen Theorietradition zu. Dieser im amerikanischen Raum weit verbreiteten[6] terminologischen Trennung von "Generation" und "Kohorte" werden wir in unserer Untersuchung zum Verhältnis der Generationen zur Technik nicht folgen.

---

6 Vgl. Mangen/Bengtson/Landry 1988; Glenn 1977; Kertzer 1983.

In jüngster Zeit wurde die Generationstheorie von Henk Becker aktualisiert (Becker 1989a; 1989b). Er betont, daß neben den Unterschieden in "Wertorientierungen, Verhaltensmustern und einem spezifischen Generationsstil" (Becker 1989a: 86).[7] Unterschiede in der Chancenstruktur von Generationen bestehen, z.b. in der Wahrscheinlichkeit im Laufe des Lebens mit Arbeitslosigkeit konfrontiert zu werden. Becker greift damit neuere Diskussionen über soziale Ungleichheiten zwischen Generationen ("generational equity") auf (Preston 1984; Johnson u.a. 1989). Das Auf und Ab des wirtschaftlichen Konjunkturverlaufs führt bei manchen Generationen ohne ihr Zutun zu günstigeren sozialen Lagen (Einkommen, Arbeitsmarktchancen) als bei denen, die ihre Berufskarriere in wirtschaftlichen Krisenzeiten beginnen müssen. Die zwischen 1910 und 1915 geborenen Kohorten hatten z.b. Schwierigkeiten in der Zeit der Weltwirtschaftskrise einen Berufseinstieg zu finden. Damalige Zeiten der Arbeitslosigkeit und verspätete Karrieren haben heute noch Einfluß auf die Renten dieser Generation. Ähnliche Schwierigkeiten hatten auch die zwischen 1960 und 1965 Geborenen, die als geburtenstarke Jahrgänge unter der Lehrstellenknappheit zu leiden hatten.

Eine Geburtskohorte bezeichnet also eine Gruppe von Individuen, die im selben Abschnitt der Kalenderzeit geboren wurden, z.b. demselben Geburtsjahrgang angehören. Kohorten teilen dadurch gleiche gesellschaftliche Verläufe und Zustände.[8] Alle heute noch lebenden zwischen 1910 und 1930 in Deutschland Geborenen haben beispielsweise die Zeit des Nationalsozialismus und des Wirtschaftswunders erlebt. Sie unterscheiden sich dadurch von später Geborenen. Unter einer Generation verstehen wir Gruppen von Geburtskohorten, deren Erfahrungsräume und soziale Lagen durch gesellschaftlichen Wandel bedingte Unterschiede aufweisen. Rascher gesellschaftlicher Wandel wie etwa der Zusammenbruch des nationalsozialistischen Regimes vergrößert die Unterschiede zwischen aufeinanderfolgenden Kohorten und begünstigt die bewußte Wahrnehmung und Beschreibung von Unterschieden als Generationsdifferenz. Durch ihre Handlungen, ob als

---

7 Vgl. Inglehart 1989; Klages/Herbert 1983; Luthe/Meulemann 1988.

8 Hier wird im Gegensatz zur Kohortendefinition von Ryder (1965: 845) nicht das einmalige Ereignis der Geburt zum ausschließlichen Kohortenkriterium gemacht, sondern die sich einer Geburt anschließende Zeitspanne. Nur in einer der Geburt folgenden "Dauer" setzt sich das Individuum mit seiner sozialen Umgebung auseinander. Die Geburt ist hier nicht ein einzelnes Ereignis, sondern der Beginn eines Intervalls.

Widerstandskämpfer, SS-Scherge oder Mitläufer im Nationalsozialismus, sind Generationen nicht nur von der Zeit des Nationalsozialismus geprägt worden, sondern sie beeinflussen auch den Verlauf dieser Zeit. Dadurch sind sie sowohl Ausdruck als auch Träger des sozialen Wandels einer Gesellschaft.

Üblicherweise wird dieser wissenssoziologische Generationsbegriff dann benutzt, wenn Generationen politischer Geschichte beschrieben und unterschieden werden. In einer früheren empirischen Untersuchung (Sackmann/ Weymann 1991) hatten wir die Frage aufgeworfen, welche Kohorten sich welchen politischen Generationen zuordnen. Da es keine normative Instanz zur Zuordnung von Geburtskohorten zu Generationen gibt, bot es sich an, die Zuordnung von den Mitgliedern aller Jahrgänge selbst vornehmen zu lassen. Eine repräsentative Stichprobe der bundesdeutschen Bevölkerung wurde deshalb nach ihrer Generationszugehörigkeit befragt. Der *Vorkriegsgeneration* ordneten sich mehrheitlich die 1895 - 1933 geborenen Kohorten zu, die zwischen 1934 und 1955 Geborenen sahen sich als Angehörige der *Nachkriegsgeneration*, die 1956 - 1970 Geborenen fühlten sich der *Umweltgeneration* zugehörig. Diese drei politischen Generationen weisen erhebliche Unterschiede in ihren konjunktiven Erfahrungen auf. Die *Vorkriegsgeneration* erlebte das Dritte Reich und den Zweiten Weltkrieg, die älteren Kohorten dieser Generation ragen noch in die Weimarer Republik und das ausgehende Kaiserreich hinein. Die Mitglieder dieser Generation, die nicht zur Oberschicht gehörten, erreichten erst in den fünfziger und sechziger Jahren einen bescheidenen Wohlstand in der zweiten Hälfte ihres Lebens. Die *Nachkriegsgeneration* war in ihrer Kindheit und Jugend noch mit dem Zweiten Weltkrieg und den Folgen der kriegsbedingten Zerstörungen konfrontiert. In ihre Erwachsenenzeit fiel das "Wirtschaftswunder", das sie über ihre Arbeitsleistung mit ermöglicht hatte. Die *Umweltgeneration* verlebte ihre Kindheit im Wohlstand. In ihrer Jugend wurde sie mit den Folgen der Wirtschaftskrisen der siebziger und achtziger Jahre konfrontiert. Sie mußte auch feststellen, daß die zweihundertjährige Industrialisierung problematische Umweltfolgen hinterließ, die nun in Angriff genommen werden mußten.[9] Als Folge der jeweiligen konjunktiven Erfahrungen unterscheiden sich diese drei Generationen in Erziehungszielen, Lebensstilen und in ihrem sozialen Wissen (vgl. Sackmann/Weymann 1991).

---

9 Zur Kurzcharakterisierung dieser Generationen vgl. Preuss-Lausitz u.a. 1983.

In der Techniksoziologie gibt es keine vergleichbaren Untersuchungen, die mit einem Generationskonzept arbeiten. Es gibt lediglich Anklänge an die Generationsfragestellung. Joerges erwähnt sie als einen "Problemtyp alltagssoziologischer Technikforschung" (1988b: 41; vgl. Hörning 1988: 84; Rammert 1988: 186ff.). In der heftigen öffentlichen Diskussion Anfang der achtziger Jahre, in der es um die Technikfeindlichkeit der Jugend ging, wurde nicht von Generationen, sondern von Altersgruppen gesprochen (Jaufmann/Kistler 1988; Jaufmann/Kistler/Jänsch 1989). Die weiter oben bereits zitierten, auf Innovationen im Berufsbereich sich beziehenden Thesen von Ryder (1965), die einen Zusammenhang von Generationszugehörigkeit und Teilhabe am technischen Wandel behaupten, kommen dem Generationskonzept dieses Buches noch am nächsten. Ryders Thesen konnten zwischenzeitlich mit Längsschnittstudien bestätigt werden (Blossfeld 1989; 1990).

1.3 Zur Untersuchungsmethode

Da Theorien und empirische Arbeiten über gegenwärtig in der Bundesrepublik lebende Technikgenerationen fehlen, war ein "abduktiver" Projektbeginn nach dem Konzept der "grounded theory" sinnvoll (Kelle 1994). Nachdem mit der schon erwähnten Vorstudie erste Eindrücke von der gegenwärtigen Generationsstruktur vorhanden waren, schlossen sich Phasen qualitativer Interviews und Gruppendiskussionen zu Technikerfahrungen und Technikbewertungen an. Danach folgten eine zweite, hypothesenprüfende Repräsentativbefragung sowie Sekundäranalysen früherer Studien. Die verschiedenen qualitativen und quantitativen Elemente der Untersuchung bleiben auch in diesem Band erhalten.

Vorstudie: In der Vorstudie wurde 1988 mittels einer Repräsentativbefragung die Selbstzuordnung zu politisch-historischen Generationen untersucht. Als Generationsmerkmale wurden Erziehungsziele, soziales Wissen und Wohnstil erhoben (Sackmann/Weymann 1991).

Einzelinterviews: Im Oktober und November 1990 wurden 20 Einzelinterviews mit 23 Bürgern[10] durchgeführt, deren Auswahl nach dem "Schneeballprinzip" zustande kam: 12 Frauen und 11 Männer aus verschiedenen sozialen Schichten. Zwölf wohnten in einer traditionell sozialdemokratischen, protestantischen Großstadt, 11 in einer traditionell katholischen, konservativen ländlichen Kleinstadt. Elf Interviewpartner gehörten der Vorkriegsgeneration an, fünf der Nachkriegsgeneration und sieben der Umweltgeneration. Der älteste Befragte war 80, der jüngste 18 Jahre alt.

Gruppendiskussionen: Von Dezember 1990 bis Januar 1991 wurden 12 Diskussionen durchgeführt. An den Diskussionen haben 95 Personen teilgenommen, 55 Männer und 40 Frauen. Die Gruppengröße variierte zwischen 5 und 11 Teilnehmern. Acht Diskussionen fanden in der Großstadt statt, vier Diskussionen in der ländlichen Kleinstadt (bzw. in einem Dorf). Sechs Diskussionen waren mit Mitgliedern aller drei Generationen besetzt, an vier Diskussionen nahmen nur Mitglieder der Vorkriegs- und der Umweltgeneration teil, an zwei weiteren nur Mitglieder der Nachkriegs- und Umweltgeneration.

Repräsentativbefragung: Es handelt sich um eine mündliche Befragung mit einer Stichprobe von 2000 Personen, je 1000 Personen aus den alten und neuen Bundesländern. Die Entwicklung des Fragebogens für die Repräsentativbefragung erfolgte auf der Grundlage der Ergebnisse der qualitativen Studien. Da Generationsuntersuchungen eine Zeitperspektive beinhalten, bot es sich an, einige Fragen aus früheren techniksoziologischen Untersuchungen zur Zeitreihenbildung zu wiederholen, um Veränderungen sichtbar zu machen. Der dem Generationsansatz inhärente Erfahrungsbezug führte weiterhin dazu, daß der Handlungsdimension von Technik und technischen Objekten im Vergleich zu Einstellungs- und Meinungsfragen das Schwergewicht zukam.

Sekundäranalyse: Die Sekundäranalyse von älteren Studien ermöglicht die Bildung von (unechten) Längsschnitten über Zeiträume zwischen 6 und 25 Jahren. Aufgrund einer Recherche im "Zentralarchiv für empirische Sozialforschung" in Köln wählten wir fünf ältere Fragen für die Sekundäranalyse und für die Aufnahme in unsere Befragung aus. Der Vergleich der Ergebnisse unserer Untersuchung mit früheren Studien bezieht sich nur auf

---

10 Die Abweichung der Interviewtenzahl von den Interviews erklärt sich aus "Arrangementänderungen", die von den Befragten initiiert wurden. An einem Interview nahm der Ehepartner teil, bei einem Interview auf dem Lande hatte ein Interviewpartner zwei Freunde miteingeladen.

die Bevölkerung der alten Bundesländer, weil Daten aus der DDR bzw. den neuen Bundesländern nicht zur Verfügung standen.

Der Buchtext gliedert sich nicht nach den Arbeitsschritten der Untersuchung, sondern nach inhaltlichen Themenbereichen. Er wechselt deshalb zwischen Zahlenmaterial, Interviewerzählungen und Tonbandauszügen von Gruppendiskussionen.

2. Technische Innovationswellen

2.1 Entwicklung der Alltagstechnik

Die Entstehungsgeschichte heutiger Alltagstechnik reicht bis weit in das letzte Jahrhundert zurück. Um eine Vorstellung vom Erfahrungshintergrund heute lebender Generationen zu erhalten, muß man die Technikgeschichte des Alltags kennen. Das Gerüst einer solchen Technikgeschichte ist die Entwicklung und Verbreitung technischer Geräte. Drei Phasen der Geräteinnovation lassen sich unterscheiden: *Erfindung, Marktpremiere und erfolgreiche Markteinführung.*[11]

Die *Geräteerfindung* als elementare Voraussetzung von technischem Wandel ist ein arbeitsteiliger Prozeß, in dessen sich meist über viele Jahre hinziehendem Verlauf verschiedene konstruktive Lösungen gefunden werden, die am Ende in einem neuen marktgängigen Produkt zusammenfließen. Da in diesem Prozeß Probleme parallel oder konkurrierend von verschiedenen Personen und zu verschiedenen Zeiten gelöst werden, ist die genaue Datierung einer Erfindung meist nicht möglich.

Die zweite Station eines neuen technischen Gerätes, die *Marktpremiere*, ist ebenfalls nur ungenau zu bestimmen, da als Datenbasis hierfür nur die empirische Markt- und Konsumentenforschung sowie von Unternehmen geschriebene Entwicklungsgeschichten eigener technischer Produkte vorliegen. Die Zeitangaben sind daher Näherungswerte. Bei der Marktpremiere

---

11 Die klassische Technikgeschichte ist aus der Perspektive der "Erfinder" und Konstrukteure geschrieben. Für sie ist die "Marktpremiere" kein wichtiges Ereignis. Sie fehlt daher in der Regel. Im Gegensatz zu diesem Vorgehen haben Meyer/Schulze (1989) Materialien zu einer Technikgeschichte des Alltags gesammelt, die Erfinder, Hersteller und Konsumenten berücksichtigen.

handelt es sich um einen riskanten Prozeß, in dessen Verlauf viele Versuche als "Vorläufer" oder "Sackgasse" scheitern.

Das entscheidende Datum für eine Technikgeschichte des Alltags ist die erfolgreiche *Markteinführung* eines neuen Gerätes. Erst bei einem Markterfolg kann man davon ausgehen, daß die Vorstellungen über das neue Produkt bei Vertreibern und Käufern eine feste Gestalt annehmen, und damit das Entwicklungsstadium abgeschlossen ist. Erst dann wird das Gerät für die Mehrheit der Bevölkerung, die technischen "Laien", zu einem relevanten Teil des Alltags. Im folgenden haben wir als "erfolgreiche Markteinführung" eines neuen Gerätes den Zeitpunkt gewählt, zu dem 20 Prozent der Haushalte dieses Gerät besitzen. Als Datenbasis dient hierfür die seit 1962/63 durchgeführte amtliche Statistik der Einkommens- und Verbrauchsstichprobe. Da diese Umfrage im Abstand von fünf Jahren durchgeführt wird, werden zum Füllen der Lücken zwischen den fünf Jahren zusätzlich Daten von Marktforschungsunternehmen verwendet. *Abb. 1* gibt die Daten der drei Zeitpunkte für eine Reihe von Geräten wieder.

Eine Technikgeschichte des Alltags zergliedert sich nicht nur in einzelne "Gerätegeschichten" und eine Evolution von Gerät zu Gerät. Es müssen auch prägende Geräte, von unbedeutenderen unterschieden, sowie Entwicklungsabläufe zu Epochen zusammengefaßt werden. Wir haben eine Systematisierung und Periodisierung der obigen Daten für den Zeitausschnitt vorgenommen, der für die heute noch lebenden Technikgenerationen relevant ist.

Eine erste Welle der Haushaltstechnisierung fand in den zwanziger Jahren dieses Jahrhunderts statt, als elektrischer Strom in die Haushalte gelegt wurde. Mit ihm verbreitete sich als erste komplexere Technik rasch das Radio (Meyer/Schulze 1989). Doch "Strom", "Lampen" und "Radio" blieben "Enklaven" im weiterhin von schwerer Handarbeit bestimmten Haushalt. Die Erzählungen der Befragten unserer Untersuchung ebenso wie die von Meyer/Schulze (1989) erhobenen Interviews kreisen um die Mühsal der Arbeit. In der Retrospektive der Befragten gab es damals in den meisten Haushalten keine "richtige" Technik. Wir wollen diese Epoche als *"frühtechnische Phase"* bezeichnen.

In der zweiten Hälfte der fünfziger Jahre erleichtern zunehmend Geräte, wie der Kühlschrank, der Staubsauger und die Waschmaschine, die Hausarbeit.Große symbolische Bedeutung besaßen auch der Fernseher und das Auto, die ungefähr zeitgleich ihre Ausbreitung fanden.

Abb. 1: Innovationen der Alltagstechnik (alte Bundesländer)

Haushaltstechnik	erfunden/entwickelt	Marktpremiere	erfolgreiche Markteinführung
Fahrrad	1867 (Veloziped - E. Michaux)	[1867]	vermutlich in den 20er Jahren
elektrischer Strom	1884 (Gründung des ersten deutschen Elektrizitätswerkes in Berlin)	[1884]	vermutlich in den 20er Jahren
Motorrad	1868 (erstes dampfbetriebenes Zweirad - E. Michaux)	in den 20er Jahren	Krafträder sind seit dem Krieg in ca. 6-10% aller deutschen Haushalte vorhanden
Radio	1896 (erste drahtlose Telegraphie - Marconi)	Beginn der 20er Jahre	1951
Waschautomat	Ende der 40er Jahre	Ende der 40er, Anfang der 50er Jahre	1959
Fernsehgerät	1930 (erste vollelektronische Aufnahme, Übertragung und Wiedergabe eines Bildes)	Mitte der 30er Jahre	1960
Auto	1885 (erster Wagen mit Verbrennungsmotor - C. Benz)	Ende des vorigen Jahrhunderts	1961
Plattenspieler	1877 (mechanische Tonaufzeichnung - Th. A. Edison)	Beginn des 20. Jahrhunderts	1964
Tonbandgerät	1898 (erste elektromagn. Aufzeichnung)	1950	1970
Kassettenrekorder	Anfang der 60er Jahre (Entwicklung der Kassettentechnik)	1963	1973
Geschirrspülautomat	Anfang der 20er Jahre	in den 20er Jahren	1981

Diese Geräte lassen sich als Geräte der *"Haushaltsrevolution"* charakterisieren, sie erzielten den Durchbruch bei der Technisierung des Haushalts. Als erste der drei paradigmatischen Innovationen dieser Phase (Auto, Waschmaschine, Fernseher) erreichte die Waschmaschine 1959 die 20 Prozent-Marke der "erfolgreichen Markteinführung". Wir wollen deshalb dieses Jahr als Epochengrenze definieren.

Bis zur Einführung der Computer gab es keine weitere paradigmatische Geräteinnovation. Das einzige sich innovatorisch in diesem Zeitraum verbreitende größere Haushaltsgerät, das die Haushaltsorganisation hätte verändern können, die Geschirrspülmaschine, konnte sich nur schleppend durchsetzen und wurde nicht symbolisch überhöht. Der Farbfernseher stellt lediglich eine Geräteweiterentwicklung dar. Man kann deshalb die Zeit zwischen 1961 ("erfolgreiche Markteinführung" des Autos) und 1981 ("erfolgreiche Markteinführung" der Geschirrspülmaschine) als Phase kennzeichnen, in der die *Ausbreitung* der Geräte der Haushaltsrevolution wichtiger war als die Einführung neuer Geräte.

Ein erneuter Innovationssprung erfolgte in den achtziger Jahren durch die rasche Einführung der neuen Personalcomputer im Berufsleben und im Haushalt. Aufgrund der schnelleren Verbreitung von Computern im Berufsleben im Vergleich zur schleppenderen Einführung in Haushalten erschien uns hier das Kriterium der erfolgreichen Markteinführung im Haushalt unzureichend zur Erfassung der Alltagsrelevanz des Gerätes. Als Epochengrenze haben wir in diesem Fall das Jahr 1982 gewählt. In diesem Jahr wählte das renommierte Time-Magazin den Computer zum "Mann/Frau des Jahres". Dies kann als Indikator für die hohe Alltagsrelevanz dieses Gerätes

Abb. 2: Periodisierung der Geschichte der Alltagstechnik (alte Bundesländer)

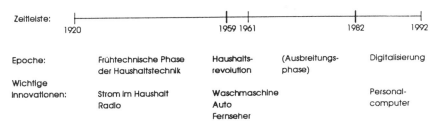

27

ab diesem Jahr gelten. Geräteinnovationen wie das Videogerät, der CD-Spieler, der Mikrowellenherd und der Camcorder können der Verbreitung digitaler Technik zugeordnet werden, ohne daß eines dieser Geräte für sich eine paradigmatische Bedeutung in Anspruch nehmen könnte. Wir nennen diese Phase *"Digitalisierung der Alltagstechnik"*. Die vorangehenden Überlegungen sind in einer Zeitleiste der Alltagstechnik *(Abb. 2)* zusammengefaßt, wobei jeweils nur die symbolisch wichtigen Geräteinnovationen aufgeführt werden.

Die Technikgeschichte der DDR unterscheidet sich in der Periodisierung nicht grundsätzlich von jener der Bundesrepublik. Für den Alltag in der DDR waren die gleichen Innovationswellen kennzeichnend wie für die

Abb. 3: Innovationen der Alltagstechnik (neue Bundesländer)

Haushaltstechnik	erfolgreiche Markteinführung
Fahrrad	siehe Technikgeschichte der alten Bundesländer
elektrischer Strom	siehe Technikgeschichte der alten Bundesländer
Radio	Beginn der 50er Jahre
Fernsehgerät	1961
Plattenspieler	vermutlich seit Beginn der 60er Jahre
Waschautomat	1964
Motorrad	1970
Tonbandgerät	vermutlich seit Beginn der 70er Jahre
Auto	1973
Kassettenrekorder	vermutlich seit Mitte der 70er Jahre
Videorecorder	1991 in 27 % der Haushalte vorhanden
Geschirrspülautomat	1991 in 10 % der Haushalte vorhanden
Home- bzw. Personal-Computer	1991 in 9 % der Haushalte vorhanden
CD-Player	1991 in 7 % der Haushalte vorhanden
Mikrowellenherd	1991 in 6 % der Haushalte vorhanden
Videokamera	1991 in 1 % der Haushalte vorhanden

westlichen Länder. Die "frühtechnische" Phase fällt noch in die Zeit vor der Teilung, sie ist deshalb in Ost und West identisch. Die "Haushaltsrevolution" war ebenso wie in der alten Bundesrepublik ein einschneidendes Erlebnis. Die Daten der "Haushaltsrevolution" sind in der ehemaligen DDR allerdings andere. Die erfolgreiche Markteinführung bei den drei Symbolgeräten Fernseher, Waschmaschine, Auto, wurde für das erste dieser Geräte später als im Westen erreicht (1961) und der Prozeß der Einführung erstreckte sich über einen längeren Zeitraum (Endpunkt 1973: Auto). Ohne daß für die "Digitalisierungsphase" genaue Daten der DDR-Statistik vorliegen würden, kann man hier ebenfalls von einer Verzögerung ausgehen (*Abb. 3*).

2.2 Entwicklung der Haushaltsausstattung

Im folgenden Abschnitt wollen wir für einige Geräte, für die seit den fünfziger Jahren genauere Daten vorliegen, Geschwindigkeit und Verlauf der Verbreitung in den Haushalten genauer unter die Lupe nehmen.[12]

Die Ausstattung bundesrepublikanischer Haushalte mit technischen Geräten begann auf niedrigem Niveau. Mitte der fünfziger Jahre verfügten weniger als 10 Prozent der Haushalte über eines der in *Abb. 4* aufgeführten elektrischen Haushaltsgeräte. Im Verlauf der sechziger Jahre stieg die Ausstattung mit Kühlschränken, Fernsehgeräten und Waschmaschinen rapide an und erreichte Mitte der siebziger Jahre eine Sättigungsgrenze. Der Pkw fand aufgrund seines hohen Preises eine sehr viel langsamere Verbreitung. Einen abweichenden Verlauf weist auch das Telefon auf, das erst in den siebziger Jahren, dann aber sehr schnell, Eingang in fast alle Haushalte fand. Verblüffend an der Verbreitung von elektrischen Haushalts-

---

12 Datengrundlage für die Werte von 1956 bis 1967 sind Untersuchungen der Arbeitsgemeinschaft der Leseranalyse e.V., die mit repräsentativen Stichproben zwischen 2.400 bis 16.000 Personen durchgeführt wurden (s. Bonus 1975: 107 ff.). Seit 1962 führt das statistische Bundesamt in einem fünfjährigen Abstand großangelegte Untersuchungen zur Einkommenslage von privaten Haushalten durch (Statistisches Bundesamt 1964, 1970, 1974, 1979, 1984, 1990). Die großen Fallzahlen der repräsentativen Stichprobe dieser Untersuchungen (über 30.000 Befragte) machen diese Daten besonders zuverlässig. Daten aus dieser Untersuchung sind für die Jahre 1969 - 1988 in der Abbildung verwendet worden. Zusammen ergeben die beiden Datensätze ein sehr genaues Bild des Verlaufs der Technisierung der Haushalte.

geräten ist die Geschwindigkeit, mit der dieser Prozeß ablief. Als die primäre Haushaltstechnisierung Mitte der siebziger Jahre ihre Dynamik verlor, wurde von einer Marktsättigung und von Grenzen des Wachstums für die entsprechenden Branchen gesprochen (Fleischer 1983). Einige "Nachzügler" der Haushaltstechnisierung - Farbfernseher, Gefriergerät, Geschirrspüler - fanden erst in den siebziger und achtziger Jahren eine größere Verbreitung.

Abb. 4: Ausstattung privater Haushalte der BRD mit technischen Geräten (1956 - 1988)

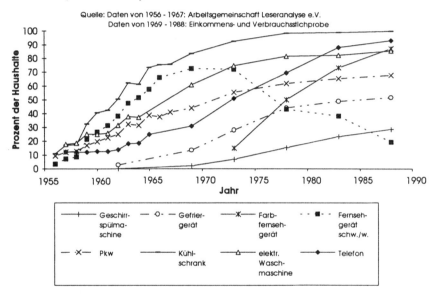

Unter generationstheoretischen Gesichtspunkten sind Geräte der Unterhaltungselektronik von besonderem Interesse, da diese Geräte die rasche Verbreitung und zunehmende Ausdifferenzierung von generationsspezifischen Jugendkulturen ermöglicht haben *(Abb. 5)*. Rockmusik ist seit den fünfziger Jahren eines der wichtigsten Kennzeichen einer eigenständigen Jugendkultur. Seit den sechziger Jahren verfügen Haushalte zunehmend über Geräte, um Musik nach Wunsch wiedergeben zu können, und seit dieser Zeit befinden sich diese Geräte erstmals auch in einem größeren Umfang im Besitz von Jugendlichen. Auffällig an den Verbreitungskurven der Unterhaltungselektronik ist, daß sie wellenartig verlaufen. In den sechziger Jahren fanden Plattenspieler und Tonbandgeräte Verbreitung, in den siebziger Jahren wurden sie durch Kassettenrekorder und Stereoanlagen abgelöst, in den achtziger Jahren kamen CD-Player auf. In diesem Bereich fand ein schneller Umschlag der Geräteinnovationen statt, an dem jeweils neue Jugendgenerationen partizipierten.

Abb. 5: Ausstattung privater Haushalte der BRD mit Geräten der Unterhaltungselektronik (1962 - 1988)

Quelle: Einkommens- und Verbrauchsstichprobe des Statistischen Bundesamtes

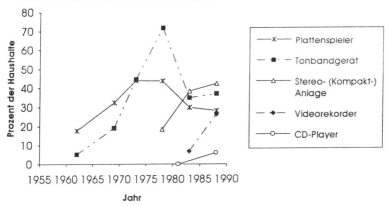

Seit den achtziger Jahren hält die Mikroelektronik Einzug in die Haushalte. Der Markterfolg dieser innovativen Technik ist z.T. in den Statistiken noch nicht ablesbar. Lediglich zwei Geräte erscheinen gesondert in der Einkommens- und Verbrauchsstichprobe, der Videorekorder und der CD-Player. Sie waren 1988 in 26 bzw. 6 Prozent der Haushalte vorhanden. Einige Daten der Media-Analyse (Glatzer u.a. 1991: 304) ergänzen die Einkommens- und Verbrauchsstichprobe. Demnach war der Taschenrechner ein "Pionier" der Mikroelektronik in den Haushalten. Ihn besaßen 1978 bereits 43 Prozent der Haushalte, 1988 waren es schon 70 Prozent (ebd.: 31). Es ist das einzige mikroelektronische Gerät, das mittlerweile zur Standardausstattung[13] der Haushalte zählt.

---

13 In der Terminologie von Glatzer u.a. (1991: 20) zählen Geräte, die in mehr als 80 Prozent der Haushalte vorhanden sind, zur "Grundausstattung", Geräte, die in 50 - 79 Prozent der Haushalte anzutreffen sind, zur "Standardausstattung". Zur "erweiterten Ausstattung" gehören Geräte, die in 20 - 49 Prozent der Haushalte sind, zur "seltenen Ausstattung" Geräte, die in weniger als 20 Prozent der Haushalte vorhanden sind.

3. Innovationen und Generationen

Es gehört zu den Selbstverständlichkeiten der Mikroökonomie, daß die Kaufneigung bei der Anschaffung eines technischen Großgeräts vom Einkommen abhängig ist, über das ein Haushalt verfügt (Bonus 1975; Schmukker 1980; Fleischer 1983). Je höher das Einkommen, desto eher wird ein neues Gerät gekauft. Für einzelne Geräte ist auch die jeweilige familiäre Bedarfslage mitentscheidend (Mollenkopf u.a. 1989; Glatzer u.a. 1991; Glatzer 1993). Neben diesen beiden Bestimmungsgründen treten andere in den Hintergrund. Es wurde kaum danach gefragt, ob beim Kauf von technischen Geräten die Generationszugehörigkeit eine wichtige Rolle spielt, ob technische Innovationen vor allem von bestimmten Geburtsjahren aufgegriffen werden, während andere Jahrgänge unbeteiligt bleiben.[14] Oder ist es so, daß sich neue Haushaltstechniken zu gegebener Zeit unabhängig vom Geburtsjahrgang der Kunden gleichmäßig in den Haushalten durchsetzen? Im ersten Fall würde man von einem reinen Kohorteneffekt sprechen, im zweiten Fall läge ein reiner historischer Periodeneffekt vor. Eine dritte Möglichkeit wäre, daß bestimmte Altersgruppen aufgrund finanzieller Einschränkungen oder biologischer Gegebenheiten ein Gerät nicht besitzen, unabhängig davon, wie lange ein Gerät schon eingeführt worden ist, und unabhängig davon, welcher Geburtskohorte sie angehören. In diesem Fall würde ein reiner Alterseffekt vorliegen.[15] In der Realität lassen sich Fragen dieser Art nie eindeutig beantworten, da es sich fast immer um Mischeffekte

---

14 "Die Kohortendimension (...) ist bislang im Marketing weitgehend unbeachtet geblieben" (Peiser 1991: 45). Erst seit den achtziger Jahren werden in der Marktforschung Kohortenanalysen durchgeführt, die sich bis jetzt auf Soft-Drinks, Zeitschriften, Reiseverhalten und Jeans beschränkt haben (Überblick bei: Peiser 1991; Ahsen 1990).

15 Allgemein zu Kohortenanalysen: Glenn (1977); Mason/Fienberg (1985); Renn (1987).

handelt. In diesem Buch wird versucht, diese Mischeffekte möglichst genau zu beschreiben.

Dieser Abschnitt untersucht die Einflüsse der historischen Zeit und der Lebenszeit auf die Durchsetzung von Innovationen. Besonderes Interesse gilt der Rolle von Generationen in der Technisierung des Alltags.

3.1 Kohorten als Innovationsträger

Im Zeitraum zwischen 1955 und 1988 fanden viele technische Haushaltsgeräte eine schnelle Verbreitung. Zu vermuten ist, daß diese Verbreitung von bestimmten Geburtskohorten getragen wurde. Denn ein solcher Zusammenhang zwischen der Verbreitung einer Innovation und der Kohortenzugehörigkeit wurde von Ryder (1965) und Blossfeld (1989) für den technischen Strukturwandel im Beruf bereits nachgewiesen. Datengrundlage für eine Kohortenanalyse sind die Ergebnisse der Einkommens- und Verbrauchsstichprobe, die seit 1969 auch altersspezifische Aufschlüsselungen enthalten.[16] Der Aussagewert dieser Daten wird durch die Tatsache eingeschränkt, daß jeweils nur das Alter des Haushaltsvorstandes in die Analyse eingeht. Da Kaufentscheidungen von anderen Haushaltsmitgliedern durchgesetzt worden sein können, liefern die Daten nur eine erste Annäherung an die Zusammenhänge von Generationszugehörigkeit und Kaufentscheidungen.

Beim *Radio* sind die Ausstattungsunterschiede zwischen den Kohorten gering. Es handelt sich hierbei um eine seit Jahrzehnten allgemein verbreitete technische Innovation. Bei den jüngeren Geräten der "Haushaltsrevolution" der fünfziger Jahre, *Kühlschrank, Fernseher* und *Waschmaschine,* sind hingegen Kohortenunterschiede festzustellen. Die Geburtsjahrgänge 1925 - 1934 sind in den Beobachtungsjahren von 1969 bis 1988 am häufigsten mit diesen Geräten ausgestattet. Sie sind die Träger dieser technischen Innovationswelle, sie kauften und schätzten diese Geräte als erste. Zugleich findet im Untersuchungszeitraum eine schrittweise An-

---

16 Für die Analyse der Daten der Einkommens- und Verbrauchsstichprobe wurde - aufgrund der Kürze des Beobachtungszeitraums und fehlender Originaldaten - die Übertragung in Kohortentabellen (Glenn 1977) als Verfahren der "visuellen Inspektion" und theoretischen Interpretation gewählt.

näherung zwischen den Kohorten statt. Ein Beispiel für den Einfluß von Kohortenzugehörigkeit und Untersuchungszeitraum auf die Haushaltsausstattung mit neueren Konsumgütern bietet das Auto. *Abb. 6* zeigt den Besitzzuwachs über die historische Zeit und nach Kohorten getrennt. Unter 25jährige und über 65jährige waren in allen Jahrgängen geringer mit Autos ausgestattet. Hierfür sind im Falle der unter 25jährigen altersbedingte Einkommensunterschiede ausschlaggebend. Insbesondere beim zwischen 1969 und 1973 erst unterproportionalen Anstieg der Autobesitzer im Alter von 55 - 65, dann ab 1978 überproportionalen Anstieg der Autobesitzer dieser Altersgruppe, sieht man, daß auch die Kohortenzugehörigkeit die Verbreitung von Autos mitbestimmt hat. Träger der "Automobilisierung" waren die Jahrgänge 1924 - 1943, in denen erstmals Ausstattungsgrade von über 70 Prozent erreicht und bis ins Alter von bis zu 65 Jahren beibehalten wurden. Ein noch etwas anderes Bild der Durchsetzung einer Innovation bietet die etwas jüngere Geschirrspülmaschine. Hier sind die Hauptträger der Innovation die Kohorten 1934 bis 1953, bei denen erstmals Ausstattungsgrade von über 40 Prozent erreicht werden *(Abb. 7)*. Wiederum noch jünger sind die Trägerkohorten von Innovationen der späten siebziger und der achtziger Jahre, *Videorekorder* und *CD-Player*. Einen *CD-Player* besitzen am häufigsten die nach 1953 geborenen Kohorten.

Mit Hilfe der von uns 1992 durchgeführten Befragung (EMPAS-Studie) bot sich die Möglichkeit, die Entwicklung weiter in die Gegenwart hinein zu verfolgen. Außerdem wurden eine Reihe von Hintergrundvariablen erhoben, neue Geräte der Mikroelektronik erstmals erfaßt und Vergleichszahlen für Ostdeutschland gewonnen. 1992 ist beim *Pkw* als älterer Innovation nahezu eine Sättigung eingetreten. Die Altersgruppen gleichen sich in diesem Innovationsstadium an. Der Zusammenhang von Innovation und Kohortenzugehörigkeit wird wiederum erst bei jüngeren Techniken sichtbar. Beim *Videorekorder* kam es während der zusätzlichen sechsjährigen Beobachtungszeit zu einem Besitzzuwachs von 26 auf 60 Prozent. Dieses Gerät kauften überproportional junge Leute bis zweiundzwanzig Jahre, während über 57jährige Befragte sich kaum zum Kauf entschlossen. Beim *Computer* erhöhte sich die Zahl der Besitzer von 6 auf 23 Prozent. Hier beginnt der Rückgang der Kaufbereitschaft mit den über 48jährigen. Bei den vor 1933 geborenen Kohorten *(Abb. 8)* hat sich die Zahl der Computerbesitzer im Verlaufe dieser sechs Jahre praktisch nicht

Abb. 6: Besitz von Pkws in der Bundesrepublik Deutschland. Kohortentabelle

(Quelle: Einkommens- und Verbrauchsstichprobe 1969, 1973, 1978, 1983 und 1988)

Alter des Haushaltsvorstandes	Untersuchungsjahr					Durchschnittswerte der jeweiligen Altersgruppen
	1969	1973	1978	1983	1988*	
unter 25	(nach 1944) 47,6%	(nach 1948) 56,5%	(nach 1953) 58,4%	(nach 1958) 55,3%	(nach 1953) 75,9%	
25 - 34	(1935 - 1944) 64,8%	(1939 - 1948) 80,8%	(1944 - 1953) 84,8%	(1949 - 1958) 82,6%		
35 - 44	(1925 - 1934) 63,7%	(1929 - 1938) 77,2%	(1934 - 1943) 84,9%	(1939 - 1948) 82,5%	(1944 - 1953) 85,8%	78,8%
45 - 54	(1915 - 1924) 55,3%	(1919 - 1928) 66,9%	(1924 - 1933) 77,2%	(1929 - 1938) 82,3%	(1934 - 1943) 82,7%	72,9%
55 - 64	(1905 - 1914) 35,8%	(1909 - 1918) 45,1%	(1914 - 1923) 58,4%	(1919 - 1928) 62,1%	(1924 - 1933) 72,5%	54,8%
über 65	(vor 1905) 15,4%	(vor 1909) 19,8%	(vor 1914) 26,9%	(vor 1918) 30,2%	(vor 1924) 38,5%	26,2%
Spaltenmittelwerte der jeweiligen Untersuchungsjahre	47,1%	57,7%	65,1%	65,8%	71,1%	

* Bei der Erhebung 1988 wurde nur die Gruppe der "unter 35jährigen" ausgewiesen. Eine Trennung nach "unter 25jährigen" und "25 - 35jährigen" war nicht möglich. In Klammern stehen jeweils die Geburtsjahre der Altersgruppen.

Abb. 7: Besitz von Geschirrspülmaschinen in der Bundesrepublik Deutschland. Kohortentabelle

(Quelle: Einkommens- und Verbrauchsstichprobe 1969, 1973, 1978, 1983 und 1988)

Alter des Haushaltsvorstandes	Untersuchungsjahr					Durchschnittswerte der jeweiligen Altersgruppen
	1969	1973	1978	1983	1988*	
unter 25				(nach 1958) 4,2%	(nach 1953) 24,5%	
25 - 34	(1935 - 1944) 2,2%	(1939 - 1948) 9,6%	(1944 - 1953) 18,8%	(1949 - 1958) 24,9%	(1944 - 1953) 48,3%	27,9%
35 - 44	(1925 - 1934) 4,5%	(1929 - 1938) 13,3%	(1934 - 1943) 29,3%	(1939 - 1948) 43,9%	(1934 - 1943) 41,4%	21,7%
45 - 54	(1915 - 1924) 3,1%	(1919 - 1928) 8,5%	(1924 - 1933) 20,4%	(1929 - 1938) 34,9%	(1924 - 1933) 28,0%	12,7%
55 - 64	(1905 - 1914) 1,4%	(1909 - 1918) 3,9%	(1914 - 1923) 10,7%	(1919 - 1928) 19,5%	(vor 1924) 11,6%	5,0%
über 65	(vor 1905) 0,7%	(vor 1909) 1,6%	(vor 1914) 4,4%	(vor 1918) 6,8%		
Spaltenmittelwerte der jeweiligen Untersuchungsjahre	2,3%	7,3%	16,7%	22,4%	30,8%	

* Bei der Erhebung 1988 wurde nur die Gruppe der "unter 35jährigen" ausgewiesen. Eine Trennung nach "unter 25jährigen" und "25 - 35jährigen" war nicht möglich. In Klammern stehen jeweils die Geburtsjahre der Altersgruppen.

Abb. 8: Besitz eines Computers im Haushalt 1986/92 nach der Kohortenzugehörigkeit der Befragten

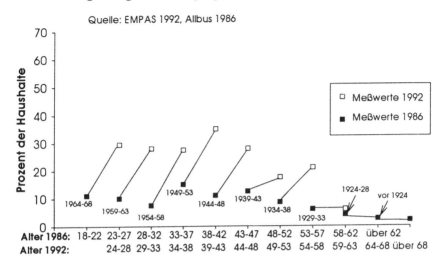

Abb. 9: Besitz eines Mikrowellengerätes im Haushalt 1986/92 nach der Kohortenzugehörigkeit der Befragten

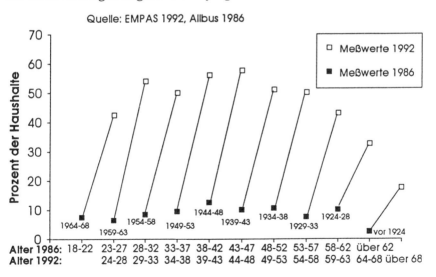

37

erhöht.[17] Auch im Falle des *Mikrowellenherdes* stieg der Besitz sehr schnell an, von 8 auf insgesamt 47 Prozent. Und wiederum läßt die Kohortendarstellung *(Abb. 9)* erkennen, daß die jüngeren und mittleren Jahrgänge mehr, die älteren weniger zur Verbreitung dieses Gerätes beitrugen.

Die hier interessierenden Haushaltsgeräte kamen in der DDR etwas später auf den Markt, und sie waren wesentlich seltener verfügbar. Da techniksoziologische Vergleichsstudien aus der DDR zur Bildung eines Längsschnitts fehlen, ist nur ein Vergleich mit dem westdeutschen Querschnitt aus der EMPAS-Studie von 1992 möglich. Kohortenabhängig ist in Ost wie in West der Verbreitungsgrad des Videorekorders *(Abb. 10)*. Das

Abb. 10: Besitz eines Videorekorders/Computers im Haushalt 1992 nach dem Alter der Befragten. Vergleich alte/neue Bundesländer

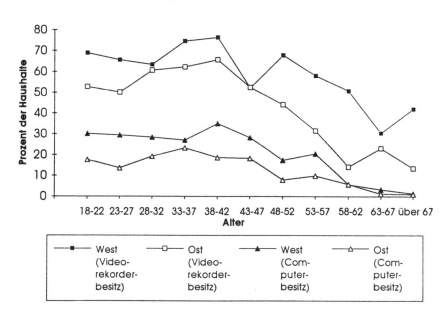

---

17 Der Zusammenhang zwischen Alter und Computerbesitz betrug 1986 Tau B = .07; sechs Jahre später Tau B = .18. Bei der Drittvariablenkontrolle des Zusammenhangs von Haushaltseinkommen und Computerbesitz (1992) war Tau B nicht signifikant (= .09).

Übergewicht junger Besitzer ist in den neuen Bundesländern noch etwas stärker ausgeprägt als in Westdeutschland.[18] Über einen *Computer* verfügten 13 Prozent der Befragten im Osten gegenüber 23 Prozent im Westen *(Abb. 10)*. Wiederum sind die Hauptträger dieser Innovation in Ost wie West jung, Kohorten ab 1949.

Am Anfang einer Innovationswelle sind i.d.R. die jüngeren Kohorten und die mittleren (30-40jährige) überproportional am Gerätebesitz beteiligt, da beide über technische Aufgeschlossenheit, letztere auch über die finanziellen Mittel verfügen, um sich ein neues Gerät anzuschaffen. Am Ende einer Innovationswelle, wenn das betreffende Gerät alltäglich geworden ist wie Radiogeräte oder Waschmaschinen, verschwinden Kohorteneffekte beim Kauf weitgehend.

---

18 Der Zusammenhang zwischen Alter und Videorekorderbesitz beträgt in den neuen Bundesländern Tau B = .26, in den alten Tau B = .19.

40

Abb. 11: Generationen und Kohorten

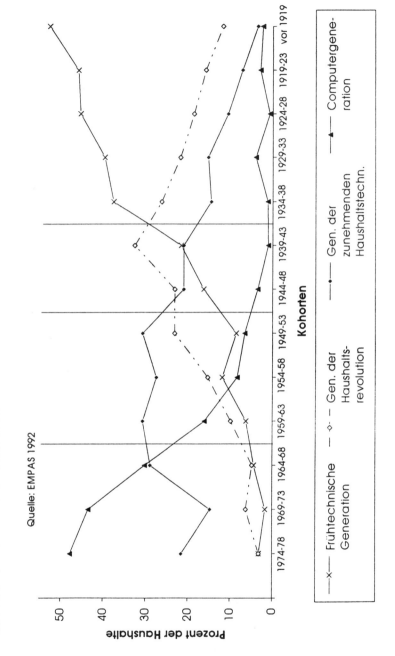

Quelle: EMPAS 1992

Kohorten

Prozent der Haushalte

—×— Frühtechnische Generation

—◇— Gen. der Haushaltsrevolution

—•— Gen. der zunehmenden Haushaltstechn.

—▲— Computergeneration

3.2 Technikgenerationen

In der beschriebenen Durchsetzung technischer Innovationen greifen historische Zeit und individuelle Lebenszeit ineinander. Durch das Geburtsjahr ist jedem Menschen ein besonderer Abschnitt aus der Technikentwicklung vorgegeben, den er im Laufe seines Lebens miterleben kann. Die Mitglieder einer Geburtskohorte teilen eine *"Generationslagerung"* in der technikgeschichtlichen Zeit bezogen auf den Kontext einer bestimmten Gesellschaft. Sowohl der durch die Generationslagerung festgelegte Ausschnitt der selbsterlebten allgemeinen Technikgeschichte, als auch der durch das eigene Handeln darin mitbestimmte Teil dieser Geschichte fließen in die Wahrnehmung des persönlichen historischen "Platzes", in ein technisches *"Generationsbewußtsein"*, ein. Jeder Mensch weiß, welcher Ausschnitt der Technikgeschichte für ihn im Vergleich mit jüngeren oder älteren Personen besondere Bedeutung hat.

Mit dem Generationskonzept werden Geburtskohorten unter wissenssoziologischen Annahmen zu Einheiten gruppiert. Dies kann theoretisch (z.B. Becker 1989b) oder empirisch geschehen. In der Generationstheorie wird als entscheidender Faktor für den Übergang von der Generationslagerung zum Generationsbewußtsein u.a. die Existenz von sozialen Bewegungen gesehen (Becker 1989a). Aber auch ohne Beteiligung an sozialen Bewegungen ist die Wahrnehmung einer Generationszugehörigkeit möglich.

Ein empirisches Kriterium für die Existenz von Technikgenerationen ist die Selbstzuordnung[19] der Befragten zu Phasen der Technikentwicklung (Sackmann/Weymann 1990; Sackmann/Weymann 1991). Die von der relativen Mehrheit einer Kohorte gewählte Selbstzuordnung gibt Auskunft darüber, welches technikbezogene Selbstbild in einer bestimmten Kohorte vorherrschend ist *(Abb. 11)*. Vor 1939 geborene Kohorten ordneten sich

---

19 Die entsprechende Frage in der EMPAS Studie 1992 war von den Erzählungen in den qualitativ-biographischen Interviews abgeleitet. Sie lautete: "Sagen Sie mir bitte, zu welcher Generation Sie sich am ehesten zugehörig fühlen. Wählen Sie bitte spontan *eine* Generation aus." Folgende Antworten waren vorgegeben: "Generation, die den Einzug des elektrischen Stroms in die Haushalte miterlebte", "Generation, die noch viel mit den Händen arbeiten mußte", "Generation, für die das erste Auto oder die erste Waschmaschine eine große Erleichterung darstellte", "Generation, für die immer mehr Technik im Haushalt zur Verfügung stand", "Generation, die von der Weltraumfahrt besonders beeindruckt war", "Generation, die Technik besonders kritisch sieht in bezug auf ihre Folgen für die Umwelt" und "Generation, für die der Computer zum Alltag gehört".

mehrheitlich der Generation zu, die noch viel mit den Händen arbeiten mußte ("Vortechnische Generation"). Die zwischen 1964 und 1978 geborenen Kohorten ordneten sich der Generation zu, für die Computer zum Alltag gehören ("Computergeneration"). In der Zwischenphase gibt es einerseits die Pioniere der Haushaltsrevolution (Kohorten 1939 bis 1948), für die noch das erste Auto oder die erste Waschmaschine ein entscheidendes Erlebnis waren ("Generation der Haushaltsrevolution"), und andererseits die später zwischen 1949 und 1963 Geborenen, für die bereits immer mehr Technik im Haushalt zur Verfügung stand ("Generation der zunehmenden Haushaltstechnisierung").

Stellt man die Selbstzuordnung zu Generationen der Technikgeschichte des Alltags gegenüber, so zeigt sich, daß der Abstand zwischem dem Geburtsjahr und dem technischen Niveausprung, also dem Alter beim Beginn einer neuen Technikphase, 18 bis 20 Jahre beträgt *(Abb. 12)*. Die Niveaus der Technikgeschichte - 1959 Beginn der Haushaltsrevolution, 1982 Anfang der Digitalisierung der Haushalte - finden ihre Entsprechung in der Generationsstruktur: 1939 Anfangskohorte der Generation der Haushaltsrevolution, 1964 Anfangskohorte der Computergeneration. Dies entspricht Mannheims Annahmen einer "formativen Phase", einer jugendlichen Entwicklungsphase, in der man besonders offen für gesellschaftliche Veränderungen ist, und in der sich ein Generationsbewußtsein formiert (Mannheim 1964; Matthes 1985).

Abb. 12: Generationslagerung und Generationsbewußtsein

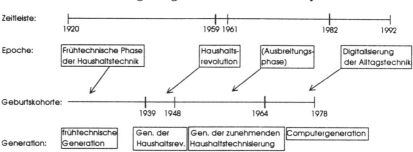

Unsere Untersuchung weist nur geringfügige Unterschiede in der Generationsstruktur der neuen und alten Bundesländer aus. Auf beiden Seiten zeigen sich dieselben Generationsgrenzen, ein Unterschied besteht lediglich darin, daß die Computergeneration im Osten die Kohorte der zwischen 1964 und 1968 Geborenen nicht einschließt. Computer gehörten im Vergleich zum Westen erst bei Jüngeren zum Alltag. Dieser Unterschied entspricht der Technikgeschichte mit ihrer verspäteten "Digitalisierung der Alltagstechnik".

3.3 Technik als Jugenderlebnis

Um über die Selbstzuordnung zu Technikgenerationen hinaus genauere Kenntnisse von den jeweiligen konjunktiven Erfahrungen der verschiedenen Technikgenerationen zu erhalten, haben wir in der EMPAS-Untersuchung gefragt, welches technische Gerät in der Kinder- und Jugendzeit der Befragten besonders wichtig war.[20] Es waren 12 Antworten möglich: Auto, Plattenspieler, Radio, Computer, CD-Spieler, Fernseher, Waschmaschine, Tonband, Kassettenrekorder, Fahrrad, Mofa/Moped/Motorrad, sowie "keines". Es zeigt sich hierbei, daß in den alten Bundesländern von den meisten Personen das Auto genannt wird. An zweiter Stelle liegt ebenfalls ein Fortbewegungsgerät, das Fahrrad. Die Unterhaltungsgeräte Fernseher, Radio, Plattenspieler folgen auf Platz 3 bis 5, an sechster Stelle der Computer. Deutlich weniger Personen erwähnen Waschmaschine, Kassettenrekorder, Motorrad, CD-Player und Tonbandgerät *(Abb. 13)*. Diese Rangfolge unterscheidet sich von jener in den neuen Bundesländern: An Platz 1 und 2 stehen im Osten Fahrrad und Radio. Es folgen Fernseher, Motorrad und erst an fünfter Stelle das Auto. Auf Platz sechs liegt der Kassettenrekorder. Waschmaschine, Computer, Tonband, Plattenspieler und CD-Player werden in den neuen Bundesländern nur selten genannt. In der Reihenfolge spiegelt sich der technische Rückstand der DDR. *In Ostdeutschland gehen in der Wichtigkeit für die Prägung der Technikgenerationen die älteren Fahrzeuge Fahrrad und Motorrad dem Auto und das ältere Radio dem Fernsehgerät voran.*

---

20 Die Frage lautete: "Auf der Ihnen vorliegenden Liste sind eine Reihe von technischen Gegenständen aufgeführt. Denken Sie nun einmal an Ihre Kinder- und Jugendzeit zurück. Welchen dieser technischen Gegenstände fanden Sie zu dieser Zeit besonders wichtig? (Liste vorlegen, nur *einen*, den *wichtigsten* Gegenstand markieren!)"

Abb. 13: Häufigkeitsrangfolge der Nennungen von technischen Geräten, die in der Kindheit und Jugend der Befragten am wichtigsten waren

Quelle: EMPAS 1992

Technischer Gegenstand	Häufigkeit der Nennung	Prozentanteil der Nennung
Alte Bundesländer		
Auto	193	19,4
Fahrrad	144	14,5
Fernseher	136	13,7
Radio	97	9,8
Plattenspieler	94	9,5
Computer	81	8,2
Waschmaschine	49	4,9
Kassettenrekorder	48	4,8
Motorrad (Moped, Mofa)	47	4,7
CD-Player	25	2,5
Tonbandgerät	7	0,7
kein Gerät	72	7,3
Neue Bundesländer		
Fahrrad	281	26,8
Radio	171	16,3
Fernsehen	133	12,7
Motorrad (Moped, Mofa)	112	10,7
Auto	109	10,4
Kassettenrekorder	69	6,6
Waschmaschine	45	4,3
Computer	40	3,8
Tonbandgerät	20	1,9
Plattenspieler	18	1,7
CD-Player	5	0,5
kein Gerät	47	4,5

Abb. 14: Technische Geräte, die in der Kindheit und Jugend am wichtigsten waren, nach Generation

Quelle: EMPAS 1992

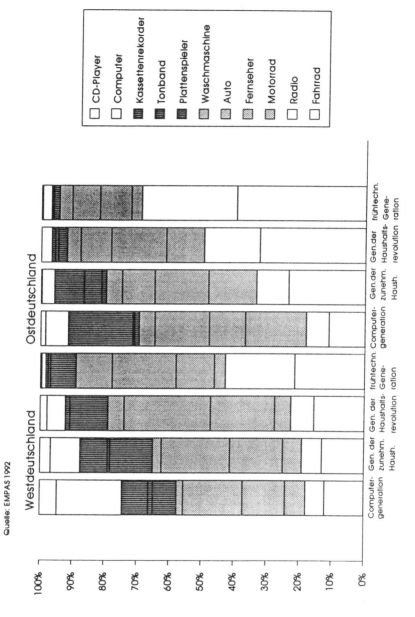

Die Angehörigen der *"vortechnischen Generation"* nannten am häufigsten Fahrrad und Radio als wichtigste technische Geräte ihrer Jugendzeit; die *"Generation der Haushaltsrevolution"* gab am häufigsten Waschmaschine, Auto, Fernseher, Motorrad an; die *"Generation der zunehmende Haushaltstechnisierung"* votierte für Plattenspieler, Tonband, Kassettenrekorder; die *"Computergeneration"* erwähnte am häufigsten Computer und CD-Player *(Abb. 14)*. Die technischen Innovationen einer Zeit werden jeweils am häufigsten von jener Generation als signifikantes Erlebnis bezeichnet, in deren Kindheit und Jugend ihre Ausbreitung fiel.[21] *Wie Abbildung 14 zeigt, wird von allen Generationen in Ostdeutschland "älteren" Geräten eine größere Kindheitsbedeutung zugemessen, da die Diffusion der Geräte in der DDR später und langsamer erfolgte. Auch sind die Unterschiede zwischen den Generationen in den neuen Bundesländern größer als in den alten.*

3.4 Techniknähe von Jugend und Alter

In den folgenden Abschnitten des Buches werden wir das Zahlenmaterial der amtlichen Statistik, der Repräsentativbefragungen und der Sekundäranalysen mit Texten aus Interviews und mit Auszügen aus den Gruppendiskussionen anschaulicher machen. In Interviews und Gruppendiskussionen äußern sich Angehörige der verschiedenen Generationen zu persönlichen, frühen Technikerfahrungen in der Jugend und zu deren prägenden Folgen für das "technology assessment" bis in die Gegenwart. Angehörige verschiedener Generationen beurteilen Rang, Wert und Risiken von Techniken, sprechen über ihre technische Kompetenz oder über Kaufkriterien. Interviews und Gruppendiskussionen geben auch Einblicke in generationsbezogene Positionen zur Technik- und Umweltpolitik, zum Rückblick auf den technischen Fortschritt in der Vergangenheit, zu den Zukunftsphantasien und zu anderen Themen.

Da die qualitativen Materialien vor den quantitativen Daten erhoben und ausgewertet wurden, wurde bei den Auswertungen der qualitativen Materialien das uns damals vorliegende Generationsschema nach politischen

---

21 In Abb. 14 zeigt sich auch, daß die Generationen nicht zu 100 % die innovativen Geräte "ihrer Zeit" nennen.

Generationen verwendet: *Vorkriegsgeneration Geburtskohorten vor 1933, Nachkriegsgeneration Geburtskohorten zwischen 1934 und 1955, sowie Umweltgeneration Geburtskohorten zwischen 1956 und 1970.* Dieses Drei-Generationen-Modell korrespondiert grosso modo mit dem Vier-Generationen-Modell der Technikgenerationen: die Vorkriegsgeneration entspricht in etwa der vortechnischen Generation; die Nachkriegsgeneration faßt die Generation der Haushaltsrevolution und die Generation der zunehmenden Haushaltstechnisierung zusammen; die Umweltgeneration entspricht ungefähr der Computergeneration. Bei der Zitierung des qualitativen Materials wurde das jeweilige Geburtsjahr der sprechenden Person und das Geschlecht der Person (m für männlich, w für weiblich) zur Kennzeichnung der Sprecher verwendet. Diese Angaben erlauben eine noch genauere Zuordnung der Generationslagerung.[22]

In den Gruppendiskussionen stand als ein zentrales Thema immer wieder die Rolle der Jugend als Innovationsträger ihrer Zeit im Zentrum des Interesses.[23] Von allen Generationen wurde unbestritten eine besondere Vertrautheit der Jugend mit Technik unterstellt. Ein Teilnehmer aus der *Vorkriegsgeneration* beschreibt seine Sicht der Dinge so:

"1923w: Es ist selbstverständlicher geworden. Die Kinder wachsen ja heute damit auf.
(Durcheinander)
1923w: Viele Haushalte, die haben heute viele Maschinen: Die haben Spülmaschinen, Waschmaschinen, die haben z.T. Trockner, die haben Kaffeemaschinen, die haben Mikro-Herde und und. Die Kinder wachsen mit rein, von klein auf.
1918m: Es ist alles Technik, die uns die Arbeit abnimmt. Die wir nicht kennengelernt haben, wo wir z.T. -wie Sie schon sagten.
1923w: Skeptisch.

---

22 Zur Erleichterung der Lesbarkeit der Tonbandprotokolle wurde auf die Wiedergabe von Transkriptionszeichen und Sprechhemmungen verzichtet. Nicht verstehbare Passagen der Tonbänder wurden mit (...) gekennzeichnet, Zitatauslassungen mit [...] markiert. Besonders betonte Wörter werden in Großbuchstaben wiedergegeben.

23 Auslöser war oft Frage 2: "In Vorgesprächen, die wir zu diesem Thema führten, meinten viele, Technik sei über die Generationen hin selbstverständlicher geworden. Wir möchten Sie als Angehörige ihrer jeweiligen Generation einmal fragen, was es für Sie bedeutet, daß Technik im Vergleich zu vorangegangenen Generationen selbstverständlicher geworden ist?"

1918m: Angst davor haben.
1923w: Skeptisch sind. Aber die Kinder wachsen von klein auf damit
auf. Für die ist es ganz selbstverständlich.
1918m: Selbstverständlich."

Während hier von Haushaltsgeräten die Rede ist, wählen in einem anderen
Fall Diskussionsteilnehmer der *Umweltgeneration* auch das Voranschreiten
der Technik im Berufsbereich als Beispiel für die besondere Techniknähe
der Jugend:

"1971m: Ja wie z.B. im Beruf, da hat sich auch unwahrscheinlich was
geändert, ne. Is ja egal wo man arbeitet. Früher wurd' man im Pferde-
karren den Kranken transportiert. Heute mit 'nem Auto oder 'nem LKW.
Oder Computer gibt's. Die nehmen einem alle möglichen Arbeiten ab.
Das mußte früher fast alles mit Hand gemacht werden gesamte Arbeit.
Die gesamte Arbeit.
[...]
1969m: Die Technik macht vieles leichter, aber auch schwerer. Den
Beruf schwerer, aber halt das Arbeiten [wird] mit der Technik
erleichtert.
1971m: Ja und komplizierter.
1966m: Ich weiß unser Opa, ich mein da war das ja so, da wurde viel
mit der Hand gemacht und da war. Wenn was Technisches kam, das
war gleich 'ne Sensation und heute ist das 'ne Selbstverständlichkeit.
Heute werden die Dosen, werden schon fast elektrisch aufgemacht und
gemixt wird nur noch elektrisch so ungefähr. Und das ist 'ne Selbstverständlichkeit, von daher hat man 'ne ganz andere Beziehung dazu.
[...]
1971m: Wenn was Neues kommt oder so, dann ist zwar irgendwie
Interesse da, aber daß man irgendwie total fasziniert davon [wäre,] oder
so wie das früher halt war: Wenn man so'n Auto da fuhr, was früher
angeschoben wurde oder so, ist ja auch nicht mehr da. Man nimmt das
halt zur Kenntnis: Praktisch.
1969m: Selbstverständlich."

Diskussionsteilnehmer aller Generationen beschreiben die technische Entwicklung als einen gesellschaftlichen Prozeß, der den jeweils Jüngeren
selbstverständlicher ist als den Älteren. Es werden generationstypische
Erfahrungen mit Technik behauptet. "Es ist alles Technik, die wir nicht

kennengelernt haben", meint eine der Angehörigen der Vorkriegsgeneration (1923w) rückblickend und zählt Haushaltsgeräte auf, über die sie und ihre Generation damals nicht verfügten. Sie bringt immer noch eine gewisse Angst im Umgang mit diesen Geräten zum Ausdruck und bezieht diese Angst darauf, daß der Umgang mit solcher Technik für sie ungewohnt sei und bleibe, da sie und ihre Altersgenossen diese Dinge früher nicht kennengelernt hätten. Heute jedoch wüchsen Kinder "mit rein". Vor allem Jugendliche unterstreichen diese angenommene Selbstverständlichkeit: Während für den Großvater technische Neuerungen eine Sensation gewesen seien, sei das für einen Jugendlichen heute "'ne Selbstverständlichkeit". "Wenn was Neues kommt", so ein anderer, "nimmt [man] das halt zur Kenntnis". Alle Diskussionsteilnehmer sehen die Jugend "am Puls des technischen Fortschritts", und auch die selbst noch jungen Angehörigen der *Umweltgeneration* weisen ihrerseits bereits die Fortschrittsträgerrolle wiederum den "kids", also der nächsten Generation, zu:

"1969w: Ich bin ja noch relativ jung, möchte ich mal sagen. Und da sehe ich schon unheimlich Unterschiede zu Kindern, die ich jetzt noch im Kindergarten erlebe und zwischen mir, obwohl ich noch jung bin. Daß die schon anders mit Technik umgehen und das wird ja später noch viel gravierender. Also ich in meinem noch recht jungen Alter (lacht) geh also wesentlich, ja, gehemmter oder na. Nicht so.
1926w: (unterbricht) Uninteressierter.
1969w: Ja: uninteressierter vielleicht. Oder an Technik nicht allgemein so. An so Sachen zum Beispiel wie Computer oder sowas.
1971w: Das merkt man schon, wenn man beobachtet, was die Leute zu Weihnachten kriegen. Also das merk' ich jetzt an meiner Schwester, die fünf Jahre jünger ist."

Aufgrund der altersunabhängigen Durchgängigkeit, mit der das Jung-Sein mit der größeren Nähe zum technischen Fortschritt gleichgesetzt wird, läßt sich von einem auf den technischen Wandel bezogenen, generationsübergreifenden Bild sprechen. Das zeigt sich nicht nur an den Selbstbildern der Generationen oder an ihren Fremdbildern von anderen Generationen, sondern auch unmittelbar als Thema zwischen den Generationen, so an einem Gespräch über den Umgang mit Technik im Alltag zwischen Mutter (Jahrgang 1940) und Tochter (Jahrgang 1965). Die Mutter beschreibt ihre Schwierigkeiten im Umgang mit Fahrkartenautomaten. Ihre Tochter sieht dies als Folge davon, daß die Mutter technische Gegenstände, die ein bestimmtes technisches Begriffsvermögen verlangen, in ihrer Jugend nicht kennenlernte. Sie macht das an Plattenspieler und Kassettenrekorder deutlich, die (zumindest was den Kassettenrekorder angeht) erst in ihrer eigenen Jugend zur Verfügung standen. Die Mutter setzt sich nur schwach dagegen zur Wehr, daß sie von ihrer Tochter als unwissend bezeichnet wird ("ich kann ja genug anderes"). Zum Schluß des Textauszuges kommt ihr eine Frau aus ihrer Generation (Jahrgang 1947) zu Hilfe, die sie von dem Anspruch befreit, sich mit moderner Technik auskennen zu müssen, denn was habe man schon "als Kinder bekommen?" Beide Frauen lassen aber das Urteil, beim Umgang mit Technik Jüngeren unterlegen zu sein, gegen sich bestehen. Sie stimmen in gewissem Sinne der Deutung zu, daß sie im Vergleich zu jüngeren Leuten mit technischen Innovationen im Alltag Schwierigkeiten haben, weil sie diese erst in einem späteren Abschnitt ihres Lebens kennenlernten.

"1940w: Was notwendig ist. Die Fahrkarte kaufen. Wenn du nach draußen gehst, willst mit dem Zug reinfahren, bis du, also eh ich das begriffen hab, daß ich mir 'ne Karte lösen [kann]. Da hab' ich mich erstmal schon geweigert.
1965w: Ich geh' zum Beispiel schon ganz anders mit Automaten um als sie [ihre Mutter 1940w].Wenn sie (...) da ist ein Automat. Und ich muß erstmal alle Knöpfe drücken, so ungefähr. Erst mal ausprobieren, gucken, was da funktioniert. Das ist genauso wie mit unserer Stereoanlage, wenn sie kommt und sagt: 'Das geht nicht auf stop.' Oder: 'Was muß ich da drücken.' Ja dann sag ich: 'Mußt auf stop drücken, steht doch drauf oder kannste da umspulen oder das machen, ist alles drauf. Aber das will sie gar nicht, das will sie gar nicht.
1940w: (Unterbricht) Ich kann ja genug anderes.
1965w: Ich mein nur, sie hat das nie so in der Form mitgekriegt wie ich. Ich hab dann irgendwann meinen ersten Kassettenrekorder gekriegt, schon von klein auf oder, was weiß ich, einen Plattenspieler und sie hat sowas nie gehabt.
1947w: Stimmt, ja die Kinder sind mit der Technik groß geworden. Was haben wir denn als Kinder bekommen? Technisches Gerät? Ich kann mich überhaupt nicht erinnern."

Die wechselseitige Übernahme dieser Sicht jugendspezifischer Techniknähe zwischen den Generationen, und der Konsens im Hinblick auf Unterstellung der Fortdauer lebenslanger, generationsspezifischer technischer Kompetenzen ist kein Frauenthema. Auch Männer stimmen darin überein, daß man als älterer Mensch mit der Technik im Alltag Probleme hat, die man erst zu einem späteren Zeitpunkt seiner Biographie kennenlernte. *Zwei 60-70jährige Männer übernehmen im folgenden Diskussionsauszug die entsprechende Deutung eines Dreißigjährigen.*

"1962m: Ja, vor allen Dingen wenn man jetzt hier so den Vergleich zwischen den anwesenden Generationen sieht so. Dann denk ich mir, als Sie größer geworden sind so: Da haben Sie. Da war es noch nicht selbstverständlich Technik. Elektrischer Strom gab's vielleicht schon, aber es war nicht so selbstverständlich wie heute.
1921m: Ne.
1962m: Und irgendwie wenn heute jemand also, heute 'nen Jugendlicher oder so. Ja für den is es selbstverständlich, daß er mit 18 sein Auto hat und daß er seine Stereoanlage hat und.
1921m: Alles selbstverständlich.
1962m: Er wächst einfach in sowas hinein.
1930m: Das is' schon so, das is' ja so."

Das generationsübergreifende Bild von der zwanglosen Vertrautheit der Jugend mit technischer Innovation im Kontrast zu den Problemen der Älteren scheint funktional für die Verarbeitung von technischem Wandel durch die Geburtskohorten in diesem Jahrhundert zu sein. Denn der Gedanke des naturwüchsigen "Herauswachsens" der Älteren aus der technischen Entwicklung und des ebenso naturwüchsigen Hineinwachsens der jeweils Jungen entlastet die Älteren in gewisser Weise von dem Anspruch, die technische Entwicklung im Alltag verstehen oder gar beherrschen zu müssen. Die Generationszuschreibungen naturwüchsiger Abläufe des Heraus- bzw. Hineinwachsens sind aber nicht die Folgen biologischen Alterns der Sprecher. Denn dasselbe Deutungsmuster wird bereits von Jugendlichen gegenüber "kids" benutzt, unter Hinweis auf die durch die Mikroelektronik verkürzten Innovationsphasen.

3.5 Die Gleichzeitigkeit der Ungleichzeitigen

Jugend ist Träger technischer Innovationen und sie nimmt ihre technischen Grunderfahrungen - als alternde Generation - mit durch das Leben. Darin sind sich die Generationen einig. Weil die Wahrnehmung heutiger Technik aber vor dem Hintergrund generationsspezifischer Erfahrungen mit technischem Wandel erfolgt, sind sich die Generationen in der Technikbeurteilung oft uneins. In Diskussionen mit großer kommunikativer und interaktiver Dichte werden typische Technikerfahrungen einer Generation zum Ausgangspunkt eines lebendigen Wiedererlebens. Das Technikbild des eigenen lebensweltlichen Erfahrungshorizonts wird zum Identifikationspunkt und im Kontrast zu anderen Lebenswelten entwickelt (Bohnsack 1989).

Exemplarisch wird die kontrastierende Entfaltung lebensweltlicher Technikbilder von Generationen in einer Diskussion zwischen Landwirten aus der *Vorkriegsgeneration* mit ebenfalls auf dem Lande lebenden Angehörigen der *Umweltgeneration*. Das Technikbild der Generationen macht sich hier an der Frage fest, *"wieviel Technik der Mensch zum Leben brauche"*. Den das Gespräch bis dahin dominierenden Angehörigen der Umweltgeneration wird die fremde Lebenserfahrung der Landwirte der Vorkriegsgeneration, veranlaßt durch die technikdistanzierte Äußerung einer 28jährigen Frau, in folgender Weise vermittelt:

"1963w: Also ich mein', ich bin gar nicht so für die Technik. Bei manchen Sachen möcht ich auch ohne [Technik] sein.
1922m: Aber ohne Technik könnte, würde man auch nicht leben wollen.
1963w: Ja, ganz ohne nicht, aber viele Sachen, mit vielen Sachen möcht' ich mich auch nicht anpassen. Oder bei vielen Sachen sag' ich: Das brauch' ich nicht, das kann ich auch so erledigen.
1930m: Dann lieber kein, kein Strom.
1921m: Ja, da is' die Technik.
1962m: Das is' ja übertrieben.
1963w: Ja.
1921m: Früher, ganz früher ging's auch ohne Strom.
1963w: Ja.
1930m: Wir haben das noch erlebt, wie wie wir nach dem Kriege so, wenn wir 'ne warme Bude haben wollen, wenn wir Essen kochen wollen, dann müssen wir, mußten wir Holz machen.

1921m: Ja, ja.

1930m: Wir hatten die zwei Meter langen Sägen und dann haben wir den Baum abgesägt, so wurde das gemacht.

1930m: Und denn mußt', denn war man nachher froh, wenn der Baum unten lag und wir konnten die Säge von oben ansetzen: Also dies von der Seite [sägen] denn, das ging nicht gut, bis zum Baum unten. Das war auch Technik.

1921m: Früher, vergeß' ich heute. Im Kriege, da war ich im Urlaub.Ne Eiche war da. Das waren ja extra kräftige und harte [Bäume]. Da waren wir 'nen halben Tag dran, welche mit 'nem Stamm wie diese, so mit dem Durchmesser (zeigt).

1930m: Ja, sicher.

1921m: 'Nen halben Tag von der Seite.

1930m: Ja, sicher.

1922m: Ja sicher, da hatten die Leute Kerbsägen.

1930m: Und heute ... dschschschscht.

1922m: Und Strom gab's zwei Stunden am Tag. Dann liefen die zur Kreissäge, daß man den Strom ausgenutzt haben und dann die (...) kaputtgesägt haben. Wir waren hinter der Technik her, weil wir sie nicht hatten. Die zwei Stunden, die hat man voll ausgenutzt bis die Säge stehengeblieben is'.

1930m: Das ja heute, das is' alles selbstverständlich die die Sägen, diese Stahlsägen heute.

1922m: Ich meine, wenn man keine Technik hat, dann merkt man schon, was das bedeutet.

1930m und 1922m: Ja.

1930m: Das sind ja so viele Sachen, die der Mensch überhaupt (...) selbstverständlich (...) da muß man ja von Grund auf anfangen.

1930m: Heute das ist ja alles warm, das ganze Haus is' warm ohne körperliche Arbeit."

In dieser dicht erzählten Passage berichten die alten Landwirte von der für sie *grundlegenden Erfahrung eines harten und entbehrungsreichen Lebens ohne moderne technische Hilfsmittel.* Ihre Darstellung des anstrengenden manuellen Sägens von Holz endet in einem an die Diskussionsrunde und damit auch an die Jüngeren gerichteten Appell, sich die früheren Verhältnisse einmal vor Augen zu führen: "Ich meine, wenn man keine Technik hat, dann merkt man schon, was das bedeutet", sagt ein Siebzigjähriger, an die Gruppe gewandt. Die alten Landwirte wissen aber nicht nur um ihren besonderen Erfahrungshintergrund, der schwer weiterzuvermitteln ist, und um die Fremdheit, die die Schilderung eines Lebens "ohne Technik" bei den Jugendlichen hinterläßt. Sie unterstellen späteren Generationen auch ein bestimmtes Maß an Unkenntnis und Hilflosigkeit im Falle technischer Versorgungsausfälle, da ihnen viele alte handwerkliche Kenntnisse fehlen. Mit Hilfe einer etwas später nachgeschobenen Geschichte über einen Stromausfall, wird den Jüngeren attestiert: "Die kommen schlecht zurecht" (1922m). Das Selbstbewußtsein der Vorkriegsgeneration wird auch durch die Art des Gesprächsverlaufs unterstrichen. Die Angehörigen der Umweltgeneration haben in diesem Diskussionsabschnitt keine Chance, sich in die Erzählungen der sich einander das Wort gebenden Landwirte einzuklinken.

Die Erzählung über das Sägen mit Kerbsägen oder im nächsten Beispiel vom Waschen mit dem Waschbrett veranschaulicht auch, daß bei den älteren Generationen ein komplexes technisches Wissen über ältere Technikformen konzentriert ist, über das nur sie verfügen. Das gilt sowohl für alte Handwerkskünste als auch für die Bedienung älterer technischer Innovationen, mit denen jüngere Generationen nicht mehr konfrontiert wurden.

Ein anderes, identitätsstiftendes Thema der Vorkriegsgeneration besteht in der *Kritik am Anspruchsdenken* der jungen Generation. Sie richtet sich zumeist auf überflüssigen Besitz technischer Gegenstände in Haushalt und Freizeit:

> "1924w: Ich war berufstätig und da war ich mit einer zehn Jahre jüngeren Frau zusammen. Und wir sprachen über unsere Ehe, so, was wir so haben. Und ich hab' erst GANZ, GANZ spät eine Waschmaschine bekommen, ich hab' morgens immer noch so (macht eine Reibbewegung), ich wollte mein Rubbelbrett [Waschbrett] und meinen [Wasch-]Stein gerne mit in's Grab nehmen, hab' ich immer gesagt. Und da sagt sie: NEIN, nein ich würde NIE mehr heiraten, wenn nicht mindestens eine Waschmaschine und eine Geschirrspülmaschine da wär'. Und das sind bestimmt 30 Jahre her. Da hab' ich gedacht: Die ist eigentlich sehr anspruchsvoll. Was waren wir doch bescheiden."

Die Unbescheidenheit der jüngeren Freundin, die die ältere Frau hier schildert, ist auch anderen Teilnehmern der Diskussionsrunde nicht fremd: "Das Anspruchsdenken ist seit 1960 gestiegen" (1919m); "Ja" (1924w); "Ja. Aber es gibt auch so viel unnötige Sachen: Eierkocher und weiß ich was" (1922w). Für die Vorkriegsgeneration ist es typisch, daß sie die Anschaffung von Haushaltstechnik vor dem *Hintergrund knapper materieller Ressourcen* sieht. Darstellungen des Kaufs technischer Gegenstände vor dem Hintergrund knapper Ressourcen werden in dieser Ausführlichkeit nur von der Vorkriegsgeneration gegeben:

"1933m: Wir hatten nichts und dann mußten wir auch mit nichts anfangen. Und dann haben wir gesagt: Na ja, wir können uns nicht sofort etwas kaufen, also kaufen wir uns das später - und jeden Monat kam etwas hinzu. Wir hatten Kinder, also mußten wir eine Waschmaschine haben. Es mußte alles so sein und dann kam das nächste, dann kam das nächste und dann ging das immer so weiter, Schritt für Schritt."

Bei Angehörigen der *Nachkriegsgeneration* finden sich dichtere Erzählsequenzen vor allem dort, wo es um den fortlaufenden Zwang zur Bewältigung von *Schwierigkeiten mit immer neuen technischen Gegenständen* im Alltag geht. Dies wird etwa in einer längeren Unterhaltung zwischen zwei Frauen deutlich, die über frühere Probleme bei der Handhabung von Automaten in öffentlichen Einrichtungen (Schwimmbad, Bahn, Bank) berichten.

"1947w: Also mittlerweile ist mir klar, daß wir ohne Technik nicht mehr klar kommen. Und daß wir Freizeit gewinnen durch Technik. Und daß sie nicht mehr aufzuhalten ist. Nur ich meine, daß: Ja, wo sie hinführt, das wissen wir einfach noch nicht."

Typisch für die Technikidentität der Nachkriegsgeneration ist eine *ambivalente Haltung*, die auf der einen Seite durchaus um Risiken der technischen Entwicklung weiß, auf der anderen Seite jedoch mit Blick auf Eltern- bzw. Großelterngeneration nicht bereit ist, zu "vortechnischen Zeiten" zurückzukehren:

"1937w: Ja also ich muß einfach sagen, unsere Generation lebt natürlich ganz anders mit der Technik als die vorhergehenden Generationen. Weil eben die Technik sich ja auch erst entwickelt hat. Denn unsere Großeltern, die konnten natürlich nicht so sehr viel mit Technik arbeiten, weil ja noch gar nicht so viel erfunden war. Und insofern (lacht) wachsen wir und jetzt die nächsten natürlich noch mehr, viel mehr in dieses technische Zeitalter hinein und müssen sich ganz zwangsläufig damit auseinandersetzen. Ob man das nun gut findet oder nicht gut findet. Also mir ist diese Übertechnisierung sowieso ein bißchen heikel, und ich hab' da nicht so sehr viel mit im Sinn. Also ich würd' ganz gerne mal so'n kleinen Stillstand einlegen, wenn ich so sehe, was so geforscht wird und immer weiter geforscht wird. Da wird mir manchmal schon ein bißchen angst und bange."

Die Sprecherin, Jahrgang 1937, beschreibt hier das Verhältnis ihrer Generation zur Technik mit Hilfe einer Abgrenzung gegenüber der Generation ihrer Großeltern. Mit diesem Kontrast bringt sie zum Ausdruck, daß sich ihrer Ansicht nach die Technisierung der Gesellschaft eigentlich erst in ihrer Generation vollzog, denn bei den Großeltern war "ja noch gar nicht so viel erfunden". Gleichzeitig äußert sie Vorbehalte gegen die "Übertechnisierung", die ihr "ein bißchen angst und bange" mache. Gegen solche Ambivalenz und Vorbehalte führt ihre Gesprächspartnerin (Jahrgang 1943) jene Vorteile der Technik ins Feld, die sich eben im Kontrast zu früheren Zeiten zeigen, und die sie mit Blick auf die anstrengende Haushaltsarbeit ihrer Kinderzeit plastisch beschreibt. Sie möchte deshalb "auch nicht wieder zurück":

"1943w: Ja, aber zurück möchte ich auch nicht wieder. Muß ich ganz ehrlich sagen. Also ich hab' diese Zeit noch lebhaft in Erinnerung, wo in der Waschküche die Wäsche gekocht wurde und so was alles. Das war also. Vor allen Dingen alle Kinder mußten mitmachen. Die Kinder, die haben heute so lange Zeit zum Lernen und so. Durch diese ganze Technik ist es ja erst möglich.
1937w: (Unterbricht) Das stimmt.
1943w: Daß man eben so'n großen Haushalt mit mehreren Kindern mit 'nen paar Hilfsgeräten machen kann. Also meine ich, daß das also dadurch nur möglich ist. Denn früher waren die Frauen da echt geschafft.
1937w: Ja.
1943w: Wenn die da so'n Tag Wäsche gemacht haben, heute macht man das mit links nebenbei."

Im Gegensatz zur Vorkriegsgeneration, die "ohne Technik" in eine nach dem Krieg raschem technischen Wandel unterworfene Gesellschaft hineinwächst, und für die die heutige Logik des technischen Wandels häufig schwer nachvollziehbar ist, *hat die Nachkriegsgeneration sehr viel mehr das Gefühl, diese technische Entwicklung aktiv, erfolgreich und z.T. mühsam mitgetragen zu haben.* Sie hat einen Wandel mitvollzogen, der Ansprüche an die eigene Anpassungsleistung stellte. Mehr als die Vorkriegsgeneration identifiziert sich die Nachkriegsgeneration deshalb mit der technischen Innovationsleistung.

Wie sieht das Selbstverständnis der *Umweltgeneration* aus? Erinnert man sich noch einmal an die Charakterisierung des technischen Wandels als "Übertechnisierung", die "ein bißchen heikel" sei, durch eine der oben zitierten Frauen aus der Nachkriegsgeneration, so kennzeichnet dies einen Zug im technischen Selbstverständnis der Elterngeneration, mit dem sich die Umweltgeneration auseinandersetzt. Entsprechend häufig taucht bei Angehörigen der Umweltgeneration das *Thema "Schwierigkeiten der Eltern mit Technik"* oder zugespitzter, "Widerstand der Eltern gegen technische Neuerungen" auf.

"1970w: Wir wohnen in so'm Haus im Wald. Und mein Vater hat das Auto, meine Mutter hat kein' Führerschein. Sie sitzt zu Hause. Und jetzt bin ich ja ausgezogen, sonst hatte ich das Auto. Und jetzt muß sie [die Mutter] in die Stadt, wo mein Vater sie mal nicht fahren kann. [Sie] ruft an: 'Komm nach Hause'. [Ich antworte:] 'Ich kann nicht'. Ich mein', ich wohn' so 100 km [entfernt] sind das. Sonst komm' ich aus Hamburg. [Sie sagt:] 'Ja ich muß zum Arzt nach Hamburg.' Ich sag: 'Das ist doch kein Problem. [Benutze doch] Busse, Bahnen. [Sie antwortet:] 'Ha, nein, Panik. Ich weiß nicht, wo ich den Fahrplan suchen soll, so viele Seiten. Und überhaupt, wo soll ich die Fahrkarte kaufen?'"

Übergroße Hilflosigkeit im Umgang mit Technik kommt auch in einer anderen Diskussion zum Ausdruck, in der ein junger Mann seine Eltern dazu bewegen will, sich einen CD-Player anzuschaffen. Dabei muß er feststellen, daß er kaum in der Lage ist, seinen Eltern einen Eindruck von diesem Gerät zu vermitteln:

"1966m: Als ich meinen Eltern halt irgendwie erklärt hab', daß es besser wäre, irgendwie so'n CD zu besitzen und dann auch zugleich mit der Fernbedienung umzugehen halt. Da mußte ich feststellen, daß einfach der Wortschatz bei meinen Eltern entglitten ist."

Während Angehörige der Umweltgeneration auf der einen Seite deutlicher die Probleme oder auch die Eigentümlichkeiten der Generation ihrer Eltern im Umgang mit Technik beschreiben, sehen sie auf der anderen Seite, daß noch Jüngere ihnen wiederum vieles voraus haben.

"1959m: Die Frage war ja auch wegen dem Generationswechsel. Und da ist mir das wie [er] das eben erzählt hat, auch noch so'n bißchen klar geworden. Von meinen Eltern her kann man das noch so ein bißchen beobachten. Daß wir eigentlich relativ spät einen Fernseher gekriegt haben. Wir durften dann die erste Zeit. Da hat mein Vater sich 'ne halbe Stunde lang mit der Gebrauchsanweisung hingesetzt und hat sich die angeguckt. Und dann mußte, durfte auch nur er die bedienen. Also wenn irgendwer was wollte, dann mußte er erst meinen Vater rufen, damit der den angeschlossen hat. Dabei war das nur ein Knopf zu drücken. Ja und wenn ich jetzt den Jungen sehe. Mit fünf Jahren hat der seinen eigenen Kassettenrekorder und bedient letztendlich den Fernseher, die Fernsteuerung. Kennt er sich schon besser aus wie ich selber. Weil ich da auch keine Lust habe, mich damit zu befassen."

Der Sprecher belächelt hier zum einen den um sorgfältigen Umgang mit einem für heutige Verhältnisse einfachen Fernsehapparat bemühten Vater, zum anderen glaubt er, daß der technische Fortschritt bereits auch über ihn und die anderen Diskutierenden seiner Generation hinweggeht. "Und heute, heute merkt man das schon selbst", ist der Kommentar zu dem Fünfjährigen, der sich mit der Bedienung technischer Geräte schon besser auskennt.

In der Literatur und Öffentlichkeit wird technischer Fortschritt überwiegend als Sachzwang vorgestellt, der seiner eigenen Logik folgt. Aus dieser Sicht wird dann die Gleichzeitigkeit der Wirkungen technischer Innovationen auf alle Zeitgenossen betont. Eine wissenssoziologische Perspektive hingegen ist an der Ungleichzeitigkeit technischen Wandels interessiert - für Generationen, aber auch für Milieus oder Geschlechter. Die "Ungleichzeitigkeit der Gleichzeitigen" (Pinder) ist in unseren Gruppendiskussionen eines der interessantesten Themen im Zusammenleben der Generationen.

4. Technikalltag

Die technische Entwicklung im Alltag steht im Zusammenhang mit der Herausbildung einer Abfolge von Generationen. Qualitative Sprünge der Technikentwicklung werden für jüngere Kohorten zum grundlegenden Erfahrungsschatz ihrer ersten Begegnung mit Technik, während ältere Kohorten bereits über technisches Hintergrundwissen verfügen, von dem aus sie technischen Fortschritt wahrnehmen und beurteilen. Technikgenerationen stellen mit ihrer je eigenen Aufschichtung technischer Erfahrung Repräsentanten des "Geistes" vergangener Technikepochen dar. Sie besitzen ein bestimmtes Verhältnis zum technischen Fortschritt, das in spezifischen Werthaltungen, Einstellungen, Umgangsweisen mit Technik zum Ausdruck kommt. Technikgenerationen unterscheiden sich deshalb im Handlungspotential, das ihnen im Umgang mit Haushaltstechnik verschiedener Entwicklungsstufen zur Verfügung steht.

Technische Kompetenz ist kein abstraktes Wissen. Wer technische Einrichtungen und Geräte nicht bedienen kann, bleibt vom Einsatz arbeitserleichternder, freizeitwerterhöhender oder mobilitätssteigernder Technikprodukte ausgeschlossen. Wir untersuchten das Vorhandensein technischer Kompetenzen im Umgang mit fünf technischen Geräten: elektrische Lampe, Pkw, Videorekorder, Computer und Bargeldautomat.[24]

Im Gegensatz zur Frage nach dem Besitz von Technik im Haushalt, bei der unklar bleibt, ob der Besitzer sich mit dieser Technik auch auskennt, gibt die Frage nach der "Technikkompetenz" Auskunft über praktische, individuelle technische Fertigkeiten. Die technischen Geräte elektrische

---

24 Bis auf die Bedienung von Bargeldautomaten waren die Kompetenzen sowohl Bestandteil der EMPAS-Querschnittsuntersuchung von 1992 als auch des ALLBUS-Querschnitts von 1986, aus dem sie entnommen und 1992 repliziert worden waren. Somit konnten wir vier verschiedene Technikkompetenzen im Längsschnitt untersuchen.

Lampe, Automobil, Videogerät und Computer kamen zu verschiedenen Zeiten in diesem Jahrhundert in die Haushalte. Bei den bereits seit längerer Zeit eingeführten Techniken zeigt der Verlauf der Kompetenzverbreitung, daß sich das Bedienungswissen jüngerer und älterer Kohorten annähert; je kürzer demgegenüber eine Technik eingeführt ist, desto stärker sind die Differenzen zwischen Kompetenzzuwächsen bei jüngeren und Defiziten bei älteren Kohorten. Unter Innovationsgesichtspunkten bedeutet dies, daß die Kompetenzunterschiede zwischen Generationen um so geringer sind, je älter eine Technik ist.

Der Vergleich technischer Fertigkeiten zwischen *West- und Ostdeutschland* ist gewissermaßen ein Test für Unterschiede in der Verbreitung technischen Wissens. Da Innovation und Diffusion von Techniken in den neuen Bundesländern später und langsamer verliefen - dies gilt insbesondere für die erst in jüngster Zeit eingeführten Geräte - sind Wissensunterschiede zwischen jungen und alten Kohorten hier größer als im Westen.

4.1 Bedienungskompetenz

An die *Elektrifizierung* der deutschen Haushalte gab es bei den ältesten Teilnehmern unserer Interviews und Gruppendiskussionen noch persönliche Erinnerungen. In den Umfragen von 1986 und 1992 wurde danach gefragt, ob man eine elektrische Lampe anschließen könne. Dies bejahte etwa jeder Zweite. Einen Kompetenzzuwachs gab es in diesen sechs Jahren nicht mehr, weil es sich um eine sehr alte und seit langem verbreitete Technik handelt. Die Altersgruppen unterscheiden sich folglich wenig voneinander. Auffallend sind hingegen die Unterschiede zwischen Frauen und Männern: lediglich 24 Prozent der Frauen gegenüber 92 Prozent der Männer können eine Lampe anschließen. Die Unterschiede zwischen den Geschlechtern sind größer als die zwischen den Kohorten *(Abb. 15)*. Eine andere alte Kunst ist das *Autofahren*. Sieht man sich die Altersverteilung des Führerscheinbesitzes getrennt nach Männern und Frauen an, so zeigt sich, daß Frauen der älteren Kohorten wesentlich seltener als Männer ein Auto fahren können (Glatzer u.a. 1991). Kohorten- und Geschlechtszugehörigkeit sind bei dieser Kompetenz etwa gleich einflußreich, wobei sich die Geschlechtsunterschiede bei dieser Kompetenz "von Generation zu Generation" verringern.

Abb. 15: Prozentanteil von Männern und Frauen, die 1986 die technische Kompetenz besaßen, ein Auto fahren bzw. eine elektrische Lampe anschließen zu können

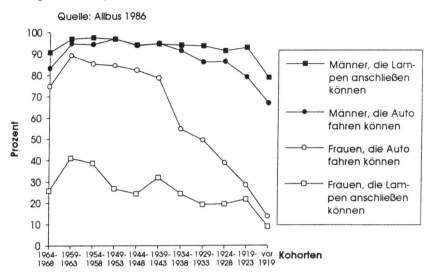

Abb. 16: Technische Fertigkeit "Videogerät bedienen" 1986/92 nach dem Alter

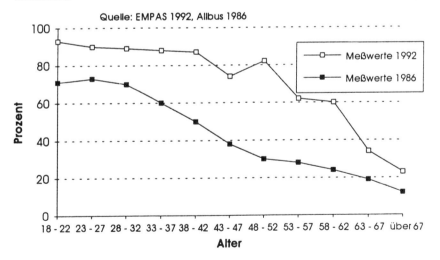

Abb. 17: Technische Fertigkeit "Videogerät bedienen" 1986/92 nach Kohorten

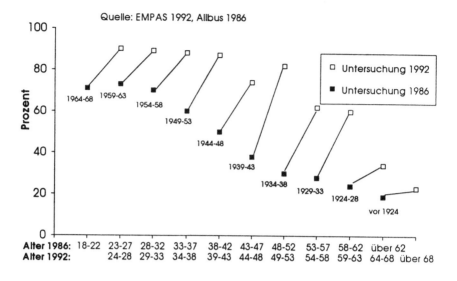

Abb. 18: Technische Fertigkeit "Computer bedienen" 1986/92 nach dem Alter

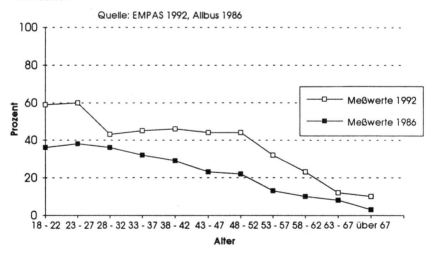

Abb. 19: Technische Fertigkeit "Computer bedienen" 1986/92 nach Kohorten

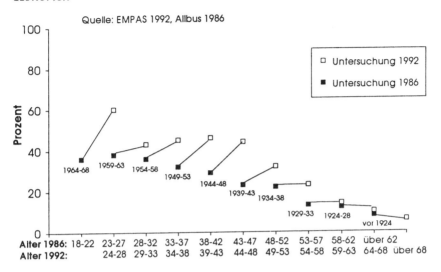

Quelle: EMPAS 1992, Allbus 1986

Der *Videorekorder* ist erst seit Beginn der siebziger Jahre auf dem Markt, seine Bedienung ist noch nicht jedermanns Sache.[25] Bedienungskenntnisse stiegen bei diesem neuen Gerät zwischen 1986 und 1992 von 43 auf 71 Prozent stark an. Vor allem die 1992 bis 62jährigen sind für diesen Wissenszuwachs verantwortlich *(Abb. 16)*. Die Kohortendarstellung *(Abb. 17)* zeigt, daß die Jahrgänge vor 1929 nur wenig an Kompetenz gewannen. Im Vergleich zu 1986 flacht der Kurvenverlauf der Altersverteilung dieser technischen Fertigkeit leicht ab, d.h. die Kohorten nähern sich einander an. *Personal-Computer* sind die jüngsten Geräte, erst seit Ende der siebziger Jahre auf dem Markt. Das Bedienungswissen ist noch kein Allgemeingut. Es stieg in den sechs Jahren von 23 auf 35 Prozent an. Am stärksten nahm es bei den bis 47jährigen zu *(Abb. 18)*. Jahrgänge vor 1939, besonders vor 1928, nahmen das neue Wissen kaum noch auf *(Abb. 19)*. Wissenszuwachs

---

[25] 1986 betrug Kendall's Tau B für den Zusammenhang zwischen Alter und dieser Kompetenz .40; 1992 sank dieser Wert auf .36. Die Werte des Likelihood-Ratio Chi-Quadrattests in der hierarchischen loglinearen Analyse betragen bezüglich der Erklärungskraft der unabhängigen Variablen mit abnehmender Stärke (bezogen auf den Querschnitt von 1986): Alter: 563.8 (D.F. = 10); Geschlecht: 157.6 (D.F. = 1). Das Signifikanzniveau ist jeweils höher als p = .01.

63

findet zwischen 1986 und 1992 überwiegend nur in den jüngeren Kohorten statt.[26]

Zusammenfassend läßt sich sagen, daß in Fällen jüngerer und jüngster Haushaltstechniken - Videorekorder und Computer - die Kohortenzugehörigkeit das Bedienungswissen am besten erklärt. Kommt eine technische Innovation auf den Markt, erwerben jüngere Kohorten als erste die nötige Kompetenz. Erst mit der allgemeinen Verbreitung folgen ältere Kohorten nach. Wie die folgende Tabelle zeigt, geht im Zeitraum der sechs Jahre 1986 - 1992 beim Umgang mit elektrischen Lampen, Pkw und Videorekorder der Zusammenhang zwischen Alter und technischer Kompetenz durch Altern der Innovationen zurück (Ausnahme Computer):

Zusammenhang von Alter und technischer Kompetenz 1986 und 1992 (Tau B)

Technische Kompetenz im Umgang mit:	*1986*	*1992*
elektrischer Lampe	.12	.11
Pkw	.30	.25
Videogerät	.40	.36
Computer	.25	.30

Für die neuen Bundesländer liegen keine Vergleichsdaten aus einem früheren Querschnitt vor, so daß technische Kompetenzen in Ost und West nur für das Jahr 1992 miteinander verglichen werden können. Da alle Geräte in der DDR etwas später auf den Markt kamen und in geringerer Zahl in den Haushalten vorhanden waren (elektrische Lampen ausgenommen), bestehen Unterschiede im Gesamtumfang der Gerätekompetenz in Ost und West: Im Jahre 1992 konnten im Westen 69 Prozent einen Pkw fahren, in den neuen Bundesländern 66 Prozent; mit dem Videogerät konnten 71 bzw. 62 Prozent umgehen; den noch jüngeren Computer beherrschten 35 bzw. 25 Prozent. Vor allem jüngere Kohorten sind in

---

[26] 1986 betrug Kendall's Tau B für den Zusammenhang zwischen Alter und der Kompetenz .25; 1992 stieg dieser Wert auf .30. Die Werte des Likelihood-Ratio Chi-Quadrattests in der hierarchischen loglinearen Analyse betragen bezüglich der Erklärungskraft der unabhängigen Variablen mit abnehmender Stärke (bezogen auf den Querschnitt von 1986): Alter: 203.4 (D.F. = 10); Geschlecht: 64.3 (D.F. = 1); Bildung: 20.4 (D.F. = 1).

Ostdeutschland an der nachholenden Aneignung technischer Kompetenzen beteiligt. In den neuen Bundesländern sind die Kompetenzunterschiede zwischen jüngeren und älteren Kohorten deshalb i.d.R. größer als im Westen.

Zusammenhang von Alter und technischer Kompetenz in Ost und West (Tau B)

Technische Kompetenz im Umgang mit:	*West*	*Ost*
elektrischer Lampe	.11	.08
Pkw	.25	.29
Videogerät	.36	.39
Computer	.30	.29

Ein weiteres Beispiel für generationsspezifische Bedienungskompetenz von Alltagsgeräten liefert der Bargeldautomat. Seit Beginn der siebziger Jahre bietet er die Möglichkeit, an Computerterminals Geldbeträge vom eigenen Konto abzuheben. Erforderlich ist allerdings die Vertrautheit mit der Bedienungslogik computerisierter Technik: Der Nutzer des Terminals muß am Bildschirm, auf dem die Befehle angezeigt werden, in einen Dialog mit dem Gerät treten. Da man nach wie vor auch während der Schalterstunden Geld abheben kann, besteht kein Zwang, sich mit der Bedienung von Bankautomaten auszukennen. Wer also den Geldautomaten nutzt, hat sich weitgehend frei dafür entschieden. Unsere Umfrage enthielt Fragen zur Nutzung von Geldautomaten.[27]

Da der Bankautomat ein Produkt der Digitalisierungsphase von Technik ist, müßte seine Nutzung in der jüngsten Generation, für die der "Computer zum Alltag gehört" besonders groß sein. Insgesamt die Hälfte der Befragten gab an, Geldautomaten für das Abheben von Geld zu verwenden. *Abb. 20* zeigt die stark unterschiedliche Nutzung nach Alter. Je besser die Befragten in der Lage sind, mit einem Computer umzugehen, desto häufiger nutzen sie auch Geldautomaten (Kendall's Tau B .30). Als wichtig erweist sich auch die emotionale Akzeptanz von Computern.[28] Je geringer die emotionale

---

27 Die Frage war nur in der EMPAS-Studie 1992 enthalten, so daß kein Vergleich über die Zeit möglich ist.

28 Anhand einer sechspoligen Skala sollten die Befragten Stellung nehmen zu der Aussage: "Der Computer ist mir fremd".

Aktzeptanz, desto seltener werden Geldautomaten genutzt (Kendall's Tau B .25).

Abb. 20: Nutzung von Geldautomaten in der Altersverteilung - alte Bundesländer (Anteil der Kohortenmitglieder, die Geldautomaten nutzen)

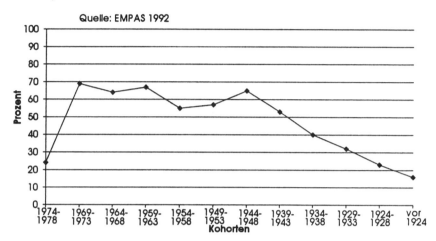

In der DDR waren Geldautomaten erst einige Jahre später und in geringerer Dichte als hierzulande verfügbar. Seit der Wirtschafts- und Währungsunion wurde verstärkt mit der Aufstellung von Geldautomaten begonnen. Trotzdem liegt der Umfang der Nutzung der Technik etwas über dem Niveau in den Alt-Bundesländern. Ebenso wie in Westdeutschland besteht ein Zusammenhang zwischen Nutzung und Generationszugehörigkeit (bei älteren Kohorten nimmt die Akzeptanz der Technik ab) sowie zwischen Nutzung, Computerkenntnissen und Computerakzeptanz.

4.2 Kaufkriterien

Die Bedienungskompetenz technischer Geräte ist bei den Generationen sehr unterschiedlich. Wie wir gesehen haben, sind Bedienungsfähigkeiten bei älteren Geräten relativ ausgeglichen, bei neueren Innovationen gibt es dagegen ausgeprägte Generationsunterschiede bei der Bedienungskompetenz. In der Regel führt dies auch zu einem Rückstand der Bedienungskompetenz in Ostdeutschland aufgrund späterer und langsamerer Diffusion neuer Techniken. Man kann vermuten, daß solche Unterschiede im technischen Können und in emotionaler Nähe bzw. Distanz zu Innovationen sich auch in den Kaufkriterien der Generationen niederschlagen. Den Kaufkriterien sind wir mit Hilfe qualitativer Interviews nachgegangen. In diesen Interviews sollten die Gesprächspartner unter anderem dazu veranlaßt werden, sich den Kauf eines klassischen Konsumgutes, eines Kühlschranks, vorzustellen. Was tun Angehörige der verschiedenen Generationen, um sich vorab zu informieren, und worauf achten sie bei der Kaufentscheidung besonders?

Die *Vorkriegsgeneration* bezieht ihre *Informationen* typischer Weise von Angestellten im Laden, aus Prospekten oder vom "Fachmann" bzw. "Experten", den man kennt. Für die *Nachkriegsgeneration* spielen neben den bereits von den Angehörigen der Vorkriegsgeneration genannten Informationsquellen vor allem Warentests und unabhängige Verbraucherberatungen eine wichtige Rolle, während diese Art der Informationsbeschaffung von der Vorkriegsgeneration überhaupt nicht erwähnt wird. Auch für die *Umweltgeneration* ist die unabhängige Verbraucherberatung von Bedeutung. Bei ihr klingt außerdem Skepsis gegenüber der Aufrichtigkeit herstellereigener Produktinformation an.

Bei der Bewertung der *Produktqualität* gibt es ebenfalls Unterschiede zwischen den Generationen. Zum Teil werden diese dadurch beeinflußt, ob man (schon länger) einen eigenen Haushalt führt, und deshalb bestimmte Geräteeigenschaften für unverzichtbar hält. Die *Vorkriegsgeneration* erwähnt die Lebensdauer des Gerätes, Stromverbrauch, Preis sowie Reparaturservice durch das Geschäft. Die *Umweltgeneration* nennt stärker gerätebezogene Kriterien und erwähnt als einzige die Umweltverträglichkeit des Gerätes als einen Indikator für die Produktqualität.

Als *Anschaffungsgründe* für haushaltstechnische Produkte nennt die *Vorkriegsgeneration* in allererster Linie die damit erzielbare Arbeitserleichterung: "Ich stehe ehrfürchtig vor den Dingen, die mir die Arbeit erleichtern: Staubsauger usw" (1924w). Auch die unterstützende Funktion von Technik bei nachlassendem Arbeitsvermögen im Alter spielt eine Rolle: "Wir wollten einen Kühlschrank, der sich selbst abtaut, damit man nicht immer nachsehen muß. Also zur Sicherheit, zur Erleichterung, weil wir älter werden" (1926w). Die *Umweltgeneration* richtet ihre Kaufinteressen vor allem auf den Unterhaltungswert von Geräten. Kauferwägungen und -ge-

generwägungen werden öfter zu einer Frage des Abstimmens von Kaufwünschen mit finanziellen Möglichkeiten.

Neben positiven Kriterien für Interesse und Auswahl finden sich auch negative Kriterien, so ein generelles *Meidungsverhalten* in bezug auf bestimmte haushaltstechnische Produkte. In der *Vor- und Nachkriegsgeneration* kommt dies bei Männern häufig, bei Frauen fast immer vor. Eine Frau lehnt z.b. eine Strickmaschine mit der Begründung ab: "Ne Strickmaschine wäre vielleicht eine Erleichterung, aber ich möchte sie nicht haben, weil nicht ich das Teil fertiggestellt hätte" (1926w). Eine andere (1931w) berichtet von ihrer Gegnerschaft gegenüber dem Fernsehen, solange ihre Kinder noch klein waren. Ein Mikrowellenherd wird abgelehnt, "weil ich nicht weiß, ob das nicht schädlich für die Gesundheit ist" (1926w). Mit einem Computer kann eine Frau (1929w) "überhaupt nicht umgehen"; eine andere "würde niemals ein elektrisches Gerät wie einen E-Herd installieren [...]. Ich könnte auch keine Lampe anschrauben [...]. Ich würde mich nicht trauen" (1950w). Ähnlich eine dritte: "An Strom, so Lampen oder so, da gehe ich weniger gerne ran" (1944w). In der *Umweltgeneration* trifft man gelegentlich auf grundsätzliche Abneigung gegen Computer, Mikrowelle und Walkman. "Einfache Technik" ginge noch, "aber beim Computer z.B. da wird mir schon schlecht" (1968m). Obwohl er Textverarbeitung im Studium gebrauchen könnte, "schreckt" ein Mann "vor einem Kauf zurück". Bei der Mikrowelle, so eine junge Frau (1966w), ginge "die Eßkultur" verloren; der Walkman wird von einer anderen (1964w) "für kommunikationsstörend" gehalten.

4.3 Bewertungsgesichtspunkte

Nicht nur die Kaufkriterien für Geräte, auch die allgemeinen Bewertungsgesichtspunkte technischer Innovationen sind von Generation zu Generation verschieden, wie besonders in den Gruppendiskussionen deutlich wurde. Im Konsens oder im Streit entsteht hier ein "technology-assessment" im Alltag und in bezug auf alltägliche Dinge.

Spricht die *Vorkriegsgeneration* von technischen Innovationen, so thematisiert sie zumeist den *häuslichen Erfahrungsraum*:

"1918m: Ja. Da kommen meine Schwiegereltern . Ich sage zu ihm: 'Ich muß einen neuen Rasierapparat haben'. Da sagt er: 'Da mußt du den hier kaufen. Also Volkswagen ist dagegen gar nichts, das ist wie ein Mercedes.' Und ich sag: 'Du sage, der soll nur möglichst die Stoppeln abnehmen. Das ist doch nun wurscht, wie das Ding funktioniert.' (Mehrere lachen)."

Bei diesem Gespräch über Rasierapparate berichtet ein älterer Mann, wie ihm sein Schwiegervater die Vorzüge eines neuen Modells mit einer Metapher nahezubringen versucht: "Volkswagen ist dagegen gar nichts, das ist wie ein Mercedes". Ihm selber sei es aber nur darum gegangen, daß das neue Modell "möglichst die Stoppeln abnehmen" soll. Das Kriterium, daß die Qualität neuer technischer Geräte vor allem an der *Erfüllung ihres Zweckes* zu messen sei, ist zentral für die Technikbewertung dieser Generation. Dies kommt auch in der Bemerkung einer Frau zum Ausdruck, die den Wert des Geschirrspülautomaten gering schätzt, weil er seinen Zweck nicht gut erfüllt:

"1924w: Aber das muß ich schon dazu sagen: So schön eine Geschirrspülmaschine ist, aber wenn sie die Bestecke nachgucken, die müssen sie doch eigentlich schon entweder vorher gründlich sauber machen, oder aber nachher. Das ist ein großer Mangel."

Kommt die technische Entwicklung der letzten Jahrzehnte im Haushalt insgesamt zur Sprache, so klingt oft ein weiterer Bewertungsgesichtspunkt an. Man hält die heute übliche Ausstattung mit technischen Geräten für übertrieben oder gar für überflüssig. Das Thema *"überflüssige Haushaltstechnik"* bringt etwas von der Distanz zum Ausdruck, mit der diese Generation heutigen technischen Neuerungen begegnet. Die heute übliche Verkaufsstrategie, bei Geräten mit einem Zuwachs an Prestige oder Luxus zu werben, wird nicht selten ironisiert und als legitimer Kaufgesichtspunkt verworfen.

Ein anderes Kriterium, das Distanz in der Beurteilung heutiger technischer Innovation im Privatbereich ausdrückt, zeigt sich in der Kritik an der *Innovationsgeschwindigkeit* einander ablösender Produkte.

"1930m: Man bekommt ein bißchen Angst vor der Technik. So schnell wie die Technik vorangeht. Das ist ja Wahnsinn. Ich hatte vor drei Jahren ein (...) gekauft, für 4000 Mark. Heute nachmittag war ich hin, wollte ich eine neue kaufen. Für meine alte, die drei Jahre alt ist, die hat 4000 Mark gekostet. Nur 600 Mark wollte er mir geben. Die Technik, die geht voran, Elektronik vor allem, die ist so vorangegangen. Das ist nix mehr. Das habe ich meiner Frau noch gar nicht erzählt."

Der heute übliche vielfache Einsatz technischer Gegenstände wird immer wieder als Verschwendung angesprochen. Jüngeren wird ein *"Anspruchs-denken"* vorgeworfen. Sparsamkeitsvorstellungen früherer Generationen werden z.B. in einer längeren Diskussionspassage sichtbar, in der es um den Umgang mit der Waschmaschine geht:

> "1913w: Und auch mit allem mußten wir sparsam umgehen. Und das ist uns auch so eingepaukt worden. Also immer sparsam. Und vielleicht haftet das da noch dran, ich weiß es nicht, jedenfalls man muß es voll ausnutzen.
> 1957w: Mmh.
> 1913w: Dann ist es wirklich von Nutzen.
> 1971m: Meine Generation hat, glaub' ich, nicht mehr diesen Spartrip oder so. Wenn ich 'ne Hose brauch' und waschen muß, dann wasch' ich auch mal eine Hose nur, in der ganzen Maschine oder so nur einen Pullover.
> 1913w: Aber das geht nicht, wir sollen doch Strom sparen.
> 1971m: Ja dafür hab' ich ja dann.
> 1913w: (Unterbricht) Und Wasser auch.
> 1971m: Die neue Waschmaschine mit Super-Strom-Spargang (lacht). Natürlich ist es Verschwendung. Ich glaube, die persönlichen Interessen gehen da vor."

Seine Generation sei nicht mehr auf dem "Spartrip", betont der Zwanzig-jährige gegenüber der älteren Frau (Jahrgang 1913), die dies etwas fas-sungslos zur Kenntnis nimmt. Gegen die Vorhaltung "wir sollen doch Strom sparen" macht der junge Mann deutlich, daß sein Handeln und das seiner Generation von "persönlichen Interessen" geleitet sei.

Lange Passagen und dichte Stellen in den Diskussionen finden sich auch dort, wo der Prozeß des technischen Fortschritts in seiner *Autonomie*, seiner *Zwangsläufigkeit oder auch Unnatürlichkeit* dargestellt wird. In einer Diskussionspassage, in der es darum geht, ob Technik heute mehr Fluch oder Segen für die Menschen bedeute, sagt ein Mann des Jahrgangs 1910:

> "1910m: Das ganze Leben ist ohne Technik nicht mehr denkbar. Ist nicht mehr denkbar, ohne Technik fünf Milliarden Menschen zu ernähren. Ihnen einigermaßen, eine einigermaßene Existenz zu.

1947w: Ja, und das ist ein Thema, das führt ganz weit. Meine Mutter ist mit Technik sechs Jahre lang am Leben gehalten worden und ich möchte nicht wissen, wieviele Leute hier in unserer Bundesrepublik irgendwo auf unmenschlicheWeise am Leben erhalten werden durch Technik.

1910m: Ja, aber nicht nur auf unmenschliche Weise, auch auf menschliche Weise. Ich lebe ja schon mit falschen Zähnen.

[...]

1910m: Ist doch wunderbar, es gibt doch wundervolle Sachen. Die Frage ist nur, wie gehen wir um damit, wir selbst.

1947w: Wir Menschen, ganz genau.

1910m: Alles wird natürlich schlimmer, wenn man an die Geschichte mit dem Irak denkt. Erst vor zwei Jahren aufgebaut militärisch und jetzt wundert man sich, daß die einen Krieg anfangen.

[...]

1910m: Vollkommen schwachsinnig. Bloß Geldgier und Machtgier, die die Menschen dazu bringt, mit sowas aufzurüsten."

Die technische Entwicklung wird hier unter dem Gegensatz von Mensch und Technik gesehen. *Technik als das ganz Andere*, das in gewisser Weise nicht eigentlich zur Welt der Menschen gehört: "Für meine Generation oder für mich ist die Technik immer ein bißchen ein Wunder" (1910m). Es ist aber ein *Wunder*, dem man sich nicht entziehen kann, das einen *Zwang ausübt* mitzuhalten:

"1921m: Ja, aber die letzten 50 Jahre, da ist ja unsere ganze Umwelt so mit Technik berieselt worden und so technisiert worden, also man zwangsläufig. Wenn man Tag für Tag mitgehen will in der Welt. Die Sachen, die einem noch vor 50 Jahren so fremd waren, die sind einem heute so selbstverständlich, die Kinder wachsen ja damit auf. Die wachsen ja in diese Welt rein."

Nicht zuletzt für Kinder wird zuviel Technik als Gefahr angesehen. Zwei Frauen der Vorkriegsgeneration unterhalten sich mit einem Mann der Umweltgeneration über die Gefahren von Computern für Kinder.

"1926w: Ja, aber fördert das die Intelligenz, eigene.

1929w: (Unterbricht) Ja, das eigene Kreative, das bleibt ja auf der Strecke.

[...]

1965m: Ja, aber es ist ja auch eine gewisse Kreativität, wenn man am Computer arbeitet.
1926w: Ja, nein, ich meine, aber grundsätzlich die kleinen Kinder schon mal. Bekommen die einen Gedanken, daß sie selber mal etwas entwerfen sollen? Und selber mal etwas formen sollen? Das können sie doch gar nicht! Das geht doch alles verloren!"

In einer anderen Diskussion kommt man besonders auf die mit der Computersprache verbundene Fremdheit zu den Kindern zu sprechen. Verschiedene Passagen machen deutlich, wie sehr die Älteren von den mentalen Gefahren, die der Computerumgang für Kinder mit sich bringe, überzeugt sind.

"1932m: Allein die Sprache die die Zehnjährigen schon im Zusammenhang mit Computer: 'Eh joy, joystick'. Und 'Enter' und so. Da fängt schon das Problem an.
1921m: (...) Computer rum und die eine geht zur Oberschule, die arbeiten mit dem Computer da. Für mich sind das böhmische Dörfer. Ich kann aber viel primitivere Sachen fragen, die wissen die dann nicht. Erstaunlich, was die alles wissen. Aber ich sage immer: Es ist noch viel erstaunlicher, was die alles nicht wissen."

In der anschließenden längeren und dichten Diskussionssequenz werden weitere Gefahren besprochen, die Kindern durch Computer und anderes mikroelektronische Gerät drohen: Verlust von Allgemeinwissen; Verlust handwerklicher Fertigkeiten; Verlust von Kopfrechenfähigkeit. Obwohl die Mutter einer Jugendlichen aus der Umweltgeneration sich gegen solche Pauschalurteile zur Wehr setzt, und obwohl die anwesende Jugendliche sich schließlich auch selbst gegen den Vorwurf wehrt, das Kopfrechnen verlernt zu haben, bleibt die Vorkriegsgeneration bei ihrem Urteil über entsprechende Technikgefahren für Kinder.
Das Thema des *"Technikkollaps"* ist ein weiteres Spezifikum der Vorkriegsgeneration. Er wird gerne ausführlich und bildhaft beschrieben. Der Bericht von einem Sturm, der die Stromzufuhr unterbrach, wird zum Anlaß genommen darauf hinzuweisen, daß man in einem solchen Fall gelernt haben müsse, auch ohne Strom auszukommen. Das Thema des Technikzusammenbruchs erinnert an den Gegensatz, der zwischen Technik und Natur (auf die man dann zurückgeworfen wird) besteht, an die Künstlichkeit der technischen Welt:

"1928w: Das merkt man erst, wenn der Strom mal ausfällt. Merkt man das wie wichtig Technik ist, heute.

1968w: Ja, früher wurde auf Kerzen zurückgegriffen oder ähnliches. Da kam man halt mit selbstgemachten Dingen aus. Und heutzutage ist man abhängig von der Technik.

1928w: Ja, kann man nicht bügeln, nicht kochen, nicht waschen."

Die *Nachkriegsgeneration* kann sich bereits seit ihrer frühesten Jugend auf weitreichende Erfahrungen mit technischem Wandel stützen. Thematisierungen ihrer Erlebnisweise technischer Innovation weisen einen starken Bezug zu persönlichen *Problemlösungen* auf. Es geht dabei immer wieder um den Zwang, die *fortlaufenden technischen Neuerungen* nach dem Kriege in Beruf und Alltag zu meistern. In dieser Hinsicht setzt man sich von der Vorgängergeneration ab:

"1937w: Ja, aber die Weiterentwicklung, davon sprechen wir ja.

1922m: Aber ist doch wurscht, ob ich nun einen Rechenstab habe oder ob ich einen Computer habe.

1937w: Das kann man nicht sagen: 'Das hat es immer gegeben.'

1943w: Nein, das kann man ja nicht vergleichen."

In der Argumentation zeigt sich etwas von dem spezifischen Innovationserleben der Nachkriegsgeneration, das sich auf die nach dem Krieg einsetzende kontinuierliche Technisierung weiter Alltagsbereiche bezieht. Von den Angehörigen der Nachkriegsgeneration werden z.B. immer wieder genannt: Umgang mit Automaten bei Banken und öffentlichen Einrichtungen; Umgang mit Fernsehen bei der Erziehung von Kindern; sinnvoller (und notwendiger) Einsatz von Technik im Haushalt. In der Regel ist von *erfolgreich bewältigten Problemen* die Rede. Die Nachkriegsgeneration verhält sich positiv-kritisch gegenüber technischen Innovationen und ihren vielfachen Wirkungen im Alltag.

Besonders dichte Reflexionspassagen über die Art und Weise, wie Innovationen von den Diskussionsteilnehmern erlebt und beurteilt werden, finden sich bei der *Umweltgeneration*. In vielen Diskussionen orientieren sich die Schilderungen an Geräten der *Unterhaltungselektronik*, mit denen sich Musik aufnehmen und wiedergeben läßt (Stereoanlage, Plattenspieler, CD-Spieler, Kassettenrekorder). Dies ist ein Indikator dafür, daß in der Umweltgeneration das Erleben technischen Wandels *noch weiter als zuvor in den privaten Bereich eingedrungen* ist und dort zu einem wichtigen

Bestandteil alltäglicher Umwelterfahrung wird. Begünstigt wurde diese Entwicklung durch eine im Vergleich zu früheren Generationen stärker ausdifferenzierte und materiell reichere Jugendphase. In ihr hat u.a. das Musikhören für die Ausbildung jugendlicher Identität eine wichtige Funktion.

In einer der Diskussionen, aus der die nachfolgend zitierte Passage entnommen ist, unterhalten sich die der Umweltgeneration angehörenden Teilnehmer darüber, inwieweit Innovationen im Vergleich zu früher heute anders erlebt werden. Im Vorlauf der Passage wird dies anhand von Schallplatte, CD-Spieler und Computer debattiert. Ihren Höhepunkt findet diese Sequenz schließlich in der sehr plastisch herausgearbeiteten Metapher der gleichsam *über Nacht hereinbrechenden Innovation*. In ihr kommt das Grundgefühl der Diskutierenden übersteigert und anschaulich zum Ausdruck.

"1966-1m: Ich wollte nie CD-Player haben. Wollt' immer so die Platte gern' hören, dann wollt' ich die Scheibe haben, die Scheibe mit dem Cover und das gehörte so zusammen.
1966-2m: CD-Player, das war unmöglich. Ich fand das unmöglich, so ein kleines silbernes Teil.
1966-1m: Keine Pappe mehr.
1966-2m: Was?
1966-1m: Auch keine Pappe mehr drumrum.
1966-2m: Keine Pappe mehr.
1966-2m: Reinschmeißen und drücken und.
unbek.: Ja, genau.
1966-1m: Und dann gehst du in 'nen Plattenladen -ja. Bombs! Nur noch CD's und paar Scheiben. Und dann kaufst du dir einen, und dann ist es schön und gut. Die Kritik von vorher, die ist dann weg. Und meine Kinder, die haben dann schon was ganz anderes."

Die beiden Diskutierenden erzählen in dieser dichten Sequenz, wie ganz plötzlich, beinahe über Nacht, ein technischer "Kultgegenstand", nämlich die Schallplatte, verschwand und mit ihr das vertraute Cover. Etwas fassungslos geben beide das Ereignis wieder, das noch nicht lange zurückliegt. Kritik an dieser Art des technischen Fortschritts sei aber eigentlich überflüssig, denn "bombs!" sei es auch schon passiert und beim nächsten Besuch im Plattenladen ist wieder alles ganz anders. Die ironisierende Darstellung dieses Vorgangs bringt zum Ausdruck, daß wirkliche Kritik an dieser Strategie technischer Neuerung nicht angebracht ist, denn die CD sei ja auch "schön und gut".

*Nicht selten sind Wahrnehmungen und Beurteilungen technischer Inno-
vationen auf dem Lande anders als in der Stadt.* Das gilt nicht nur für die
bereits erwähnten lebendigen Erinnerungen an frühe, technikfreie Zeiten, es
trifft auch für die gegenwärtige Umweltgeneration noch zu. Ein
überwiegend auf dem Land vorkommender Diskussionstopos bezieht sich
z.B. auf die Undurchschaubarkeit heutiger im Gegensatz zu früherer Technik. An ihm zeigt sich eine skeptischere, manchmal mit ängstlichen oder
pessimistischen Einschlägen versehene Innovationssicht vor allem der auf
dem Lande lebenden Umweltgeneration. Aussagen wie: man werde "da
reingezwungen" oder "ich bin gar nicht so für die Technik" sind hier nicht
selten.

"1962m: Ein Fahrrad, das kannst du durchschauen. Da siehst du, wie
sich das Zahnrad dreht und das Hinterrad dreht. Aber ein Mikrowellenherd, den verstehst du nicht."

5. Schlüsseltechniken

Auto und Computer nehmen in diesem Jahrhundert eine besondere Stellung als volkswirtschaftliche Schlüsseltechnologien ein. Bei den Herstellerfirmen dieser Geräte handelt es sich um Konzerne, von denen ein Großteil an Arbeitsplätzen und Kapital bewirtschaftet wird. In der ökonomischen Theorie spricht man aber auch deshalb von "Schlüsseltechnologien", weil ihr historischer Wandel maßgeblichen Anteil am Verlauf der "langen Wellen" des Konjunkturverlaufs hat (vgl. Rammert 1993; Mensch 1977). Das Auftauchen und Verschwinden von Schlüsseltechnologien prägt nicht nur das wirtschaftliche Geschehen, Schlüsseltechniken besitzen neben ihrer wirtschaftlichen Bedeutung auch eine kulturelle Ausstrahlungskraft. Sie sind Kollektivsymbole, wie es Link/Reinecke (1987) für das Auto und Noller/Paul (1991: 110 ff.) für den Computer beschrieben haben. Kollektivsymbole können zum Sinnbild für andere Diskurse werden, etwa des Fortschritts (ebd.: 110). In der Alltagskultur einer Gesellschaft nehmen Schlüsseltechniken einen besonderen Platz ein.

5.1 Das Auto

Automobilkonzerne stehen in der Liste der größten Unternehmen weit oben, sie beschäftigen direkt oder indirekt Millionen von Arbeitnehmern. Automobile haben Städte und Landschaften verändert, sie sind ein Symbol für Mobilität und Freiheit. Wie weit die kulturbeeinflussende Wirkung des Autos geht, sieht man unter anderem an einem scheinbar peripheren Bereich der Alltagskultur, dem Witz. In Witzen werden häufig Tabus und emotional bewegende Themen einer Gesellschaft bearbeitet, man denke etwa an das Genre der Sexual- oder Ausländerwitze, an Witze über Diktaturen oder in früheren Zeiten über den Adel. Das Ereignis der deutschen Vereinigung spiegelte sich in Dutzenden von Witzen über "Trabis" wider als Sinnbild östlicher Unterlegenheit; eine sozial abwertende Attitüde begleitet auch die Manta-Witze. An "Kleinigkeiten" wie Witzen merkt man, wie wichtig den Deutschen das Auto ist, und wie sehr es zum Selbstverständnis dieses Landes gehört.

Konjunktive Erfahrungen der Generationen

Obwohl Automobile zur Lebenswelt aller Generationen gehören, verfügen die Generationen über unterschiedliche historische Erfahrungen, die in ihrem kollektiven Gedächtnis (Halbwachs 1985) je spezifische Wirkungen hinterlassen haben. Während in der Vorkriegsgeneration noch lebhafte Erinnerungen an die Zeiten geringer Verbreitung von Automobilen vorhanden sind, geht der umweltkritische Diskurs über Automobile mit einer starken Automobildichte einher,[29] die in die Jugendzeit der Umweltgeneration fällt. Welche Hinweise finden sich in den Gruppendiskussionen zu generationsspezifischen Erfahrungslagen? Welchen Stellenwert hat das Auto in der historischen Erfahrung?

Das Auto ist in der *Vorkriegsgeneration* ein Symbol des Wirtschaftswunders nach dem Zweiten Weltkrieg. Es steht für die Überwindung wirtschaftlicher Not und die Erfüllung materieller Wünsche. Man erinnert sich daran, statt mit der Straßenbahn gefahren noch weite Strecken zu Fuß gelaufen zu sein, um Pfennige zu sparen. Das Auto steht im Kontrast zu diesen bescheidenen Verhältnissen, es symbolisiert im Kontext der historischen Erfahrung der Vorkriegsgeneration *Wohlstand*. Während es vor dem Zweiten Weltkrieg noch etwas Besonderes war, sich ein Auto leisten zu können, konnten sich in den siebziger Jahren fast alle Schichten der Gesellschaft ein Auto kaufen.

"1926w: Wie ich zuerst hierher kam nach T. [Name des Dorfes], da bin ich mit der Oma hier nach T. gekommen. Dann fuhren wir mit dem Auto. Das war noch so eine Begebenheit. Wieviel Autos gab es hier in T.? Also bei uns, wir waren ja schon Kleinstadt, da gab es ja schon

---

29 Nach einer Statistik des Bundesministers für Verkehr hat der Individualverkehr 1960 161,7 Mrd. Personenkilometer betragen, 1970 350,6 Mrd. und 1980 510,3 Mrd. Personenkilometer. Alle 10 Jahre hat sich der Verkehr mit dem Auto ungefähr verdoppelt (Glatzer u.a. 1991: 141).

mehr. [...] Aber hier, das war was ganz Besonderes, daß man mit dem Auto kam."

Das Auto war in der Vorkriegszeit eine "Besonderheit", eine "Begebenheit". *Das Land stand noch im starken Kontrast zur Stadt.* Mit dem Auto verbanden sich *Schicht- und Milieugrenzen* und es war der *Mann*, der als erster den Führerschein in der Familie machte und vom Haushaltseinkommen ein Auto kaufte. *Frauen* hatten in dieser Generation nur halb so oft einen Führerschein wie Männer (Glatzer u.a. 1991: 83). Eine Frau des Jahrgangs 1929 sagt: "Ich kenn's nicht anders, mir macht das nichts aus." Für viele Menschen auf dem Lande war die durch das Auto erreichte *Mobilität*, die *Horizonterweiterung*, das entscheidende Erlebnis. Der folgende Sprecher stellt kurze und lange Reisen als Überwindung der Beschränkungen des Landlebens dar, sie sind eine Form der Freiheit für ihn:

"1954m: Aber sonst ist ein Bauer. Der war auf seinem Hof, der kam da nicht raus aus seinen Kreisen. Und jetzt : Mit dem Auto kannst du jederzeit überall hinfahren. Also, eine unheimliche Freiheit."

Die Ambivalenz der gesellschaftlichen Entwicklung, bei der aus dem Wohlstandssymbol Auto ein Umweltschädling wurde, wirkt sich erst in der Erfahrung der *Nachkriegsgeneration* aus.

"1947w: Ja, wir haben ja eigentlich gearbeitet immer, um es bequem zu haben und gut zu haben. Was man unter gut so verstand oder anerzogen bekommen hat. Und das ist doch dann toll, wenn man in der Lage ist, sich ein Auto zu kaufen. [...] Ja, eigentlich ist man doch stolz darauf, wenn man das geschafft hat. Jetzt sollst du wieder sagen: 'Nee, ist ja was schlechtes.'"

In den Erinnerungen der Nachkriegsgeneration finden sich Spuren eines *nostalgischen Empfindens*, der Sehnsucht nach früheren autofreien Zeiten. Derselbe Sprecher, der in der vorangehenden Passage noch die Überwindung der Beschränkungen des Landlebens beschrieb, spinnt in einer langen Passage aus, welche Vorteile es für ihn als Tischler hätte, wenn ihm durch die Abschaffung von Autos lästige Konkurrenz aus den Nachbarorten ferngehalten würde. Er könnte dann mehr Leute beschäftigen und die Qualität der Güter könnte dann besser sein. Er wünscht sich in vormoderne, immobile Zeiten zurück, in denen der örtliche Handwerker den Markt beherrschen konnte. In ähnlich nostalgischer Form erinnert sich auch eine Frau an die Zeit, als sie mit ihrem Vater noch zwei Stunden auf dem Fahrrad fuhr, um Erledigungen zu machen. So viel Zeit nähme sich heute keiner mehr: "Die haben [1950] im Paradies gelebt" (1943w). Auch hier herrscht ein *zwiespältiges Gefühl* vor, denn an anderer Stelle der Diskussion begründet sie, daß sie nicht auf das Auto verzichten wolle, weil es ihr ermögliche, ihre Zeit exakt zu planen:

"1943w: Ja also, ich meine, ich möchte auch auf keinen Fall auf's Auto verzichten. Ich hab freitags meinen Einkaufstag, dann wird Bank, Post, Blumen kaufen, Einkaufen für die ganze Familie. [...] Ich sag immer, ich hab so'n ganz festen Plan. Und da hab ich also, das krieg ich einfach [anders] nicht hin. Ich bin dann auch noch berufstätig und Haushalt und Garten und das Haus muß. Die Freizeitbesuche müssen geplant werden ja und [...] ne Stunde schwimmen möchte ich auch noch gehen in der Woche (lacht). Das muß man ja ganz fest planen, sonst kommt man ja nicht durch."

Das Auto steht hier als notwendiges Mittel, um eine *systematische, individuelle Zeitbewirtschaftung ("Plan")* zu ermöglichen. Die vorherige Erinnerung an die Zeitfülle autoloser Zeiten in der Kindheit scheint Fluchtfunktionen zu erfüllen. Der Hektik und Arbeit der Gegenwart wird eine bessere Zeit in der Kindheit gegenübergestellt, ohne daß es sich hierbei um eine wirkliche Alternative handelt. Die rosa Brille der Kindheit schönt den Rückblick und führt zu nostalgischen Gefühlen.

In der Jugend der *Umweltgeneration* war die allgemeine Verbreitung des Autos bereits selbstverständlich. Deshalb werden von der Umweltgeneration durch das Auto verursachte Probleme stärker wahrgenommen, so die große Verkehrsdichte: "Früher hatte man viele Straßen, wo man noch richtig Gas geben konnte, richtig Spaß haben konnte [...] jetzt ist das nicht mehr" (1958m); "Die Jahre, die ich jetzt nach V. [Kleinstadt] fahre, das ist kontinuierlich mehr geworden, die Autos. Man steht jetzt fast die Hälfte der Fahrt, die wir nach Hause fahren müssen" (1970w). Neben der zunehmenden Verkehrsdichte ("immer enger und immer bedrückender" (1959m)) führt die Umweltbelastung zu einer Umbewertung des Autos:

"1959m: Ich finde das Auto unser größtes Problem ist. [...] Irgendwann hab' ich in der Zeitung gelesen, jährlich vierhundertfünfhundertachtzig Milliarden ökologische Schäden hat irgend'ne Gruppe errechnet und davon ist also der Löwenanteil, ein riesiger Anteil nur auf's Auto zurückzuführen, ich weiß nicht, sechzig Prozent."

Bei der Umweltverschmutzung handelt es sich überwiegend um medial vermitteltes Wissen ("in der Zeitung gelesen"). Oft wird der Kontrast zwischen den Hoffnungen, die mit dem allgemeinen Automobilbesitz verbunden waren, und den heute festgestellten Umweltproblemen angesprochen.

Die Vorteile des Autos

Die in den Gruppendiskussionen erwähnten Vorteile des Autos werden *von allen Generationen geteilt.* Selbst Automobilgegner erkennen die individuellen Vorzüge des Autos an. Quer durch die Generationen gehen Äußerungen, daß man das Auto nicht missen möchte. Besonders auf dem *Land* herrscht ein Konsens vor, daß ohne das Auto wichtige Aspekte der Lebensqualität und der Organisation des Alltags verloren gehen würden. "So wie hier im ländlichen Bereich, geht's praktisch nicht ohne Auto. Es geht gar nicht mehr ohne" (1929w). Durch das Auto wird Arbeiten in der Stadt und Wohnen auf dem Lande möglich. "Das Auto hat mich in die Lage versetzt, schön draußen im Wald in W. [Dorf außerhalb der Stadt] zu wohnen" (1931w). Alle Möglichkeiten der Stadt (Freizeit, Arbeit, Einkauf) wurden durch das Auto auch für Landbewohner erreichbar. Für Mitglieder aller Generationen bietet das Auto erweiterte Einkaufsmöglichkeiten (der am häufigsten genannte Nutzwert), man kann die Kinder besuchen und die Enkel betreuen. Das Auto mindert die Sorge darum, daß die eigene Tochter beim nächtlichen Ausgehen überfallen werden könnte. Als notwendig wird das Auto auch im *wirtschaftlichen Bereich* angesehen. Vertreter und Firmen seien darauf angewiesen, viele "arbeiten auswärts" (1971m), ohne das Auto würde die ganze "Wirtschaft zusammenbrechen" (1970m). "Nun denken sie sich mal die Autoindustrie weg: Dann sind wir pleite. Die ganze Wirtschaft, die lebt doch praktisch vom Auto" (1929w). Mit einem Anflug von Ironie bemerkt ein Mitglied der Umweltgeneration:

"1970w: Es geht auch um Flexibilität. Es ist ja das Tolle unserer Gesellschaft, daß jeder flexibel sein muß. Und es werden ja immer flexible, dynamische Leute gesucht. Und ohne Auto ist man auch nicht flexibel. Gerade abends. Mein Vater muß immer in den Hafen fahren nach Hamburg. Und dann muß er halt auch mit dem Auto abends hinfahren, weil er es nicht anders kann. Wenn er zu seinem Chef sagt:

'Nee, ich kann aber jetzt nicht nach 10 Uhr dahin fahren'; sagt er: 'Ja, tschüß'."

Neben diesen nützlichen Funktionen des Autos steht seine große Bedeutung für die *individuelle Freiheit*. Das Auto ist nicht nur ein Symbol für den Wohlstand, sondern auch ein Sinnbild für Unabhängigkeit. Die Wiedervereinigung wird zum Anlaß, sich über diese symbolische Funktion des Autos Gedanken zu machen:

"1943w: Ja also ich möchte dazu sagen, wir haben das ja jetzt mit der Wiedervereinigung erlebt. Das Erste, was sich alle gekauft haben, ist das Auto gewesen. [...] Und da haben wir zu Hause auch darüber diskutiert, was um Gottes Willen bewegt die Leute, haben 1000 Mark Einkommen und kaufen sich gleich so ein Riesen-Auto. Also möglichst groß sollte er sein und und. Ja, das ist einfach Freiheit, was sie sich gekauft haben, mein ich also. Das ist einfach dieses Beweglich-Sein und überall hinkommen. Und heute fällt's mir ein, dahin zu fahren und und. Ja, das zu tun, was einem gefällt."

Diese *Mischung aus Freiheit, Mobilität und Unabhängigkeit* wird anekdotisch im Kontrast zu früheren Generationen von einer jungen Frau auf dem Lande gebündelt:

"1969w: Aber so, allein schon, wenn man denkt mit dem Auto. Heute sind ja auch Entfernungen überhaupt nichts mehr. So wenn ich so denke, meine Mama und Papa oder so: Wo sind die am Wochenende mal hingefahren? Vielleicht hier irgendwo in die Umgebung, wenn mal ein Ball war. Aber wir, ja, wir fahren mal eben abends nach Osnabrück hin. Und Oma, die konnte das überhaupt nie verstehen. Die sagte dann immer: 'Seid ihr in Osnabrück gewesen? Oh, oh, da mußte man also eine Woche Urlaub machen, um dahin fahren zu können.' Und jetzt fährt man da eben auf einen Abend eine Stunde hin, und dann gehst du da irgendwo in eine Disco und kommst dann wieder. Oder in eine Kneipe oder zum Pizzaessen nach Osnabrück, kann man auch machen."

Nur die Umweltgeneration beschreibt in dieser oder ähnlicher Weise das Auto als *Lustobjekt*, wobei die Lust an der Geschwindigkeit eine entscheidende Rolle spielt:

"1969m: Realistisch bist du nicht, wenn du hinterm Steuer sitzt. Weil da hast du das Gefühl der Beschleunigung, und da drückt es dich in den Sitz. Und das ist eigentlich ein atemberaubendes Gefühl. Ist was. Wenn man das [das] erste Mal erlebt natürlich, schon ganz schön begeistern kann."

Der *Rausch der Geschwindigkeit*, der aus diesen Worten klingt, wird überwiegend von Männern angesprochen. Daß dieser Rausch gefährlich sein kann, ist in den Gruppen bekannt und auch den Sprechern vertraut. Sie projizieren deshalb Lustgefühle gerne zurück auf die erste Zeit mit einem Auto, von der man sich inzwischen distanziert und man gibt diese Gefühle als scheinbares Geständnis preis ("muß zugeben").

Die Nachteile des Autos

Staus sind zu einem Sinnbild der Nachteile des Autos geworden. Der folgende Sprecher karikiert in Anlehnung an einen Medienbericht Autofahrer, die sich an ihren täglichen Stau gewöhnt und ihm sogar gute Seiten abgewonnen haben. Er belustigt damit die Gruppe.

"1970m: Ich kann mich da an so ein Interview erinnern, das man gemacht hat. Da war irgendwo ein Stau in einer Großstadt und dann hat man die Leute, die Autofahrer, interviewt: 'Warum die denn dann mit dem Auto fahren und sie genau wissen, weil da ja immer wieder Stau ist.' 'Warum fahren sie dann mit dem Auto? Sie könnten, wir haben uns informiert, sie könnten mit.' Da haben sie so gefragt, wo die herkamen und dann: 'Ja von da und da.' 'Ja, da könnten sie doch genausogut auch mit der Bahn fahren.' 'Ja, nö. Das ist mir immer zu voll, und dann kann ich auch nicht meine Musik hören, die ich hören will. Und dann ist mir das immer zu kalt. Und dann komm ich auch nicht immer 100prozentig pünktlich an usw.. So fahr ich ne Stunde eher los mit dem Auto, häng dann hier noch ne halbe Stunde im Stau.
1943w: (lacht)
1970m: Rum.' Das wird schon genau eingeplant alles so.
1943w: Der Stau wird schon eingeplant (lacht).
1970m: Ne, aber das: 'Ich hab da ja, ich hab dann meine Musik und das ist schön warm und das macht mir alles garnichts aus usw.'"

Die Nachteile des Autos gelten häufig als städtisches Problem. Die Generationen sind sich einig: Der Platzanspruch von Parkplätzen sei größer als der von Kinderzimmern, die Straßen seien so zugeparkt, daß man als Fußgänger kaum mehr Platz habe, die Parkhäuser seien überfüllt, so daß man sehr lange einen Parkplatz suchen müsse, und der Straßenbau habe zu städtebaulichen Katastrophen geführt. "Mit den Städten kann's ja nicht weitergehen" (1947w). "In jeder Stadt ist dasselbe Problem. Und es hat noch keiner eine hundertprozentige Lösung gefunden" (1919m).

Auch *Umweltprobleme*, die mit dem Auto verknüpft werden, sind Thema aller Generationen: Die Energieressourcen würden aufgezehrt, die Abgase verpesten die Luft, das Baumsterben drohe, das Auto stelle ein Müllproblem dar. "Das Auto ist so ne Umweltbedrohung geworden" (1959m). Die Nachteile des Autos im Umweltbereich werden mit großem moralischen Pathos vorgetragen. "Der Mensch erkennt nicht sein Tun, sein Handeln kriegt nicht mit, welche furchtbare Wirkung das hat" (1937m). "Autos sind Gift" (1972m), es ist "katastrophal mit den Autos" (1957w).

"1915w: Ja. Es muß wirklich statt vorwärts in mancher Beziehung rückwärts gehen. Wir wollen alle überleben. Aber es denkt keiner daran, was passiert, wenn jetzt unsere Kinder oder unsere Enkelkinder. Dann ist kein Platz mehr da. Dann sind die Städte weg. Dann ist alles zugebaut. Und die Luft ist kaputt. Und das Wasser ist kaputt. Dann haben wir Inseln. Und alles ist im Meer versunken."

Das Bild der drohenden *Klimakatastrophe* mit dem Anstieg des Meeresspiegels faßt eine ganze Reihe von Umweltgefährdungen zusammen, für die auch das Auto verantwortlich gemacht wird. Katastrophenängste dieser Art beflügeln die Anteilnahme an Umweltgefahren. Neben solchen grimmigen Zukunftsvisionen gibt es auch eine Reihe von Nachteilsnennungen, die sich auf die Art des Umgangs mit Autos beziehen. An erster Stelle stehen *Unfallgefahren*: "Männer rasen. [...] Würd ich sagen, daß die Männer eher ihre Potenz beweisen wollen, indem sie das in Geschwindigkeit umsetzen" (1970m). "Auto ist ein ganz besonders gutes Beispiel für Mißbrauch (Lachen anderer), weil es unheimlich viele Leute gibt, die das Auto brauchen, um ihr Selbstbewußtsein aufzupolieren [...] oder irgendwie fahren wie die Wilden" (1962m). Es wird auf die hohe Zahl der Verkehrstoten hingewiesen. Ein weiteres Thema, Motiv häufigen Spotts, ist die *Bequemlichkeit* der "Kurzfahrer", die etwa zum Brötchenholen mit dem Auto fahren (1965w; 1970m; 1930m).

Die Zukunft des Autos

Aufschlußreich für die Zukunft des Autos sind Gedanken über dessen *Abschaffung*, da dies eine Extremforderung der Umweltdiskussion ist. In diesem Punkt unterscheiden sich ländliche und städtische Gruppen stark. Ganz selten wird in ländlichen Gruppen diese Forderung erhoben, unabhängig von politischer Position und Generationszugehörigkeit. In einer *ländlichen Gruppe* der *Jungen Union* werden Probleme mit dem Auto im Rahmen einer grundsätzlich positiven Einstellung behandelt; es wird überwiegend für technische Verbesserungen des Autos plädiert (z.B. Wasserstoffauto). "Ich mein, ich hab kein eigenes, aber ich könnte auf ein Auto nicht mehr verzichten" (1969m). "Ich bin der festen Überzeugung, daß auch in Zukunft, zumindestens so was ähnliches wie ein Auto da sein wird" (1966m). Das gleiche Argumentationsmuster dominiert auch in der ländlichen Gruppe der *Grünen*. Obwohl hier generelle Vorbehalte gegenüber dem Auto bestehen, überwiegen wiederum positive Aussagen ("rein privat ist es irgendwie toll" (1954m)). *Der Zwiespalt zwischen privatem Erleben und politischer Position* löst sich in einer langen Phantasie darüber auf, wie es wäre, wenn es hier auf dem Dorf kein Auto mehr gäbe. Man würde mit dem Pferd fast drei Stunden zur nächsten Großstadt brauchen, der Handwerker wäre die lästige Konkurrenz los, es gäbe wieder eine Molkerei im Ort. Die Phantasie von einer Subsistenzgemeinde, lange Zeit mit Eifer durchgespielt, erreicht jedoch keine realistischen Züge. Sie wird deshalb ernüchtert wieder verlassen: "Und zum Aufrechterhalten dieser Strukturen ist das Auto, oder ein anderes Transportmittel unheimlich notwendig" (1954m). So bleibt es bei Forderungen nach Verbesserung des Nahverkehrs und einer Erhöhung der Benzinpreise. Jenseits aller Generationslagen und politischen Unterschiede besteht in allen ländlichen Gruppen der Konsens, daß das Auto auf dem Lande unersetzlich ist.

Anders ist die Lage in den *städtischen Gruppen*. Hier sind Forderungen nach einem Verzicht auf das Auto bzw. nach einer Einschränkung des Autogebrauchs häufiger, und in den Auseinandersetzungen spielen Generationsunterschiede eine größere Rolle. In der *Vorkriegsgeneration* gibt es Aussagen, die sich gegen eine Beschränkung des Autoverkehrs in der Stadt wenden. Man beklagt sogar, daß frühere Pläne zur Fertigstellung von Autotrassen quer durch die Stadt fallengelassen worden sind. "Wir machen es uns zu einfach, wenn wir das Auto in diesem Sinne hier verteufeln" (1933m). Eine Abschaffung des Autos würde eine Einschränkung des Lebensstandards bedeuten, die keiner wolle. Als schwerwiegendstes Argument gegen eine Einschränkung der Autos wird die wirtschaftliche Abhängigkeit der Bundesrepublik vom Automobilbau angeführt: jeder dritte Arbeitsplatz sei direkt oder indirekt vom Auto abhängig. Diese Argumentation gerät in Widerspruch zu den Mitgliedern der *Umweltgeneration*: Autos sind "Gift" (1972m); "katastrophal (ist es) mit den Autos" (1957w); "das Umweltproblem hier können wir also auf jeden Fall lösen: Einfach keine Autos mehr. Weniger Autos. Bessere Autos bauen" (1971m). Die Diskussion ist stark kontrovers. Ein *Kompromiß zeichnet sich aber in der Forderung nach umwelttechnischen Verbesserungen des Autos ab*, die durch politische Maßnahmen forciert werden sollen.

"1959m: Die Arbeitsplätze, die da dran hängen, sind ein ganz ganz wichtiger Punkt. [...] Aber man muß irgendwas ändern da dran.
1940w: Die Technik.
1971m: Die Technik.
1957w: Das das ist eben.
1971m: (Unterbricht) Da muß ein besserer Katalysator kommen.
1957w: Und ich glaub', die sind auch soweit, das ist nur eine Frage, ob die das durchkriegen."

Generell ist in der Stadt im Unterschied zu den Landgruppen ein deutlicheres Problembewußtsein spürbar, das meist in Forderungen nach einer Einschränkung des Automobilgebrauchs seinen Ausdruck findet. Wie *verhaltenswirksam* dies ist, ist eine andere Frage. Eine Frau (1937w) versucht sich zu "zwingen" ("an die Kandare nehmen"), öfter mit dem Fahrrad zu fahren oder mit dem Bus, anstatt mit dem eigenen Auto unterwegs zu sein. In den Ausdrücken "zwingen" und "an die Kandare nehmen" wird deutlich, wie schwer der Abschied vom Auto fällt und wie selten er wohl in die Tat umgesetzt wird. Technische Lösungen scheinen ein möglicher Ausweg zwischen der eigenen umweltpolitischen Moral und der Bequemlichkeit bzw. der Freiheit des Autos zu sein. Damit stimmt auch die *Ingenieursgruppe* eines großen Automobilwerks überein, in der der gleiche autokritische Diskurs geführt wird wie in allen anderen Gruppen. Die Teilnehmer fordern vehement eine Verbesserung der Umwelttechnik des Autos mit weniger Benzinverbrauch und alternativen Antriebsarten.

5.2 Der Computer

Im Vergleich zum Auto handelt es sich beim Computer um eine neue Schlüsseltechnologie, die erst in den letzten 20 Jahren (nach der Erfindung des Mikroprozessors 1971) im Berufsleben eingesetzt worden ist, und die seit dem Ende der siebziger Jahre auch Einzug in den Alltag hält. Die Generationsdifferenzen, die sich bei einer so "jungen" Technik ergeben, sind andere als bei der "alten" Technik Auto. *Beim Auto sieht die Vorkriegsgeneration die wenigsten, die Umweltgeneration die meisten Probleme.* Dies läßt sich generationstheoretisch durch die unterschiedlichen konjunktiven Erfahrungen erklären, denen zufolge die Vorkriegsgeneration die massenhafte Einführung des Autos als Fortschritt erlebte, während die Umweltgeneration mit den Problemen einer voll automobilisierten Gesellschaft konfrontiert wurde. *Beim Computer liegen die Generationsmuster anders.* Dieser befindet sich am Anfang eines Innovationszyklus, Folgeprobleme erscheinen hier weniger wichtig als die anfängliche Durchsetzung der Innovation. Es ist daher damit zu rechnen, daß die jüngeren Generationen dem Computer aufgeschlossener gegenüberstehen als die älteren. In den Gruppendiskussionen wurde nach den privaten und gesellschaftlichen Vor- und Nachteilen der Computer gefragt.

Konjunktive Erfahrung

Bei der *Vorkriegsgeneration* fallen viele Aussagen auf, in denen zum Ausdruck gebracht wird, daß man den Computer nicht genauer kennt, noch nicht mit ihm gearbeitet habe und nicht wisse, wofür er nützlich sein könne. Die Gründe für die *Unvertrautheit* sind unterschiedlich. Einige äußern eine *emotionale Abwehr* ("unheimliches und ominöses Gerät" (1931w)), andere trauen sich eine Beschäftigung mit dem Computer nicht mehr zu, weil es ihnen "altersbedingt" zu schwierig vorkommt. Ein wichtiges Motiv ist, daß der Computer keinen Gebrauchswert mehr hat. Da das Berufsleben häufig bereits abgeschlossen ist, entfallen berufliche Gründe: "Wir sind raus aus der Konkurrenz" (1922w). Auch ein privater Nutzen wird nicht gesehen. "Also für uns normalerweise nur zum Spielen" (1919m). Die erste Begegnung mit dem Computer fand oft über den Taschenrechner der Kinder und Enkelkinder statt. Der Taschenrechner steht nicht für Arbeitserleichterung, sondern für den Verlust der Fähigkeit des "Kopfrechnens". Von den eigenen Fähigkeiten im Kopfrechnen wird mit Stolz erzählt. Die heutige Kinderwelt erscheint überhaupt fremd und wenig attraktiv.

"1922m: Das, was früher als besonders gut war: So eine elektrische Eisenbahn. Das ist heute der Computer. [...]. Die Faszination, die eine elektrische Eisenbahn ausgestrahlt hat, die kann man heute schlecht jemandem mitteilen."

Die Verbreitung der Computer wurde in der Selbstwahrnehmung der *Nachkriegsgeneration* zu spät zur Kenntnis genommen:

"1955w: Vielleicht geht die Entwicklung auch schneller, vielleicht setzt sie sich heute trotz einiger Sachen schneller durch als früher. So wenn man überlegt, wie lang es Telefon gibt, und wie lange es gedauert hat bis also jeder irgendein Telefon HAT. Es ist 'ne ziemlich lange Zeit in bezug jetzt auf Computer zum Beispiel. Wie lange es Computertechnik gibt, und wie lange es gedauert hat bis jeder oder sehr viele einen Computer haben. Ich denke, das geht doch 'nen bißchen schneller."

Da Geschwindigkeit immer auch eine Relationierung zwischen einer gesellschaftlichen Zeit (Computerentwicklung und Marktdurchsetzung) und einer persönlichen Zeit (biographische und generationelle Erfahrung) darstellt, spricht die Rednerin hier aus, daß sie mit einer langsameren Verbreitung der Computer gerechnet habe und von der Schnelligkeit des Prozesses überrascht worden sei. Das *Gefühl der Verspätung, des Nachhinkens* hinter der Computerentwicklung, ist für die Nachkriegsgeneration typisch. Das wird in der folgenden Passage noch expliziter.

"1943w: Ich hab jetzt auch, ich hab ein Jahr programmieren gelernt. Und hab jetzt einen Kursus für diese neuen PC's gemacht, um da rein zu kommen. Und möchte das also auch für meine Arbeit zu Hause, so Rechnungen schreiben und Textverarbeitung und so Briefe schreiben und so. [...] Das ist eine Technik, die einfach zwanzig Jahre an mir vorbeigelaufen ist. Die ich nicht wahrgenommen hab. Und jetzt ist das so toll weiterentwickelt. Daß ich dem ausgeliefert bin, mehr oder weniger, also."

Die Reaktionen auf dieses Gefühl, eine Entwicklung "verschlafen" zu haben, sind sehr unterschiedlich. Nicht selten ist es ein *"Gesinnungswandel"*. Bis vor kurzem wollte der folgende Sprecher sich nicht mit Computern beschäftigen; inzwischen weiß er, daß ihm dies die Büroarbeit erleichtern würde und er auch bei Konstruktionszeichnungen Zeit gewinnen könnte.

Die Aussicht auf eine Arbeitserleichterung steht in Konflikt mit seiner alternativbewegten Technikskepsis:

"1954m: Arbeitserleichterung. Da haben wir ja alle Lust drauf und Sehnsucht nach. Ist ja schon viel passiert für uns, aber das beobachtet man bei älteren Leuten. Schon Arbeitserleichterung. Ich meine, die haben früher noch ganz anders gearbeitet, wie wir es hier kennengelernt haben und die sind für Arbeitserleichterung immer zu haben, nicht. Und von daher für Technik. Also so beobachte ich [diese Einstellung] bei vielen älteren Leuten, bei Landwirten noch oft. Da sind die noch voll für. Weil die das kennen. Da in der Landwirtschaft, das war früher harte Arbeit."

Während ein Teil der Nachkriegsgeneration die Möglichkeiten des Computers spät noch wahrnimmt und zu nutzen versucht, wollen andere sich keine Bedienungskenntnisse mehr aneignen. "Ich würde nie so ein Ding brauchen für mich. Will sagen: Ich hab mit dem Leben abgeschlossen, also in bezug auf Technik, schon ganz lange. Da soll auch nichts Neues mehr rein" (1940w). Obwohl der folgende Sprecher es ablehnt, sich selbst noch mit dem Computer zu befassen, rät er zugleich seinem Sohn, die Möglichkeiten des Computers zu nutzen.

"1937m: Der Ältere, der das so in seinen Jugendjahren nicht kennengelernt hat, der wird immer etwas zögerlich sein, da voll mit reinzuspringen auf das Boot. [...] Ich sag ja meinem Sohn, der auch studiert, du mußt eigentlich heute mit PC arbeiten können. Du mußt auch mal mit CAD gezeichnet haben, was ich vielleicht nicht mehr brauche. Aber er muß es können, weil ich weiß, daß es von ihm noch verlangt ist. Von mir verlangt es keiner, weil: 'Der ist schon zu alt, den brauchen wir nicht mehr.'"

Die Nachkriegsgeneration sieht die neuen Möglichkeiten des Computers zum Teil sehr genau. Eine Frau berichtet davon, daß sie einer technischen Zeichnerin dabei zugesehen habe, wie diese mit Hilfe des Computers in 10 Minuten eine Zeichnung machte, für die sie selbst in ihrem früheren Beruf 3 Stunden gebraucht hätte. Ein anderer gibt zu bedenken, daß ohne den Computer kein Auto mehr gebaut werden könnte:

"1937m: Ich mein, daß der Computer, der Rechner generell, die Elektronik, eine neue Revolution gebracht haben, der Gesellschaft.

Denn wenn man heute sieht, wie stark die Gesellschaft von der Computertechnik beeinflußt wird, dann ist das sehr gravierend. Das greift ja in alle Gebiete des menschlichen Lebens ein, und ich glaube, daß der Computer heute auch nicht mehr wegzudenken ist. Der ganze Flugverkehr wäre ohne den Computer gar nicht mehr abwickelbar. Die ganze Forschung, die man heute betreibt, wäre ohne Computer nicht mehr möglich. Insofern hat der Computer, meine ich, den Menschen schon neue Dimensionen eröffnet."

In den Erzählungen der Nachkriegsgeneration fällt auf, daß der Kontakt mit dem Computer manchmal über die Kinder hergestellt wird. Wenn die Kinder sich für Computer interessieren und Geld für den Kauf haben wollen, dann erwacht auch bei den Eltern ein Interesse daran, zu erfahren, wofür sie ihr Geld ausgeben sollen.[30]

Die *Umweltgeneration* erlebte die Einführung der Mikroelektronik in ihrer Jugend. Sie hat daher eine intensive Beziehung zu dieser Technik, die für sie - im Gegensatz zu den anderen Generationen - zu einem selbstverständlichen *Bestandteil der Alltagswelt* wurde. Die Masse der Aussagen ist von *pragmatischen Überlegungen* geprägt: Man braucht den Computer, um in Arbeit und Beruf mithalten zu können; er ist ein notwendiges Werkzeug zur Erfüllung von Aufgaben; ohne ihn habe man in fünf bis zehn Jahren keine Chance mehr auf dem Arbeitsmarkt; er sei "zweckmäßig" in der Verwaltung, ein "unheimliches Hilfsmittel", das die Arbeit eines ganzen Büros von "Schreiberlingen" alleine durchführen könne. Ohne Computer sei man im Büro, im kaufmännischen und konstruktiven Bereich "nicht mehr konkurrenzfähig". Er sei eine "Hilfe" für den Handwerker, "ein Werkzeug, was man benutzen kann," in der Textverarbeitung. Im Studium komme man ohne Computer nicht mehr aus. Selbst Leute, die den Computer emotional ablehnen, erkennen seinen Nutzen an: "Ich hasse meinen Computer, aber ich brauche ihn" (1965m).

Auch Noller/Paul (1991) haben in ihrer Untersuchung jugendlicher Computerfans zunehmend pragmatische Motive der Nutzung festgestellt. "Das Pioniergefühl der frühen achtziger Jahre ist weitgehend verschwun-

---

30 Ähnliches ist auch bei der Vorkriegsgeneration festzustellen, wobei es hier meist die Enkel sind, die den Computer einführen. "Unsere Enkelkinder haben einen Computer und man wurde eingeweiht" (1924w; ähnlich 1927w). Eine "Einweihung" dieser Art geht aber über das Zeigen von Spielen kaum hinaus. Es hinterläßt - anders als bei der Nachkriegsgeneration - kein längerfristiges Interesse.

den" (ebd.: 133). An seine Stelle ist eine Orientierung an der Berufswelt getreten. Computerkenntnisse werden als "Eintrittsticket in die Berufswelt" (ebd.: 80) angesehen. Die Umweltgeneration bezieht aus ihren Computerkenntnissen ein erhebliches Maß an generationellem Selbstbewußtsein. Häufig wird von der Computerablehnung bzw. den Schwierigkeiten älterer Generationen gesprochen. Der eigene Vater dient dann als Gegenbild, für den das Computerwesen "immer ein Buch mit sieben Siegeln bleiben" (1959m) werde.

Vor- und Nachteile des Computers

Über die *Vorteile* des Computers werden von vielen relativ klare Vorstellungen geäußert. An erster Stelle ist hier der "klassische Bereich" des Computereinsatzes zu nennen, Hilfen in Büro und Verwaltung, Textverarbeitung, Zeichen- und Grafikprogramme, Datenverwaltung und Rechnen. Da das Feld der Computeranwendung inzwischen unübersehbar geworden ist, werden auch diverse andere Bereiche genannt wie die Computertomographie in der Medizin, die computergesteuerte Aufzucht von Hähnchen, die Verbesserung von Buchungsmöglichkeiten im Reisebüro, Miniaturisierung von Maschinen durch den Einsatz von Prozessoren. Einige Personen schätzen auch die Möglichkeiten des Computers als Lernhilfe.

Als *Nachteile* gelten die Gefahren des Datenmißbrauchs. Für ein Thema, das vor einigen Jahren noch eine überschwängliche publizistische Resonanz hatte, wirken die Aussagen aber blaß und wenig konkret. Ein anderes häufiges Thema ist die Abhängigkeit vieler Bereiche vom Funktionieren des Computers. Das Bild der Abhängigkeit ist das logische Pendant zu der weit verbreiteten Vorstellung der Wichtigkeit der Computer für das Funktionieren der Wirtschaft. Ein drittes wichtiges Thema sind Gesundheitsgefahren der Bildschirmarbeit. Dabei werden Nachteile und Vorteile gegeneinander abgewogen: "[Die am Computer Arbeitenden] sind mental vielleicht kaputt dann, dafür waren sie früher körperlich kaputt [...]. Das hat sich 'n bißchen so gewandelt" (1972m). In einigen Beiträgen wird darauf hingewiesen, daß gerade die Vorteile des Computers, Leistungsfähigkeit, Effizienz und Genauigkeit, auch zu Nachteilen führen könnten. Durch die Einfachheit von Buchungen könnten sich leicht Fehler einschleichen, Rohentwürfe von Zeichnungen vermittelten in Form von Computerbildern den falschen Eindruck der Perfektion. Besonders in der Ingenieursgruppe beklagt man sich übereinstimmend und lange darüber, daß es steigende Ansprüche an die gestalterische Form von Berichten und Zwischenberichten gäbe. Die ursprüngliche Arbeitserleichterung, die man durch die grafischen Möglichkeiten des Computers erreicht habe, würde durch das gehobene Anspruchsniveau aufgezehrt.

Computer - Jobkiller?

Das Thema "Jobkiller" focussiert - ähnlich wie das Thema "Zukunft des Autos" - die Ansichten. Es ist das Thema der Vor- und Nachkriegsgeneration, für die die Verdrängung aus dem Arbeitsleben durch technischen Wandel ein persönliches Risiko ist. Auch läßt sich feststellen, daß auf dem Land das Thema nur gestreift, in der Stadt dagegen eingehender behandelt wird.

> "1969m: Also das kann ich erzählen, jetzt von unserer Firma zum Beispiel. Die haben jetzt ein neues System eingeführt und dadurch werden 30 % der Arbeitsplätze, im kaufmännischen Bereich überflüssig. Also das ist natürlich schon ein Problem. Aber sonst von der Möglichkeit her, die man damit hat, ist es natürlich.
> 1970m: (Unterbricht) Was das für eine Arbeitserleichterung ist?
> 1969m: Ja, ja."

Der Sprecher berichtet hier von technischer Arbeitslosigkeit in seiner Firma, die er als Problem bezeichnet. Er wird sofort von einem anderen Gruppenmitglied unterbrochen, das als Kontrastkriterium der Beurteilung die "Arbeitserleichterung" durch den Computer hervorhebt und diese Sicht gern bestätigt haben möchte. Daraufhin wechselt das Gespräch in Richtung auf die Vorteile des Computers. Das Thema wird nicht aufgegriffen, der kritische erste Beitrag hat den geteilten Horizont der Gruppe verlassen. Der Fokus solcher Diskussionen liegt in den meisten Gruppen auf der durch Computer erreichten Arbeitsvereinfachung, auf der Ersetzung gesundheitsschädigender Arbeit, auf Freizeitgewinn. *Charakteristisch ist, daß jeweils Mitglieder der Umweltgeneration Hauptträger der Entproblematisierung sind.* Computer-Arbeitslosigkeit scheint für diese Generation nur geringe Relevanz zu besitzen. *Anders verhält sich dies in Gruppen, die stark mit Mitgliedern der Vor- und Nachkriegsgeneration besetzt sind.* Hier wird das Thema ausführlicher behandelt.

> "1927w: Als das so richtig in die Gänge kam mit diesen Computern, und man hörte dann, daß da so viele daraufhin entlassen wurden in verschiedenen Firmen. Dann haben wir gedacht, dann sollten die die

[Computer] mit einer besonderen Steuer belegen. [...] Aber das hört man jetzt nicht mehr so viel.

1944w: (Unterbricht) Das geht ja gar nicht. Wenn Sie mal nach A. [Name einer Firma] gehen, da sind die ganzen Reihen leer. Ein oder zwei Leute drinnen [...] und früher waren die Hallen voll Menschen und jetzt sitzen sie vor dem Computer und Maschinen. So geht das ja nicht weiter.

1928w: Ja.

1944w: Wer soll denn mal für die Rentner arbeiten. Das geht ja so nicht."

Die Gegenposition zu dieser kritischen These übernimmt ein REFA-Mann, der berufsmäßig rationalisiert. Er widerspricht den rationalisierungskritischen Vorrednern und beharrt darauf, daß aus ökonomischen Gründen Rationalisierungsmaßnahmen notwendig seien. Wünsche von Älteren nach einem geringeren Einsatz von Technik würden zum Konkurs führen. Rationalisierungsskeptiker gelten ihm als Leute, die am Alten festhalten wollen.

"1960m: Also dazu möcht ich auch noch sagen. Gerade aus unserer Sicht fallen aus unserer Arbeitswissenschaft. Zum Teil ist es ja einfach notwendig, daß wir die Autos innerhalb kürzerer Zeit bauen. Wir können es uns heute nicht mehr leisten, die Autos in der Form zu bauen wie das damals bei H.-H. [Vorgängerfirma auf dem Gelände des heutigen Automobilwerkes, für das die Diskutanten arbeiten] der Fall war. Dann würden wir heute keine Autos mehr verkaufen. Insofern glaube ich, müssen wir schon drauf achten, daß wir einen gewissen Teil an Technik einsetzen und auch das Ganze wirtschaftlich durchführen können."

Ein anderer Sprecher weist darauf hin, daß betriebliche und volkswirtschaftliche Effekte miteinander verflochten sind:

"1937m: Ich meine, daß Computer und Roboter, wie auch das Zubehör, auch wieder produziert werden müssen. Und da sind ja auch Menschen beschäftigt. Ich bin nicht sicher, ob [man] das so sagen kann: Also nehmen wir mal an, D. [Name der Firma] sagt, wir verzichten auf den Einsatz von solcher Technik und würde dann mehr Leute beschäftigen. Ich glaube nicht, daß das funktioniert. Das geht nicht. Das wird nicht funktionieren. Dann werden wir nicht mehr wirtschaftlich sein, nicht mehr verkaufen können. [Das] wird nicht gehen. Das ist Marktsystem, sie müssen sich auf dem Markt durchsetzen und das geht nur, indem sie die modernste Technik einsetzen. Immer im Rahmen der Wirtschaftlichkeit."

In solchen und ähnlichen Diskussionen wird deutlich, daß die Nachkriegsgeneration (nicht nur, aber - aufgrund ihrer altersmäßigen Stellung in den Betrieben - besonders sie) mit sich selbst im Konflikt steht. Einerseits ist sie durch technische Rationalisierungsmaßnahmen gefährdet. Sie hat von daher Interesse an einer Verlangsamung des technischen Fortschritts. Andrerseits ist sie aufgrund ihrer konjunktiven Erfahrung (Wirtschaftsleistung durch Technisierung) eng mit den Werten einer technologisch hochentwickelten Marktwirtschaft verbunden und lehnt jede Behinderung des Marktes oder der Technikentwicklung ab. Diese Ambivalenz zeigt sich auch bei der Vorkriegsgeneration in der folgenden Diskussion:

"1932m: Der Computer, der ist kein Mensch. Der wird nie krank. Und da kommen die sozialen Aspekte. Das hat sich in der Vergangenheit gezeigt, daß durch den Computer keine wesentliche Arbeitslosigkeit entstanden ist. Ich mein'.
1931w: (Unterbricht) Das mein' ich aber doch. Daß sehr viel Routinearbeit.
1932m: (Unterbricht) Aber das ist doch für einen Menschen, der, was weiß ich, 8 Stunden am Band steht und mit einem Hammer auf eine bestimmte Selle raufklopfen muß, ja, das ist doch Verblödung des Menschen, das kann doch ein Computer machen.
1931w: Das ist richtig. Aber diese Menschen sind doch unsere Arbeitslosen, weil die zu anderen Dingen nicht in der Lage sind.
(Durcheinander)
1921m: Gerade die unqualifizierten Arbeitskräfte bleiben auf der Strecke, weil heute zu viel vom einzelnen verlangt wird. Früher, ich kenn das aus dem Maschinenbau. Und ich habe da vor 50 Jahren an der Schleifbank gestanden, mit Feile und Hammer und Meiße. Das fällt heute alles flach. Früher hieß das: 'Der Mann, der muß erst einmal ein Handwerk können.' Das ist heute gar nicht mehr drin. Es waren früher immer Arbeitskräfte da, die zwar billig waren, aber irgendwie ihre Materie nicht so beherrschten, aber die konnten immer mitlaufen. Es waren immer genügend einfache Arbeiten da, die solche Leute verrichten konnten. Und die bleiben heute auf der Strecke. Das geht einfach nicht mehr. Ich möchte nicht sagen, daß das nun ausgesprochen Leute waren, die zu dumm waren irgendetwas zu machen. Nur es hat eben nicht jeder so ein Geschick, eine Arbeit zu machen. Der fällt dann unten durch.

Und wenn ich heute. Und wenn einer nun JAHRE oder Jahrzehnte in seinem Beruf eine Arbeit gemacht hat, dem setzen sie heute einen Computer hin. Und würden sie den Mann da ran setzen. Oder man setzt ihn auf einen anderen Arbeitsplatz. Dann würd' der da versagen. Und Versager sind heute nicht mehr tragbar. Das sind doch das große Heer der Arbeitslosen, Leute die ihre Arbeitsplätze verloren haben, weil sie wegrationalisiert worden sind und in irgendeiner anderen Arbeit sich nicht mehr zurechtfinden können. Denn qualifizierte Kräfte, die kommen immer noch durch.

1931w: Ja auch handwerklich orientierte, die sind ja oft nicht zu besetzen, weil.

1921m: (Unterbricht) Ja das sind Handwerksberufe. Aus meiner Materie, so aus'm Maschinenbau, wo alles mit Computer heute bestückt wird, die ganzen Maschinen werden von Computern bedient. Leistungsmäßig bringt die Maschine vielleicht 5 oder 6 mal mehr, als wie eine Arbeitskraft gebracht hat. Im Endeffekt brauchen wir eine Summe: nachher aber genausoviel wie vorher auch: also fallen die Arbeitskräfte weg. Da wird der noch überbleiben, der sich damit vertraut macht mit dieser Computerbedienung, den CNT-Maschinen, der das beherrscht, der wird immer bleiben. Der andere ist ein guter Handwerker gewesen. Aber der bringt das nicht mehr, die Umstellung nicht mit, der liegt draußen, für den gibt es nichts mehr zu tun."

Die konfrontativ geführte Diskussion mit häufigen Unterbrechungen und Durcheinander konzentriert sich auf veränderte Qualifikationserfordernisse im Strukturwandel. Während einige es als positiv ansehen, daß eintönige Routinearbeit von Computern übernommen wird, beklagen andere, daß Arbeitsmöglichkeiten für Unqualifizierte immer mehr zurückgehen. *Anschaulich werden frühere Arbeitsplätze für Unqualifizierte geschildert, die durch Rationalisierungsmaßnahmen entfallen.* Diese Personen sind die Verlierer des Umstrukturierungsprozesses.[31] Diese sozialkritische Diskussion endet mit dem Verweis auf die Bedeutung neu entstehender Arbeitsplätze:

---

[31] Eine ähnliche Befürchtung äußert 1940w: "Ich hab die Angst, daß es immer mehr Automaten gibt [...] und die Menschen immer arbeitsloser werden und die Menschen überflüssig werden. [...] Sogar der blöde Mensch muß ja eigentlich ein Recht auf Arbeit haben". Auch hier werden überwiegend nichtqualifizierte Arbeitskräfte als potentielle Opfer einer Maschinisierung gesehen.

"1932m: Ja, ja. Es werden aber andere Bereiche erschlossen. Die ganze Dienstleistung, Freizeitbereich, was da für Leute gesucht werden. 1949w: Ja. Da fällt mir jetzt noch gerade ein, wo Sie das so sagten: Als meine Tochter zehn war, wollte sie damals Stewardeß werden, da mußte man damals noch Abitur haben und durfte nur eine bestimmte Größe haben und all sowas. Die Größe von Stewardessen, die hab' ich nachgelesen bei ihrem Berufsbild, die liegt heute schon bei Mädchen bei 1,74 oder sowas, glaub' ich. Und mittlere Reife. Also man kann praktisch, diese Chancen sind also heute auch dadurch, daß sie so viele Stewardessen brauchen. Und die Flugzeuge sind anders gebaut. Also das ist so auch keine Ausnahme. Es gibt heute also Stewardessen wie Sand am Meer. Und die suchen heute schon wieder andauernd welche. Ich denke, daß sich das alles ein bißchen verlagert."

Die Auseinandersetzung über Computerarbeitslosigkeit findet weniger zwischen den Generationen als innerhalb der beiden älteren Generationen statt. Der Position Technik sei Arbeitserleichterung und Arbeitsplatzverluste würden in anderen Bereichen wieder kompensiert, steht die Parteinahme für die von Arbeitslosigkeit bedrohten Arbeitnehmer gegenüber, die überproportional zu eben dieser Generation gehören. Beide Seiten verfügen über eine lebendige, reichhaltige konjunktive Erfahrung. Auch die Umstrukturierung der letzten Jahrzehnte in Richtung auf ein höheres Qualifikationsprofil der Arbeitnehmer beschäftigt die Diskutierenden intensiv. Ein Verlust des alten Berufes kann oft nur durch Neuqualifikation in Fortbildungsmaßnahmen ausgeglichen werden (Weymann/Sackmann 1993). Hier sind attraktive Angebote für Ältere schwerer zugänglich als für Jüngere (Friedrich/Meier 1984; BMBW 1991). Bei den Älteren besteht deshalb einerseits ein Interesse an der Verlangsamung des technischen Fortschritts. Andererseits steht dieser Haltung die in konjunktiver Erfahrung von Wiederaufbau, Wohlstandszuwachs und Arbeitserleichterung verankerte Technikfreundlichkeit entgegen. Diese widersprüchliche Lage führt zu den kontroversen Diskussionen. Im Gegensatz dazu greift die Umweltgeneration das Thema kaum auf; es hat keine Relevanz für sie. Der Strukturwandel der Beschäftigung geht kohortenförmig vor sich (Blossfeld 1989). Jede neue Kohorte trägt den beruflichen Strukturwandel voran, da junge Kohorten überproportional zukunftsträchtige (neue) Berufe wählen. Das Risiko einer technikbedingten Arbeitslosigkeit ist deshalb zunächst gering. Das erklärt das geringe Interesse der Umweltgeneration am Thema.

6. Technikeinstellungen

Ist "die Technik" ein Segen oder ein Fluch? Stürzt uns der Technikwahnsinn in die Katastrophe oder ist der technische Fortschritt eine Rolltreppe auf dem Weg zu immer neuen Paradiesen, die uns nur die Steinzeit-Alternativen vermiesen wollen? Wenn in Leitartikeln oder demographischen Befragungen von Technik die Rede ist, wird die "Einstellung zur Technik" als Lackmus-Test zur Unterscheidung von Freund und Feind in einem Glaubenskampf verwendet.

Diese Einstellungen zum "technischen Fortschritt" gelten weithin als ein wichtiges gesellschaftliches Deutungsmuster technischer Entwicklung, aus dem sich Technikakzeptanz und Technikumgang ablesen lassen. In einigen demoskopischen Untersuchungen gelten Technikeinstellungen sogar als die Grundkomponente des Technikbewußtseins insgesamt (Fuchs 1987). Die Einstellung gegenüber dem technischen Fortschritt wird von Individuen aber nicht willkürlich gewählt. Sie ist die Folge eigener und gesellschaftlicher Erfahrungen bzw. ihrer Beteiligung an öffentlichen Diskursen.

Dieses Kapitel gibt zunächst Aufschlüsse über Fortschrittsoptimismus und Technikkritik bei den verschiedenen Generationen anhand von Einzelinterviews und Gruppendiskussionen. Im zweiten Teil gehen wir bisherigen Ergebnissen der Einstellungsforschung aus früheren Untersuchungen sekundäranalytisch noch einmal genauer nach und vergleichen die Daten untereinander und mit der EMPAS-Studie.

6.1 Fortschrittsoptimismus und Technikkritik

Auffällig ist eine Gemeinsamkeit bei *allen Generationen*: *Die Bewertung des technischen Fortschritts ist ganz überwiegend positiv.* Eine pauschale Technikfeindlichkeit ist kaum vorhanden. Die Generationen unterscheiden sich aber stark im Grad ihrer positiven Haltung zum technischen Fortschritt und hinsichtlich der Begründung ihrer Einstellung. Vereinfacht läßt sich sagen, daß differenzierte Beurteilungen von Generation zu Generation häufiger werden.

In der *Vorkriegsgeneration* gibt es noch häufiger Personen überwiegend männlichen Geschlechts, die sich uneingeschränkt mit dem technischen Fortschritt identifizieren und ihn bedingungslos befürworten. Die Antwort in den Einzelgesprächen auf die Frage, in welchen Bereichen technischer Fortschritt für gut befunden oder abgelehnt werde, fällt dann kurz und bündig aus:

"1915w: Ablehnen überhaupt nicht. Immer gut. Immer Fortschritt."
"1920m: Ablehnen tue ich ihn gar nicht. Ein Zurück niemals."
"1922m: Ablehnen tue ich es nirgends. Technischer Fortschritt ist gut. Auch Gentechnik. [...] Immer hat Technik dem Menschen weitergeholfen."

Vergleichbare Aussagen sind bei späteren Generationen nicht mehr zu finden. Die besondere Erfahrungsgrundlage dieser Vorkriegsgeneration liegt in der erlebten Arbeitserleichterung. Die Technik ersetzte vielfach schwere körperliche Arbeit:

"1926w: Durch die körperliche Arbeit waren die Menschen verbrauchter. Die Leute sehen heute im Alter besser aus - auch durch die Kosmetik und so - aber auch weil Technik da ist."
"1929w: Was hat sich allein eine Hausfrau früher gequält, alleine bei der Wäsche: einweichen, rubbeln, kochen, usw. [...] Sehr bemerkenswerter Fortschritt. Nicht nur für die Hausfrau, auch beim Bau. Was haben sich die Männer früher gequält beim Hausbau. Heute geht das alles per Kran und Lastenaufzug, wo sie früher die Steine auf dem Rücken tragen mußten."

Solche sehr plastischen Erzählungen auf der Basis eigener Lebenserfahrungen prägen das Technikbild der Vorkriegsgeneration. Für sie brachte Technik vor allem die Entlastung von körperlicher Arbeit. Die Vorkriegsgeneration ist aber nicht völlig unkritisch gegenüber technischem Fortschritt (obwohl diese Position bei einer Minderheit vorkommt). Sie bringt ähnliche Einwände vor wie jüngere Generationen auch. Die Kritik bleibt aber integriert in ein insgesamt positives Deutungsmuster des technischen Fortschritts ("immer wieder was Neues, Besseres").

"1918m: Die Technik hält nie auf, es kommt immer wieder was Neues, Besseres dazu, [was] wieder eine neue Erleichterung bringt. [...] Und es muß umweltschonend sein. Heute können wir unseren Kindern und Enkeln das Leben schwer machen. Wir machen alles kaputt, die Fische sind schon tot. [...] Ozonloch: Wieso tun die Politiker nicht sofort etwas dagegen?
"1929w: Gut finde ich ihn überall im Beruf und im täglichen Leben. So viele Versuche am Menschen, das finde ich nicht so gut. Nicht wenn sie Menschen oder Leben retten wollen, aber wenn sie Versuche am Menschen machen wollen, so diese Gentechnik, über die jetzt so viel geredet wird. Sonst könnte ich mir das Leben ohne Technik gar nicht mehr vorstellen."

In der *Nachkriegsgeneration* hört man häufig eine gewisse Relativierung des Fortschrittsoptimismus. Die Erfahrung der Arbeitserleichterung durch elementaren technischen Fortschritt ist in den Erzählungen der Nachkriegsgeneration nicht mehr so konkret und plastisch wie in der Vorkriegsgeneration, obwohl auch hier Erleichterungen der Haus- und Berufsarbeit angesprochen werden. Meist schließen sich aber an entsprechende positive Aussagen Einwände an. "Ja, aber ..." ist die Grundstruktur der Antworten in der Nachkriegsgeneration. In der *Umweltgeneration* ist die Struktur der Antworten ähnlich wie in der Nachkriegsgeneration. Auch hier beurteilen die Interviewten den technischen Fortschritt größtenteils positiv. Neu bei dieser Generation ist die Erwähnung der Bequemlichkeit als positiver Aspekt. Diese Charakterisierung findet sich häufig. "Bequemlichkeit", der Ausdruck der Umweltgeneration, drückt andere Ansprüche an die Leistungsfähigkeit technischer Geräte aus, die über arbeitstechnische Notwendigkeiten hinausgehen.

"1968m: Bequemer. Besser weiß ich nicht."
"1959m: Schwierige Frage: Bequemlichkeit, weniger Zeit für Banales wie Essen kochen und Wäsche waschen, Haushalt. Andrerseits Entfremdung, man hat weniger Nähe zu den Dingen."
"1972m: Ich fühle mich besser durch moderne Technik, vieles wird erleichtert. Ist ganz klar, daß man sich wohler damit fühlt."

Es gibt eine Liste von Einwänden gegen den technischen Fortschritt, die von Umweltzerstörung und Kommunikationsbeeinträchtigung bis zur Atomkraft, Arbeitsplatzgefährdung, Gentechnik, Rüstung und Qualifikationsverlusten reicht.

An erster Stelle werden von allen Generationen *Umweltprobleme* als Nebenfolge technischen Fortschritts angesprochen. Die Palette reicht vom Müllberg bis zum Ozonloch. Relativ häufig wird dabei die Ansicht geäußert, daß die Technik aber auch dazu beitragen könnte, Umweltprobleme zu lösen. Von vielen Interviewpartnern wird also statt der harten Alternative "Technik oder Umwelt" ein ambivalentes Wechselverhältnis gesehen.

"1971m: Es muß sich zum Besseren entwickeln, sonst rotten wir uns aus. Aber wie? Bessere Technik oder weniger Autos? Ich glaube, daß es mehr in Richtung Technik geht: Schadstoffärmere Autos."
"1966w: [Der technische Fortschritt ist] sehr gut, wenn er Umwelt schont. Daß man Umwelt reinigen kann, Abbau gefährlicher Arbeit."

Überraschend häufig ist die Befürchtung von technikbedingten *Kommunikationsbeeinträchtigungen,* von sozialer Isolation durch das Ersetzen direkter durch medienvermittelte Kommunikation. Diese Einwände richten sich gegen die Unterhaltungselektronik, die Gemeinschaften wie die Familie verändert, sie gefährdet und die Kommunikationskompetenz bedroht. Videogeräte zerstören den Familienzusammenhalt, Musikabspielgeräte führen zu Vereinsamung, Fernseher verhindern die früher üblichen Abendgespräche, und die an Computer und Fernseher gewöhnten Kinder hätten das gemeinsame Spiel ohne technische Hilfsmittel verlernt.

"1939w: Gerade durch Video wird der Familienzusammenhalt gestört, das ist ein Nachteil. Früher war das besser, da wurde mehr gesungen und gespielt. Heute wird schneller das Radio angestellt oder der Fernseher. [...] [Man] kann sich in der Gemeinschaft nicht mehr unterhalten."

"1968m: Bei der Musik hört man [mit der Technik] besser, aber das Zwischenmenschliche fehlt. Davor habe ich Angst."
1959m: Zwei Seiten [bei Technik]: Erleichtert, kann aber auch Miteinander verhindern. Freizeit: Fernseher statt gemeinsam. Beruf: alleine am Computer, ersetzt Gespräche und Debatten. Ist Gefahr."

"1964m: Hauptgefahr: zu große Isolation im Umgang mit Technik. Kinder, die in Gruppe nichts machen können, weil Computer oder Fernseher nicht da ist."

Lange Jahre hat in der demoskopischen Betrachtung des Technikbewußtseins die dichotome Vorstellung dominiert, Technik könnte als *"Segen oder Fluch"* für die Menschen klassifiziert werden. In der natürlichen Rede der Befragten ist diese Argumentationsweise sehr selten, es herrscht ein abwägendes "Ja, aber ..." vor. Trotz der Seltenheit von reinen Technikgegnern und reinen Technikbefürwortern soll wegen ihrer Prominenz in der öffentlichen Diskussion etwas genauer auf diese kleinen Minderheiten eingegangen werden. Beide Extrempositionen kennzeichnet eine fundamentalistische Haltung. Ein *Befürworter*:

"1922m: Ablehnen tue ich es [die Technik] nirgends. Technischer Fortschritt ist gut. Auch Gentechnik. [...] Jede Generation hat das Beste aus ihrem technischen Angebot gemacht. Eisenbahn, Dampf, Spinnmaschine, immer hat Technik dem Menschen weitergeholfen. [...] Immer haben Menschen Technik weiter gemacht, immer gab es Leute, die dann Angst hatten."

Die Technikbejahung ist hier undifferenziert. Vorhersehbare und ungeplante negative Folgen des technischen Fortschritts könne es nicht geben. Einwände gegen den technischen Fortschritt können nur durch irrationale Ängste begründet sein.

"Reine" Technikgegner waren in unseren Interviews noch seltener als reine Technikbefürworter. Nach Ansicht der Gegner wird die im Grunde des menschlichen Wesens verankerte Technikgestaltungskraft verantwortungslos eingesetzt. Grenzen im Menschen, in der Natur und in der Transzendenz würden nicht anerkannt:

"1910m: Fortschritt an sich ist das Gefährliche. [...] Technischer Fortschritt ist sehr positiv, wenn wir mit der notwendigen Verantwortung da rangehen. Menschen sind in die Welt gesetzt, um Technik zu produzieren. [...] Freiheit und Verantwortung der Menschen heißt auch Beschränkungen aufzuerlegen: Erst was in die Welt zu setzen, wenn man weiß, wie man es wieder wegbringt, damit die Erde nicht ein Müllhaufen wird. [...] Da ist die Grenze, wenn man den Menschen so technisiert, daß er nur noch technisch denken kann. Oder die Natur oder die

100

Transzendenz zudeckt, was uns weiterführt. [...] Niemals das Ganze aus den Augen verlieren."

Technikkritik speist sich in diesem Fall sowohl aus konkreten Problemen (Umweltprobleme) als auch aus religiösen Quellen (Verlust der Transzendenz). Sie schwankt zwischen Technikglaube (Mensch gleich Technikproduzent) und Technikverdammung (Fortschritt gleich Gefahr). Auch im zweiten Beispiel ist ein religiöser Anklang spürbar:

"1963w: Technischer Fortschritt ist beendet. [...] Vorteile im privaten Bereich: Kühlschrank besser, ökologischer und kostengünstiger. Aber Weltbild: Ozonloch, Katastrophen, sehr negativ. Oft schlechtes Gewissen wegen elektrischer Geräte. [...] Wichtig, was am Boden ist. Alles, was nach oben geht, ist nicht erforderlich."

Die technische Entwicklung wird hier als beendet angesehen, ökologische Katastrophen bestimmen das Bild. Die Vorstellung, daß alles in der Horizontalen Liegende gut sei, alles in die Vertikale Strebende dagegen schlecht, erinnert an religiöse Versatzstücke fernöstlicher Mystik und kritisiert Technik grundsätzlich. Trotzdem sieht die Sprecherin auch ökologisch sinnvolle - und damit ihrem Weltbild konforme - technische Innovationen (im Haushaltsbereich).

Diese Fallbeispiele zeigen, daß rein wertrationale Haltungen zur Technik, wie sie in der Frage "Technik - Segen oder Fluch" als Grundlage eines Technikbewußtseins angesehen werden, der technischen Entwicklung nicht standhalten können. Eine wertrational motivierte Technikgläubigkeit hat sich mit nichtintendierten Folgen der technischen Entwicklung etwa im Umweltbereich auseinanderzusetzen, eine wertrational motivierte Technikgegnerschaft wird sich wegen ihrer fundamentalistischen Argumentation in einer praktisch orientierten Gesellschaft nicht bewähren. Und da in nicht wenigen Fällen paradoxerweise nur mit Hilfe der Technik durch Technik verursachte Schäden behoben werden können, setzt sich auch in technikfeindlichen Kreisen ein selektives Interesse an umweltfreundlicher Technologie durch. Die wertrationalen Haltungen der "reinen" Technikbefürworter und der "reinen" Technikgegner werden gezwungen, sich mit realen Problemen auseinanderzusetzen. Probleme verlangen nicht ein konsistentes wertrationales Wissen, sondern die Verarbeitung vielfältiger und eben auch inkonsistenter Informationen.

In Deutungsmustern zum "technischen Fortschritt" wird die ganz persönliche Erfahrung teilweise verlassen und auch die gesellschaftliche Entwicklung mit einbezogen. Etwas ähnliches geschieht beim Deutungsmuster "Generation", das eine Transzendierung der eigenen Erfahrung in der Zeitdimension in sich birgt. Als Generationsangehörige können sich Personen sozial isoliert oder eingebunden, in Kontinuität oder Diskontinuität zu vorangegangenen und nachfolgenden Generationen sehen. Wie sieht der Blick auf andere Generationen aus, wenn er sich *rückwärts auf ältere Generationen richtet*? Wir fragten in den Einzelgesprächen, ob die eigene Generation eine andere Einstellung oder einen anderen Umgang mit Technik habe als vorherige Generationen.

Nur in der *Vorkriegsgeneration* finden sich noch Personen, die die ursprüngliche Angst bei der Ersteinführung von Technik als Erfahrungshintergrund früherer Generationen herausstellen:

"1929w: Ich kann mir vorstellen, daß die früher mehr Angst hatten. Meine Großmutter z.B. hätte sich nicht getraut mit dem elektrischen Rasenmäher umzugehen, da wurde das Gras mit der Sichel abgemäht."
"1930m: Die sind z.T. davon weggelaufen. Früher war der Aberglaube auch recht verbreitet."
"1926w: Unsere Vorfahren waren ängstlicher. Ich erinnere mich noch daran, daß bei uns alle Stecker aus den Steckdosen gezogen worden sind oder die Hauptsicherung abgedreht worden ist, weil man Angst vor Blitzschlag hatte."

Schilderungen dieser Art machen deutlich, wie schwierig die Verarbeitung der schnellen technischen Entwicklung der letzten 50 Jahren war. Weitgehend technikfreie Räume wie die Landwirtschaft oder der Haushalt wurden in wenigen Jahrzehnten technisiert. Die Anpassung überforderte manche Menschen, sie wollten mit dem Neuen nichts zu tun haben ("davon weggelaufen") oder hatten Angst vor der Nutzung ("nicht getraut"). Solche Ängste - z.B. vor dem elektrischen Strom - sind auch tradiert worden, teilweise bis in die Umweltgeneration hinein. In der Kombination von eigenen Ängsten und unterstellten noch größeren Ängsten der früheren Generation wird gelegentlich eine Überforderung durch das Ausmaß der technischen Entwicklung sichtbar.

Die *Nachkriegsgeneration* betont eher quantitative Unterschiede des Wachstums in der Verbreitung technischer Innovationen als grundsätzliche Differenzen in der Lebensweise. Es gäbe heute mehr Geräte, mehr Geld für deren Anschaffung, mehr Geschick im Umgang, so lauten typische Aussagen. Der Vergleichshorizont der Nachkriegsgeneration bezieht sich vorwiegend auf den erlebten Anstieg des allgemeinen Wohlstandes, der auch eine Verbreitung technischer Geräte zur Folge hatte. Die *Umweltgeneration* erwähnt, daß Technik selbstverständlicher geworden sei, weniger als Wunder angesehen werde und weniger Schwierigkeiten im Umgang mit den Geräten auftreten würden. Einige glauben, daß ihre Generation kritischer sei:

> "1957w: Technik ist selbstverständlicher. Für Eltern und Großeltern noch Wunder. Aber auch kritischer, z.b. [gegenüber] Autos."
> "1971m: Wir haben weniger Schwierigkeiten im Umgang mit Technik als Leute vor 10, 15 oder 50 Jahren, weil die Geräte damals noch nicht so ausgefeilt waren."
> "1968m: Viel selbstverständlicher. Nicht mehr technische Wunder, sondern selbstverständlicher."

Die Umweltgeneration schildert einen Veralltäglichungsprozeß von Technik, der in ihrer Erfahrungszeit ablief. Technische Geräte wurden gewöhnlicher, "selbstverständlicher", wie die Akteure es ausdrücken. Die besondere Hervorhebung und Wertschätzung der Technik, die sich im Ausdruck "Wunder der Technik" niederschlägt (der häufig von der Vorkriegsgeneration gebraucht wird), erscheint mit der allgemeinen Verbreitung der "Wunder" nicht mehr adäquat. Die Kompetenzen zur Handhabung der Technik sind allgemein gestiegen, die Schwierigkeiten im Umgang mit Technik nehmen ab. Durch das Verblassen einer emotional und wertrational gefärbten Bewunderung von Technik wächst die kritische Distanz zu unerwünschten Nebenfolgen. Eine abwägende Haltung in bezug auf den technischem Fortschritt ersetzt die rein wertrational motivierte Konfrontation zwischen Technikgegnern und -befürwortern.

6.2 Technikeinstellungen in der Demoskopie

Das Allensbacher Institut stellte seit den 60er Jahren immer wieder die Frage, ob Technik "eher ein Segen oder eher ein Fluch für die Menschheit" sei. Ende der siebziger und Anfang der achtziger Jahre vermerkten die Allensbacher, daß die Gruppe derjenigen, die Technik als Segen bezeichnen, abnahm, und daß dies insbesondere bei der Jugend der Fall war. In einer alarmistischen, politiknahen Debatte wurde daraus der Schluß gezogen, daß eine der motivationalen Grundlagen der Industriegesellschaft - eine technikaufgeschlossene Haltung - schwinden würde. Studenten würden immer seltener technische Fächer wählen, und die Durchsetzbarkeit von Technikprojekten werde immer schwieriger werden. Ein "ZEIT"-Journalist beschwor diese Befürchtungen in einem griffigen Bild: "Wenn die Jugend eines Industrielandes eine Abneigung gegen die Technik entwickelt - oder von verantwortungslosen Ideologen und Demagogen in eine solche Haltung hineingetrieben wird -, dann ist das so, als ob immer mehr Bewohner einer Fischerinsel sich weigern würden, in die Boote zu gehen" (Jungblut 1981).

Die Aussage, daß die bundesdeutsche Jugend technikfeindlich sei, wurde detailliert von einem INIFES-Projekt (Jaufmann u.a. 1988; Jaufmann/Kistler 1988; Jaufmann/Kistler/Jänsch 1989; Jaufmann 1990; Jaufmann/Kistler 1991) widerlegt. Im Verlauf der Debatte erwiesen sich zwei Annahmen der Technikfeindlichkeitsthese als besonders problematisch:

1) Allgemeine Technikeinstellungen sind nicht entscheidend für das individuelle Technikverhalten: "Die generellen Einstellungen zur Technik stehen, wie zahlreiche neuere Untersuchungen in der Bundesrepublik Deutschland zeigen, in keinem nennenswerten Zusammenhang mit der individuellen Nutzung der Technik" (Noelle-Neumann/Hansen 1991: 32).

2) Allgemeine Technikeinstellungen erklären nicht Einstellungen zu verschiedenen Technikbereichen: Wie Jaufmann (1991) belegt hat, ist die Haltung gegenüber Alltagstechnologien weitgehend unabhängig von der Haltung gegenüber Großtechnologien. Wer Technik als "Fluch" empfindet, ist nicht notwendigerweise gegen Atomkraftwerke oder benutzt keine Waschmaschine.

Im folgenden sollen Veränderungen der Technikeinstellungen in den achtziger und neunziger Jahren untersucht werden. Welche Veränderungen hat es nach der Debatte um die angebliche Technikfeindlichkeit der Jugend gegeben? Um diesen Zeitraum zu analysieren, werden die Siemens-Infratest-Studien[32] der Jahre 1980 - 1989 und die Replikation des dort

---

[32] Die hier relevante Frage lautete: "Auf der vorliegenden Liste sehen Sie eine Skala von 1 bis 7. Wenn Sie einmal an Ihre persönliche Einstellung zur Technik denken: wo würden Sie sich selbst auf dieser Skala einstufen? 1 bedeutet, daß man der Technik skeptisch gegenüber steht, 7 bedeutet, daß man der Technik positiv gegenüber steht. Mit den Werten dazwischen können Sie Ihr Urteil abstufen."

benutzten Indikators für Technikeinstellungen in der EMPAS-Befragung 1992 herangezogen.[33]

Abb. 21: Technikeinstellungen (Mittelwert)

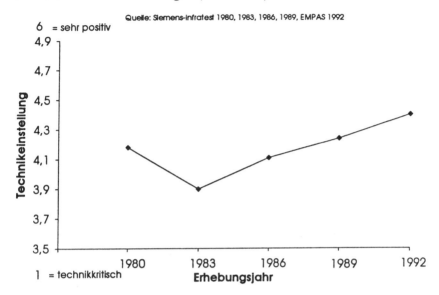

Quelle: Siemens-Infratest 1980, 1983, 1986, 1989, EMPAS 1992

Abb. 21 zeigt die Veränderung der Technikeinstellung zwischen 1980 und 1992. Im gesamten Zeitraum bewegt sich die Technikeinstellung in einem positiven Bereich (über 3,5). Zwischen 1980 und 1992 gab es keine dramatischen Veränderungen der Technikeinstellung, aber doch eine deutliche Wellenbewegung. Die Werte sanken 1983 auf den tiefsten Stand des Erhebungszeitraumes, seither steigen sie wieder kontinuierlich an. 1989 und

---

33 Die in den Infratest-Studien verwendete siebenstufige Skala hat den Nachteil, daß der Mittelwert 4 sowohl Neutralität zur Technikfrage als auch eine indirekte Form der Antwortverweigerung darstellt, und insofern kein homogener Teil der Skala ist (vgl. Blasius/Rohlinger 1988). In der EMPAS-Untersuchung 1992 wurde deshalb auf Anraten von ZUMA eine sechsstufige Skala verwendet. Um eine Vergleichbarkeit zwischen EMPAS- und Infratest-Studie zu erreichen, wurden alle Werte 4 in den Infrateststudien als fehlende Werte behandelt und damit aus der Analyse ausgeschlossen. Um den Maßstab der Werte konstant zu halten, wurden die Werte 5-7 der Infrateststudien in die Werte 4-6 umcodiert.

1992 liegen sie über dem Wert von 1980. Der höchste Durchschnittswert der gesamten Zeitreihe wurde 1992 gemessen.

Abb. 22 zeigt eine Kohortendarstellung der Daten. Der Tiefstand der Technikeinstellungswerte 1983 ist fast ausschließlich auf einen Einstellungswechsel der vor 1942 geborenen Kohorten zurückzuführen. Alle Linien dieser Kohorten weisen nach dem ersten Meßzeitpunkt (1980) einen Rückgang gegenüber der zweiten Messung 1983 auf. Die älteren Kohorten wiesen also deutlich technikkritischere Werte auf als 1980. Eine Korrespondenzanalyse dieser Daten (Sackmann 1993) kommt zu dem Ergebnis, daß überwiegend die Frauen dieser älteren Kohorten deutlich technikkritischere Werte als 1980 vertreten. Wie die Korrespondenzanalyse ebenfalls ergab, liegt der Grund für diesen Einstellungswandel in den durch die breite Einführung von Computern ausgelösten Arbeitsplatzängsten dieser Generation. Diese Innovationswelle verunsicherte diese Kohorten mehr als die vor 1942 geborenen Kohorten, die weniger angstvoll gegenüber dem Computer reagierten.

Für den kontinuierlichen Anstieg der Technikwerte zwischen 1986 und 1992 sind drei Faktoren verantwortlich:

(1) Die neueintretenden Kohorten 1967-1978 weisen überdurchschnittlich positive Technikwerte auf. Die Computergeneration ist relativ technikfreundlich eingestellt. (2) Die 1980 noch technikkritischer eingestellten Kohorten 1943-1966 wechseln langsam, aber kontinuierlich zu technikfreundlicheren Positionen. (3) Die vor 1942 geborenen Kohorten, die 1983 unter dem Einfluß der Computereinführung ihre Technikeinstellung gegenüber 1980 deutlich kritischer gestaltet haben, kehren 1986-1992 zu ihrer technikfreundlicheren Haltung von 1980 zurück.[34]

In der Summe dieser mit unterschiedlichen Geschwindigkeiten verlaufenden Prozesse werden die Werte der gesamten Bevölkerung zwischen 1986 und 1992 zunehmend technikfreundlicher.

Die Anfang der achtziger Jahre in der Demoskopie geäußerten Ängste über die Gefahren einer technikfeindlichen Jugend bestätigen sich bei einer genaueren Datenanalyse nicht. Die achtziger und neunziger Jahre zeichnen sich nach einer Krise 1983 durch eine Zunahme von technikfreundlicheren Haltungen, insbesondere bei den ganz Jungen, aus.

---

[34] Eine Ausnahme stellt die Kohorte der zwischen 1919 - 1924 Geborenen dar, die 1992 im Unterschied zu 1989 eine technikkritischere Haltung einnimmt.

Abb. 22: Technikeinstellung und Kohorten

Quelle: Siemens-Infratest 1980, 1983, 1986, 1989; EMPAS 1992

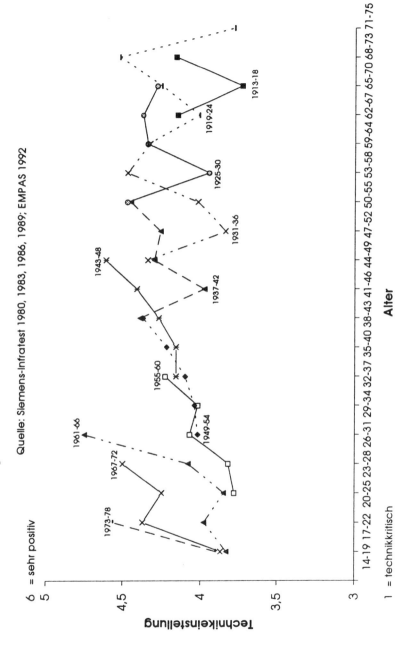

7. Technikdiskurse und Technikpolitik

Die charakteristische Art, in der Angehörige einer Generation im Verlaufe ihrer Biografie technische Erfahrungen machen, bedingt das Aneignungsverhalten in bezug auf technische Neuerungen im späteren Leben. Aber nicht nur die im Umgang mit Technik direkt gewonnene Erfahrung, sondern auch durch Sozialisierung im Zeitgeist einer bestimmten Technikepoche übernommene Haltungen führen zu Unterschieden zwischen Generationen. Der Zeitgeist einer Technikepoche wird über Diskurse, über öffentliche und gesellschaftliche Thematisierungen von Technik, vermittelt.

Die unterschiedlichen Erfahrungen von Generationen im Zusammenhang mit dem lebenslangen Aufbau eines generationsspezifischen Verhältnisses zur Technik bezeichneten wir als *"konjunktive Erfahrungen"*. Diskurse hingegen beziehen sich auf öffentliche Thematisierungen von Technik. Auch *Diskurse* haben historische Verläufe mit generationsspezifischen Themen und Semantiken. Sie sind soziale Konstruktionen technischer Wirklichkeit, an denen Individuen über Zeitungslektüre, Radio, Fernsehen, Gespräche teilnehmen, und die nur sehr partiell durch eigene Erfahrung gedeckt sind.[35] Diskurse sind deshalb zeitgebunden.

Technikdiskurse der Gegenwart finden ihren Niederschlag auch in den Gruppendiskussionen dieser Studie. Im folgenden geht es um den Widerhall von drei Diskursen in den Gruppendiskussionen - um Forschungspolitik,

---

[35] Der hier verwendete Diskursbegriff bezieht sich sowohl auf die erhobenen Diskussionen in Gruppen als auch auf Diskursthemen in Medien (zu Technikdiskursen in den Medien vgl. Noelle-Neumann/Hansen 1991). Gruppendiskussionen gelten uns hier einerseits als Abbild von Mediendiskursen und andererseits als Modell der Entstehung "öffenlicher Meinung" (vgl. Pollock 1955; Mangold 1967).

Umweltpolitik und Technikrisiken - und um Forderungen an das Bundesministerium für Forschung und Technologie.[36]

7.1 Forschungspolitik

Atomkraft, Raumfahrt, Gentechnologie und auch neue Antriebe für Verkehrsmittel (Pkw) sind die wichtigsten Themen in den Diskussionen über Forschungspolitik. Rein quantitativ fällt auf, daß *Atomkraft* nicht mehr das beherrschende technikpolitische Thema ist. Die Anti-Atomkraftbewegung war in den siebziger Jahren eine der stärksten neuen sozialen Bewegungen. Sie war maßgeblich an der Herausbildung der Partei der Grünen beteiligt und hatte einen hohen Anteil daran, daß das Ökologiethema zu einem wesentlichen Politikbereich für alle politischen Kräfte wurde. Die Anti-Atomkraftbewegung wurde damals eher dem politisch linken Spektrum zugeordnet und - was für unsere Fragestellung wichtiger ist - eher der jüngeren Generation. Angesichts dieser noch nicht lange zurückliegenden Prominenz des Themas Atomkraft ist nach seinem heutigen Stellenwert im Diskurs der Generationen zu fragen.

In der *Umweltgeneration* wird das Thema Atomkraftrisiken in seiner alten Form am stärksten in einer Gruppe von Grünen auf dem Land konserviert, in der die Geburtskohorten zwischen 1947 und 1960 dominieren.

"1947m: Daß also dieses Ministerium, samt der Regierung und was weiß ich allen möglichen anderen Stellen, die Bevölkerung nicht einfach verarschen sollen. Da vorlügen und vorgaukeln. Man tut immer, als sei alles wunderbar und das glaube ich einfach nicht. [...]
1957m: Also ich denke heute werden also viele Gelder einfach fehlgeleitet. Dieses Windkraftwerk, was man an der Küste aufgestellt hat, diesen Growian [Großwindkraftwerk]. Da hat man also, was weiß ich wieviel 100 Millionen reingesteckt, um da nur so irgendwie ein paar 100 Kilometer weiter, zu den Dänen hätte gucken müssen, die also die

---

36 Die Frage lautete: "Nachdem Sie hier nun eine ganze Zeit lang über Technik miteinander diskutiert haben, möchte ich Sie abschließend noch danach fragen, welche Aufgaben Sie für die Technologiepolitik als besonders wichtig ansehen. Was erwarten Sie vom dafür zuständigen Bundesministerium für Forschung und Technologie, und was würden Sie sich in Zukunft von dessen Arbeit wünschen?"

ganze Geschichte schon ausgetüftelt hatten bis zum letzten und die Dinger 100-prozentig und was wunderbar funktioniert."

Falsche Versprechungen führen zu einem Grundmißtrauen gegenüber Politikern. Atomkraftwerke wurden gefördert, während man Alternativenergien vernachlässigt. Selbst bei der Förderung alternativer Windenergie wurden nach Ansicht der Gruppe Fehler gemacht. Anstatt dem Beispiel der Dänen zu folgen, und kleine Windkraftwerke zu bauen, machte man die Fehlinvestition eines Großwindkraftwerkes. Aus Erfahrungen dieser Art leitet die Gruppe einen ersten Konsens ab, der weitergehende Deutungsmuster zur Technik bündelt:

"1959m: Ja, das ist eben, man muß gerade im Bundesministerium, wenn die da Entscheidungen treffen, daß sie sich ganz andere Gesichtspunkte vornehmen, wie wir sie auch erwähnt hatten. Daß sinnvoll die Technik für Menschen eingesetzt wird und solche Sachen, vielleicht moralische oder ethische Anwendungsweisen von Voraussetzungen, von Anwendungen von Technik in den Vordergrund stellen und dann kommt man auch zu anderen Ergebnissen bzw. zu anderen Forschungsrichtungen, als wenn man. Na ja, in den letzten Jahren ist halt alles auf Hochtechnik gegangen. Ist dadurch so ein gewisses Nord-Süd-Gefälle entstanden, daß viel von dieser Hochtechnologie irgendwo in Baden-Württemberg, in Süddeutschland hergestellt worden ist, oder da entwickelt worden ist und die Gelder dahin gegangen sind. Nur diese Hochtechnik, die nutzt dem einzelnen Menschen im Alltag wenig. Und bringt halt nicht weniger, sondern eher mehr Probleme."

Hier konstruiert der Sprecher eine Antinomie zwischen einer Technik für den Menschen im Alltag, die ethisch verantwortlich ist, und der Hochtechnologie mit ihren Gefahren. Die Distanz zur "Hochtechnologie" wird dadurch verstärkt, daß sie die eigene Region vernachlässigt. Atomkraftwerke werden in diesem Konsens zu einem markanten Beispiel für allgemeine Entfremdungsgefühle der Hochtechnologie gegenüber. Die Wünsche der Alternativbewegung, durch eigene Kreativität zur Lösung der Energieprobleme beizutragen, kommen in einer anderen Passage zum Ausdruck. Kreative Handwerker werden als Alternative zur Hochtechnologie der Konzerne angesehen.

"1954m: Ja. Und meines Erachtens wäre es sinnvoll eine Technik zu entwickeln, z.B. wie man auf jeden Gittermasten [Strommasten der Überlandleitungen] ein Windkraftwerk draufkriegen kann. Ganz leichtes, weil so stabil sind diese Dinger ja auch nicht. Die stehen da nun einmal die Gittermasten. Wie kriege ich da ein Kraftwerk rauf? So ein kleines, leichtes Aluding müßte so ein Mast doch verkraften. Sowas zu erfinden wär doch richtig sinnvoll. Ich mein, ich weiß ja nicht, ob es wirklich realisierbar ist, aber so stell ich mir das vor."

In die Kritik an Atomkraftwerken fließt eine ironische Kritik an der Hochtechnologie allgemein und an der Kraftwerkindustrie ein, deren "Interessen vorrangig nachgegangen wird, na ja, wenn man das so sagen kann, zum Wohl der Menschheit" (1959m). Die Kritik an der Atomenergie mündet in einer allgemeinen Wachstumskritik.

"1957m: Ja, im Grunde genommen ist das alles irgendwie auf Wachstum und immer mehr ausgelegt. Im Grunde genommen müssen wir da hinkommen, wo man sagt, also jetzt ist es gesättigt. Und jetzt müssen wir mal denken, wie wir die nächsten Jahrzehnte oder das nächste Jahrhundert auch irgendwie über die Runden kriegen, ohne daß uns die Erdkugel über den Kopf zusammenfällt, oder der Himmel uns auf den Kopf fällt oder weiß der Deubel. Ja, ich mein, so kann's nicht weitergehen, daß ist irgendwie. Also wir sind nun mal so eine Wachstumsgesellschaft, aber trotzdem hat das irgendwo seine Grenzen. Das geht nicht immer so maßlos weiter. Also irgendwo kriegen wir's immer zurückgezahlt. Das ist für mich überhaupt kein Thema."

Dieser Passus faßt in wenigen Worten den ökologischen Grundkonsens der Alternativbewegung der siebziger Jahre zusammen. Das Wachstum habe Grenzen. Statt nach mehr zu streben, solle man darauf achten, daß das Überleben der Erde gesichert werde.

Auf der anderen Seite des politischen Spektrums, bei einer ländlichen Gruppe der Jungen Union, deren Durchschnittsalter deutlich niedriger liegt, spielt das Thema Kernkraft keine bedeutende Rolle. Es wird nur kurz gestreift - im Kontext eines Gespräches über Müllprobleme erwähnt jemand Wiederaufbereitungsanlagen.

"1969m: Man will ja auch keine Aufbereitungsanlage haben hier.
1968w: Ja, das ist das Problem.

1969m: Ich, ich persönlich, ich hätte da keine Angst vor.

1968w: Weil keiner das vor seiner Haustüre haben will.

1969m: Vor einer Wiederaufbereitungsanlage. Damit ich danach.

1971m: (Unterbricht) Neuer Brennstoff zum Beispiel.

1969m: Ja, damit ich danach die Stäbe wiederverwerten kann oder so. Ja, also. Ich mein, da haben die meisten Leute Angst vor. Kann ich auch irgendwo verstehen, denn wenn was passiert, dann sind wir arm dran, ne. Wie du siehst, es ist ja was passiert und da kannst du die Gefährlichkeit der Stoffe sehen. Aber ohne Wiederaufbereitung werden wir irgendwann dran ersticken. Zwar wir nicht, aber.

1971m: Das wird's gar nicht geben, weil Uran gibt's gar nicht mehr in so großen Mengen.

1969m: Hm?

1971m: Ich sag', das wird's dann bei Atom oder so gar nicht geben, weil Uran gibt's gar nicht in so großen Mengen, wir müssen Wasserstoff."

Mit seinem mutigen Bekenntnis zur Tolerierung einer Wiederaufbereitungsanlage in seiner Region stößt der Sprecher (1969m) auf Widerspruch. Ein anderer verweist auf die zukünftigen Chancen von Wasserstoff, danach wird das Thema gewechselt. Das Thema Kernkraft ist in dieser Gruppe anscheinend nicht konsensfähig. Positionen einer Kernkraftbejahung ("Kernkraft als Brennstoff der Zukunft") sind nicht zu finden. Es gibt lediglich eine gewisse heroische Haltung dem Unvermeidlichen gegenüber, daß trotz der Gefahren ("ist ja was passiert") Kernkraft als notwendiges Übel und die Entsorgung von Brennstäben ("Ich hätte da keine Angst vor") toleriert werden müsse. Offensive Kernkraftgegner (zumindestens explizit) gibt es in dieser Gruppe nicht. Am ehesten scheint die Hoffnung auf einen neuen Energieträger, Wasserstoff, konsensfähig und zukunftsträchtig.

Auch in den von der *Nachkriegsgeneration* beherrschten Gruppen wird das Thema Atomkraft nur beiläufig und in Kombination mit vermuteten alternativen Energiequellen angesprochen. Die Sprecher äußern die Hoffnung, daß durch den Einsatz von Bioenergie (aus landwirtschaftlichem Anbau) oder Wasserstoff Atomkraftwerke überflüssig werden könnten.

"1947w: Ja, die Technik richtig einsetzen, daß wir was davon haben und nicht Atomwaffen bauen oder Atomkraftwerke bauen. Heute - dies mit dem Getreide - ist jetzt auch so ein Forschungsprojekt. Die können Pflanzen. Ich komm jetzt nicht drauf. Es ist so ein Papyrusgras, und mit diesem Gras könnten die also viele Ackerflächen bestellen und dann bräuchten wir keine Atomkraftwerke mehr.

1931w: Als Katalysator benutzen.

1947w: Alles mögliche kann man damit machen. Da find ich Technik einfach phantastisch. Also, das hat mich sowas von begeistert, als ich das gehört habe und gesehen. Da soll es für eingesetzt werden und Atomkraft bräuchten wir überhaupt nicht, wenn die das für die Sonnenenergie eingesetzt hätten und Wasser und Wind oder so. Das ist einfach nur Mache von irgendwelchen Wirtschaftsleuten, die daran ver-DIENEN.

[...]

1940w: Ja, und wir müßten bescheidener werden."

Zu den kontroversesten Debatten führte das Thema Kernkraft in einer Gruppe der *Vorkriegsgeneration*:

"1928w: Ja. Und Atom finde ich zu gefährlich. Da würde ich alles abschalten.

1930m: Oh. Ach, das seh ich noch gar nicht mal.

1928w: Und das ganze Geld, was da reingeht in die Forschung. Und was die Atomkraftwerke schon kosten und was die NOCH kosten werden.

1930m: (Unterbricht) Aber noch schlechter wäre es, wenn wir die Kohle verheizen würden.

(Durcheinander)."

Im weiteren Verlauf der Diskussion verläßt der Atomkraftbefürworter (1930m) seine Ausgangsposition. Trotz seines Festhaltens an der Fortschrittsidee, sieht er inzwischen mehr Möglichkeiten in der Wasserstoffnutzung als in der Kernenergie.

Allgemein kann man sagen, daß Kernkraft auf dem langen steinigen Weg des Fortschritts ein Hoffnungsträger war, der inzwischen ins Gerede gekommen ist. In der Gruppe der Vorkriegsgeneration ist die Kernkraftdebatte der fünfziger und sechziger Jahre noch präsent, in der Kernenergie nicht nur als eine Energieerzeugungsart angesehen wurde, sondern auch als Symbol des technischen Fortschritts in allen Parteiungen galt. Kritik an der Kernenergie war zugleich eine Kritik am technischen Fortschritt. Heute wird Kernkraft nicht mehr als Fortschrittssymbol angesehen. An seine Stelle als Fortschrittssymbol und Hoffnungsträger sind vage Vorstellungen u.a. über Wasserstoff getreten.

Der *Reaktorunfall in Tschernobyl* scheint einen Einfluß auf die Verschiebungen des Kernkraftdiskurses gehabt zu haben. Nach den geringen Auswirkungen des Unglücks auf das Wahlverhalten bei den direkt anschließenden Landtagswahlen in Niedersachsen 1986 hatte man zunächst vermutet, daß der Einfluß dieses Ereignisses auf das kollektive Gedächtnis schwach gewesen sei. Dem kann mit dem vorliegenden Material der Gruppendiskussionen nicht zugestimmt werden. Gerade die nach der allgemeinen Generationstheorie als besonders empfänglich geltende junge Umweltgeneration erwähnt das Ereignis mehrmals. Die auf den ersten Blick widersprüchliche Folge des Reaktorunglücks in Tschernobyl scheint vielmehr zu sein, daß einerseits Diskussionen über die Gefahren von Kernkraftwerken seltener geworden sind. Die Gefahren sind unbestritten. Dadurch wurde die Position absoluter Kernkraftbefürworter geschwächt. Andererseits haben aber auch absolute Kernkraftgegner gerade bei den jüngeren Mitgliedern der Umweltgeneration durch Tschernobyl an Überzeugungskraft verloren. Dies wird in einer längeren Aussage deutlich.

"1970m: Das ist ja das große Problem. Auch das einige Länder - zum Beispiel UdSSR - mit Technologie versucht umzugehen, wo sie vielleicht technisch - sie wollen's vielleicht nicht wahr haben - aber technisch noch nicht auf dem Niveau sind, wo andere Länder angelangt sind. Gerade Kernkraftwerke oder sowas, wenn man da mal genau hinguckt, was da wirklich Sache ist. Da fassen.
1943w: (Unterbricht) Ja da fehlt das Geld.
1970m: Sich einige an den Kopf. Da fehlt das Geld und das eben halt. Die wollen das haben, aber sind einfach nicht in der Lage, damit vernünftig umzugehen. Diese ganzen Reaktoren, technisch gesehen könnten die funktionieren. Sie funktionieren, aber sie entsprechen eben halt nicht den Sicherheitsmaßstäben, den die Europäer oder sagen wir mal die Deutschen eben halt setzen. Wenn da was passiert, dann ist das Geschrei groß. Aber was dann tun? Dann weiß nämlich keiner mehr, was Sache ist. Das hat man ja vor einigen Jahren gesehen, was dann passiert. Dann weiß man gar nicht, was man machen soll. 'Was soll ich? Den Brand jetzt löschen oder nich?'
1943w lacht.
1970m: Keiner wußte, was Sache ist. Da sind sie alle wie Ameisen drum herum gelaufen, und da mußten einige Menschen für in den Tod gehen. Bewußt in den Tod gehen, damit das Ding da gelöscht wird und solche Sachen. Die müßten mal durchgespielt werden. Allein nur, ich

mein in den Köpfen, natürlich nicht so vor Ort oder so, sondern einfach nur mal um zu sehen, was passiert. Da gibt's auch Studien, die sich damit beschäftigen. Also was passiert wenn. Da gibt's sogar Computerprogramme für. Da vielleicht auch Geld mal reinzustecken. Was passiert, wenn hier ein Flugzeug genau auf irgendein Kernkraftwerk hier runterstürzt. Das ist zwar eine Chance von eins zu einer Milliarde oder so, aber passieren könnte es. Und was dann? Dann macht sich keiner Gedanken drüber, und da gibt es auch Menschen, die sich darüber Gedanken machen, die entwickeln eben halt noch 'ne Schutzschicht mehr oder sowas, oder verlegen den ganzen Reaktorblock in die Tiefe oder sowas, irgendwas muß es da ja geben."

In dieser sehr dichten Erzählpassage wechselt der Sprecher im Lauf der Argumentation vom unpersönlichen "man" zum persönlichen "ich", dramatisiert dadurch und bringt die anderen zum Lachen, um gleichzeitig Ernstes zu schildern. Er inszeniert noch einmal die Hilflosigkeit der Zeit während der Reaktorkatastrophe, sie erscheint ihm noch sehr präsent. Er leitet aus dieser Erfahrung ab, daß in Osteuropa keine Reaktoren gebaut werden sollten, und daß die Sicherungssysteme in der Bundesrepublik wichtig sind. Ähnliche Schlußfolgerungen finden sich auch in anderen Gruppen: "Also ich denke, die deutschen Atomkraftwerke sind ganz gut geschützt. Die Gefahr ist ja bei anderen Ländern, sei Sowjetunion oder so ähnlich, wenn da irgendwas passieren sollte, dann ist davon die ganze Welt betroffen" (1968w). Obwohl auch Forderungen nach einem Abschalten der Kernkraftwerke laut werden (aber in der Gruppe nicht konsensfähig sind), scheint es das paradoxe Ergebnis von Tschernobyl zu sein, daß einerseits zwar die Gefahren von Kernkraft für alle erfahrbar wurden, daß aber andererseits die Wertschätzung der deutschen Reaktoren z.T. sogar gestiegen ist, da sie im Gegensatz zu den russischen das knappe Gut Reaktorsicherheit eher zu gewährleisten scheinen. Der jüngere Teil der Umweltgeneration scheint hier andere Ansichten als der vorausgehende, alternativbewegte Teil entwickelt zu haben.[37] Tschernobyl als Technikereignis hatte daher nicht, wie zuerst in der politischen Diskussion vermutet wurde, eine polarisierende Wirkung im Kernkraftdiskurs, sondern eine die Extreme beschneidende Bedeutung. Das

---

[37] Eine andere, 1987 durchgeführte Befragung, kommt ebenfalls zu dem Schluß, daß die jüngere Umweltgeneration Tschernobyl anders verarbeitet hat als die ältere der Alternativbewegung und zu einem geringeren Prozentsatz für eine sofortige Stillegung aller Kernkraftwerke ist (Peters u.a. 1987: 777).

Spektrum der vielen Nuancen hat seinen Schwerpunkt in der Position "Kernkraft als notwendiges Übel auf Zeit".

Im Gegensatz zur Thema Atomkraft ist die öffentliche Diskussion über Sinn und Unsinn bemannter *Raumfahrt* in der Bundesrepublik erst in jüngster Zeit entflammt. Die Beiträge in den Diskussionen sind kürzer und benutzen häufig einen aktuellen Anlaß, z.b. einen Fernsehauftritt des ehemaligen Forschungsministers:

"1947w: Ja, daß die Technik richtig eingesetzt wird.
1931w: Daß sie ein bißchen zurückfahren. Ich hab da gestern diesen Riesenhuber, der ja wohl unser Forschungsminister ist, im Fernsehen gesehen. Ich hab gedacht, das gibt es ja wohl nicht. Da zeigte er so ein Projekt, wo einige junge Forscher da so trainieren für die Weltraumfahrt, also .
1940w: (Unterbricht) Das ist auch schon schlimm.
1947w: Aber den Weltraum werden wir uns erobern, da bin ich sicher.
1931w: Ich finde, das sollen sie zurückschrauben."

Der Vorschlag, das Raumfahrtprogramm zu kürzen, findet in der Gruppe keinen Konsens. Die Gruppe wechselt anschließend das Thema. In einer anderen Gruppe wünscht man sich "daß [sich] das Bundesforschungsministerium ein bißchen weniger um solche Sachen wie Weltraumfahrt oder Rüstungstechnik kümmern sollte, sondern vielmehr um die Belange des alltäglichen Lebens" (1965m).

"1926w: Also, denn sollte die Forschung sich mehr auf den Menschen einstellen und auf diese Bedürfnisse eingehen, die wirklich notwendig sind, wie in Utopien zu schweben. So möchte ich das formulieren. Nicht nur was für eine Zukunft, sondern auch das Gegebene, was heute, was jetzt ist, damit wir alle noch davon profitieren können.
1971w: Mit beiden Beinen auf der Erde bleiben.
1926w: Ja, ihr und wir. Ihr seid Zukunft. Daß wir alle noch was davon haben. Warum muß das, wer weiß nicht wie hochtrabend sein. Es könnte doch hier erdverbunden bleiben. Das wär mein Wunsch. Und ist der so abwegig? Das glaub ich gar nicht.
1929w: Nee, den haben wohl viele.
1926w: Dann würde man das doch sehr bejahen und mehr verstehen können. Und auch interessierter sein."

In dieser Diskussion wird ein Gegensatz zwischen angeblich unnützer Groß-technik, zu der die Weltraumfahrt gezählt wird, und den Bedürfnissen des Alltags aufgebaut. Die Skepsis gegenüber der Weltraumfahrt, die weibliche Mitglieder der Vorkriegsgeneration ansprechen,[38] wird von ihnen mit zu-sätzlichen Inhalten versehen. Der Alltag wird mit "erdverbunden" beschrie-ben, von dem sich "hochtrabende Utopien" unterscheiden.

Ein dritter Bereich der Forschungspolitik, der in den Medien breit disku-tiert wurde und dementsprechend auch in den Gruppendiskussionen auf-taucht, ist die *Gentechnologie*. Es werden gesetzliche Kontrollen gegen Mißbräuche der Gentechnik verlangt. Inwieweit die neuen Gesetze, deren öffentliche Diskussion die Meinungsäußerungen in den Gruppen beeinflußt hat, das Regelungsbedürfnis der Diskussionsteilnehmer befriedigen, ist eine offene Frage. Die Beiträge sind von Sorge geprägt.

> "1972m: Daß da kein Mist gemacht wird. Daß so 'ne Gesetze da sind, daß man damit keinen Unfug treiben kann mit solcher Technik. Daß der Mensch halt immer noch im Vordergrund steht und nicht die Technik. 1955w: Daß da gewissen kriminellen Machenschaften Einhalt geboten wird, wobei es mal vom Bundesamt für Forschung und Technologie zu klären wäre, wo Kriminalität dann anfängt und das denk ich, is' ne Fra-ge, die nicht allein unter Wissenschaftlern Biologen oder Chemikern oder so geklärt werden sollte, sondern im Zusammenhang mit Philosophen und Theologen."

Mehrfach werden im Zusammenhang von Innovationsförderung die *An-triebsarten im Automobilbau* angesprochen. Man sieht große Möglichkeiten in solar- oder wasserstoffgetriebenen Fahrzeugen oder auch in Rapsöl-motoren. Durch die Lobby der Erdölindustrie würden allerdings entspre-chende Entwicklungen aufgehalten, Forschungsaktivitäten blieben hand-werklich (pejorativ als "Bastler" bezeichnet), industrielle Förderungen klein. Man wünscht sich eine großangelegte Förderungspolitik, ähnlich ehrgeizig wie das amerikanische Raumfahrtprogramm in den sechziger Jahren. Es fehle eine Unterstützung der Grundlagenforschung, die von Unternehmen allein nicht getragen werden kann. Und: "Man muß viele Sachen im Feuer haben können" (1945m).

---

38 Ähnlich 1919m in einer anderen Gruppe: "Wir fliegen durchs ganze Weltall und unserem Müll können wir nicht Herr werden."

"1932m: Also ich seh' die Aufgabe des Forschungsministeriums darin, neue Techniken zu fördern und zu finanzieren. Ich denke da nur praktisch z.B. jetzt an, ein GANZ neues Auto zu entwickeln. Ich meine, den Prototyp gibt es ja schon. Mit Solarenergie, daß man hier noch mehr tut, daß hier noch mehr geforscht wird z.B. auch elektrischen Antrieb über Batterien, da wird ja auch viel getan. Aber es [ist] doch wohl so, daß auch gewaltige Kräfte dagegen wirken. Ich meine die ganze Erdölindustrie. Was würde damit passieren, wenn kein Erdöl mehr gebraucht wird? Wenn die Autos jetzt mit Sonne fahren, oder mit Wasserstoff. Wasserstoff ist eine Energie, die unendlich ist. Aus Wasser Wasserstoff herzustellen, was man kann. Wer heute in der Solarindustrie forscht, das ist unbedeutend, das sind paar Tüftler und bei Siemens vielleicht eine kleine Ecke oder vielleicht so einer, der mit Solarenergie experimentiert. Aber diese große Forschung, wo die Gelder reingepumpt werden, wie vor 20 oder 25 Jahren, als Kennedy gesagt hat, in 10 Jahren werden wir auf dem Mond sein. Da wurden Gelder reingepumpt UNENDLICH, UNERMEßLICH. Die hatten alles. So müßte das von der Autowirtschaft getragen werden. [...] Oder ein anderes Beispiel, um auf dem Energiesektor zu bleiben: Die nachwachsenden Rohstoffe aus Rapsöl, das ist auch heute möglich. Aber das ist heute noch zu teuer. Aber da wird nicht intensiv und mit Nachdruck und nachhaltig geforscht."

Ein weiteres, zentrales Thema ist die *Beziehung zwischen Forschung, Wirtschaft und Politik.* Es herrscht Konsens, daß es zu den wesentlichen Aufgaben der Forschungspolitik gehöre, neue Ideen zu fördern und der Wirtschaft dadurch Impulse zu geben. Technik sei nicht per se gut oder schlecht, über positive oder negative Effekte entschieden die Verwendungskontexte.

"1937w: Ist eben, wenn wir jetzt auf die Frage zurückkommen, was sollen unsere Politiker machen, das sollen sie dann eben machen.
1970m: Ja.
1970m: Ich mein natürlich kann man aus einem guten.
1943w: (Unterbricht) Der Wirtschaft die Möglichkeit geben da reinzugehen.
1937w: Ja eben der Wirtschaft auch Impulse geben.
1943w: Ja ja.
1937w: Eben nicht nur sagen.
1970m: Natürlich kann ich aus diesen ganzen Sachen, die ich mir da er-

arbeitet habe. Diese ganzen guten Sachen, von denen ich ausgegangen bin, das die für die Menschheit positiv sind, kann ich natürlich auch immer etwas Negatives machen. Ich kann daraus auch irgend'n Computer machen, der eben halt schneller berechnet, wo meine Raketen hinfliegen soll, weil er eben halt supraleitend ist."

Hauptsächlich geht es im Disput um das Verhältnis von Politik und Wirtschaft, um *Grenzziehung*. Moderne Gesellschaften müssen die Eingebundenheit von Forschung in das wirtschaftliche System berücksichtigen, ohne Forschung in Wirtschaft aufgehen zu lassen. Dieser Doppelaspekt führt gelegentlich zu Widersprüchen in den Aussagen der Sprecher. So verlangt jemand zunächst eine Förderung von "kleineren mittelständischen Firmen, die nicht dieses Potential an Geld haben, an Kapital haben, so daß die auch forschen können, so daß nicht alles auf die Großkonzerne konzentriert bleibt" (1966m). Kurz darauf fordert er allerdings die weitere Förderung der Chipforschung in Großunternehmen, um nicht in Abhängigkeit von den Japanern zu kommen. Der Widerspruch in der Gruppe wird mit Hilfe der These aufgelöst, daß man als Verbraucher sowieso die Forschungskosten bezahle. "Ist ja egal, ob [du] jetzt über Steuern bezahlst oder [über den] Preis" (1971m). Die Diskussion um ein eigenständiges Profil der Politik gegenüber Betrieben und Wirtschaft geht quer durch die Generationen. Sie ist auch für die Ingenieurgruppe wichtig, die bei einem technisch führenden Großkonzern angestellt ist:

"1947m: Ich würde mir auch wünschen, man würde nicht so industriehörig sein, sondern würde oftmals dort einsetzen, wo die Politiker heute gefordert sind: Entscheidungen zu treffen und das tun in unserem Sinne und nicht im Sinne von kleinen betriebswirtschaftlichen Interessen. Aber das ist sicher nicht ganz einfach."

Hinter den wiederholten Wünschen nach klarer Trennung von Wirtschaft und Staat sind zwei Motive zu vermuten. Einerseits regressiv-romantische Absichten, denen zufolge Forschung handwerklich auf Geniebasis mit Staatsunterstützung vor sich gehen solle, wobei jegliche Industrie störend wirke. Andererseits, und dies ist die häufiger auftretende Position, wird im Zuge der modernen Ausdifferenzierung von Teilsystemen eine klare Systemgrenze zwischen den Logiken politischer und wirtschaftlicher Entscheidungen gefordert. Diese "moderne" Haltung solle - so der Wunsch dieser Diskussionsteilnehmer - auch in der Forschungspolitik erkennbar sein.

7.2   Umweltpolitik

"Umwelt" ist inzwischen ein zentraler Gegenstand des Technikdiskurses. Dieses Thema hat andere Deutungsmuster verdrängt, z.B. das Thema "Fortschritt". Dadurch kommt es zu widersprüchlichen Prinzipien. *Während in der Forschungspolitik in den Gruppen überwiegend eine stärkere Grenzziehung zwischen Forschung und Wirtschaft gewünscht wurde, wird in Sachen Umweltpolitik hingegen von fast allen Gruppen eine Grenzöffnung zwischen Politik, Technik und Umwelt gefordert.* Eine Empfehlung an die Forschungspolitik ist deshalb, Verbindungen zwischen Umwelt und Technik in den Vordergrund der Arbeit zu rücken. Die eindeutige Dominanz des Umweltthemas bedeutet aber nicht, daß es hierzu einheitliche Meinungen in den Gruppen gäbe.

Ein wichtiges Motiv für die Umweltdiskussion ist die Angst vor der Vernichtung der Erde, eine Gefahr, die von vielen als realistisch angesehen wird. "Die Menschheit als solche, so wie ich das sehe, vernichtet sich selber. Die ist auf dem besten Wege dahin. Das wird immer schlimmer" (1930m). "Wir wissen alle, wie schlimm das mit der Erde steht, ob das Ozonloch ist. [...] ABER es ist noch nicht ganz total der Menschheit angegangen, es geht so NICHT WEITER" (1920w). Diese Situationsdefinition der Gefahr, so dramatisch sie formuliert scheint, wird von vielen Gruppenteilnehmern geteilt. Sie stellt ein wichtiges Deutungsmuster des Umweltdiskurses dar. Konkret leitet sich daraus zum Beispiel ab, daß auf Geräte, "die für die Ökologie ungünstig sind, daß man darauf verzichtet" (1931w). Als allerdings jemand fordert, daß im Falle der Ozonschicht schneller gehandelt werden müsse, auch gegen die wirtschaftlichen Interessen, lautet der Einwand, daß man auch nicht arbeitslos werden wolle.

"1968w: Irgendwo, irgendwo sollte man mal daran denken, daß [die Erde] der einzige Lebensraum ist. Das sollte schon an erster Stelle stehen.
1971m: Glaub' ich nicht, bei dem Menschen steht immer normalerweise er selber an erster Stelle.

120

1968w: Das ist das Problem.
1969m: Das Ego."

Das alte Gegenargument gegen Umweltschutz, die Bedrohung von Arbeitsplätzen, wird noch erwähnt, es wird allerdings nicht mehr mit Überzeugung
vertreten. Auch ein zweiter Topos des Umweltdiskurses der siebziger Jahre,
daß es schon immer Umweltprobleme gegeben habe, das Problem also über-
bewertet werde, taucht wieder auf, wird aber ebenfalls sogleich verworfen.

"1966m: Die Umweltverschmutzung hat's schon immer gegeben. Man
vermutet ja, daß die Mammuts auch von den Menschen ausgerottet
wurden durchs Jagen. Die Umweltverschmutzung hat's schon immer
gegeben. Die Qualität ist ganz anders. Früher ist das immer nur regional
begrenzt gewesen, zur Zeit ist es halt global, das Problem."

Ein dritter Themenpunkt aus den siebziger Jahren, fundamentale Technikkritik, bleibt ein Merkposten ohne Resonanz:

"1963w: Also ich wünsche mir, daß auch der Raubbau an der Natur ge-
stoppt wird, und daß es, wenn schon Forschung betrieben wird, daß sie
eben zugunsten der Natur und zugunsten des Menschen abgewickelt
wird. Also, daß es der Menschlichkeit dient, und daß es dazu dient, daß
die Menschen wieder friedlicher werden, wieder ruhiger werden,
einfach mehr, zum Beispiel einfach zu sich selber kommen. Daß sie
nicht abhängig sind, total von einer Technisierung. Daß sie einfach
wieder ein bißchen mehr ihr Leben in der Hand haben."

Man merkt der Forderung der Sprecherin an ("wenn schon Forschung betrieben wird"), daß sie grundsätzlich jeder Forschung gegenüber skeptisch
eingestellt ist. Sie trägt die Forderung nach Umwelttechnik mit den grund-
sätzlichen Vorbehalten der Alternativbewegung vor, und sie fügt im Anschluß an die zitierte Passage eine grundsätzliche Kritik der abhängig ma-
chenden "Technisierung" an, der nur durch Hand(-arbeit, -werk) beizu-
kommen sei. Mit ihrer Ablehnung von Spezialisierung und Fachwissen steht
sie allerdings in dieser Gruppe isoliert da. Ihre Forderung auch im medizini-
schen Bereich selbstverantwortlicher zu werden, kontert ein anderer mit der
langen Zeit, die ein Arzt in seiner Ausbildung brauche, um sich Fachwissen
anzueignen. Die Frau hält dem medizinische "Intuition" als gleichwertiges
Wissen entgegen. Der Mann (1969m): "Also zu so 'nem Arzt würd ich nicht

gehen, der fast nur seiner Intuition folgt". Der Weg zurück in vortechnische Zeiten ist auch in alternativen Kreisen nicht mehr konsensfähig.

In aller Regel nimmt die Diskussion um Umwelt und Technik einen anderen Verlauf, welcher sich von den Themen der siebziger Jahre gelöst hat. In den siebziger Jahren bestand die Tendenz eines Gegensatzes von Technik- und Umweltdiskurs. Die Alternativbewegung verstand sich als technikkritisch. Von manchen Zeitgenossen, die den gesamten Umweltdiskurs für eine romantische Reaktion mit vormodernen Idealen hielten ("Steinzeit statt Atomkraft"), wurde sie als technikfeindlich eingeschätzt. Auch zu Beginn der neunziger Jahre gibt es zwar noch Reste dieser Kontroverse, es dominiert allerdings das Bestreben, die Diskurse zu verbinden ("Ökonomie und Ökologie").

> "1970m: Mehr Umwelttechniken zu entwickeln. Die Technik ist jetzt an einem so hohen Maße angelangt, wo es zum Beispiel nicht mehr weitergeht. Die Chips können nicht mehr kleiner werden, und der Technik ist es nicht mehr machbar, kleinere Chips herzustellen. Na gut, es gibt andere Überlegungen. Aber man ist jetzt an einem Punkt, wo man diese Technik, die man hat, vielleicht einsetzen sollte, um eben halt diese Umweltschäden, die in den letzten 200 Jahren, sag ich mal - das ging ja schon vor 200 Jahren los mit den ganzen Dampfmaschinen - eben halt diese Schäden wieder gut zu machen irgendwie."

In eine ähnliche Forderung nach der Kombination von Umweltpoblemen und Technikpolitik mündet eine Kontroverse über die Motive der Technikförderung ein:

> "1933m: Dann haben wir einen guten Rat für unseren Minister, dann soll er die Technik so entwickeln, daß sie einmal umweltfreundlich ist.
> 1971m: Ja.
> 1940w: Mhm.
> 1933m: Daß wir auf dem Weltmarkt Spitze sind. Daß wir mit unserer Technik so gut sind, daß wir sie preiswert produzieren können.
> 1940w: (Unterbricht) Ja und umweltfreundlich.
> 1933m: Daß wir umweltfreundlich alles [alle Märkte] überschwemmen können.
> 1971m: Ja.
> 1933m: Nur dann. Das setzt aber voraus, daß wir uns ein ganz hohes technisches Wissen aneignen müssen.

1957w: Aber wieso müssen wir die Allerbesten sein?

1940w: Ich glaub', machbar ist es.

1957w: Wieso müssen wir denn die Allerbesten sein? Ich will gar nicht der Beste sein.

1940w: Nee, um das verkaufen zu können, muß man vielleicht gut sein.

1957w: Also ich denk unser Standard ist so hoch.

1972m: (Unterbricht) Ich will.

1933m: (Unterbricht) Ja sonst müssen sie ja soviel zahlen.

1957w: Also das seh' ich nicht so, daß wir das Allerbeste haben müssen und verkaufen müssen. Das ist ein sehr hoher Preis: Ganz wenig Leute haben sehr viel und ganz viele haben überhaupt nichts.

1940w: Aber ich glaub', wir leben, Deutschland lebt ja vom Export. Ganz ein großer Teil. Also.

1968m: (Unterbricht) Ja lebt ja auch von der Ausbeutung."

Die Art, wie die Sprecher in den zwei vorher zitierten Diskussionspassagen (1970m und 1933m) ihre Forderung jeweils argumentativ begründen, zeigt, daß sie von ganz unterschiedlichen Diskursen her zum selben Ergebnis kommen. Der Jüngere (1970m) sieht keine Zukunftschancen für klassische Technikgebiete ("Grenzen des Wachstums"), weil sie die Umwelt zerstören; deshalb sei eine Förderung der Umwelttechnik ein Beitrag zur Linderung der Umweltschäden. Er begründet also auf der Grundlage des Umweltdiskurses der siebziger Jahre sein Anliegen. Der Ältere (1933m) dagegen sieht Umwelttechniken als eine Chance, die Führung auf dem Weltmarkt zu halten und fremde Märkte mit hochwertiger Technik zu "überschwemmen". Er erklärt seine Forderung auf der Grundlage des wirtschaftlich-technischen Fortschrittsparadigmas, allerdings dadurch revidiert, daß jetzt Umwelttechnik als vorderste Front des Fortschritts gilt.

Eine Besonderheit des Umweltdiskurses ist, daß sein Hauptmotiv die Warnung vor Gefahren ist. Da die Gefahren meist nicht sichtbar oder direkt erlebbar sind, ist die Risikodefinition in hohem Maß Gegenstand öffentlicher Aushandlungen (Beck 1986; Bonß 1994; Bayerische Rück 1993). In dieser Situation wird von Politikern eine definitive Informationspolitik über Gefahren gefordert. Eine andere Eigenschaft des Umweltdiskurses ist, wie bei vielen Diskursen, seine Kampagnenhaftigkeit.

"1969m: Ja aber, bei uns zum Beispiel werden alle paar Monate immer neue Entdeckungen gemacht: Der Wald stirbt, die Radioaktivät schadet den Tieren oder immer wieder wird was ganz Schockierendes, das

Ozonloch wird entdeckt, dann wird in einem Monat vielleicht groß debattiert und wird rumgepuscht und dann ist es wieder.
1963w: Das versickert eher."

Die Themen wechseln mit der Geschwindigkeit der Abnutzung des Neuheitswertes in den Medien, ohne daß den "schockierenden" Meldungen Taten folgen würden: "Keiner redet mehr davon. Früher war Waldsterben hochaktuell, jeder wußte was dazu zu sagen, und jetzt hat man das Ozonloch und in nem halben Jahr gibt's vielleicht das Strahlungsloch oder sonst irgendwas. Es wird nichts getan, alle debattieren groß rum" (1969m).

Bei der Forderung nach sicherer Information und nach Handeln statt Gerede scheint es sich teilweise um Selbstreferenzen des ökologischen Diskurses zu handeln. Denn eine durch niemanden bezweifelte, "sichere" Information gibt es nur bei der Anerkennung eines Informationsmonopols. Ein Erfolg der Umweltbewegung bestand aber gerade in der Etablierung von Informationspluralität. Zugleich sieht der Gefahrendiskurs des "5 vor 12", der die Kampagnen der Ökologen strukturiert, Analysefehler oder ein geduldiges Abarbeiten von Problemen nicht vor. Von daher ist der Eindruck von "Reden statt Handeln" zum Teil ein direktes Produkt des Umweltdiskurses selbst, der sich mehr an Medienereignissen, denn an politischem Handeln orientiert. Es scheint ein schwieriger Prozeß zu sein, den Diskurs über ökologische Gefahren und Risiken in rationaler Weise durchzuführen, ohne systematisch abzuwiegeln oder zu dramatisieren (vgl. Luhmann 1986).

Gegenstand der vorangehenden Analyse waren Diskurse, nicht Erfahrungen. Diskurse haben die Eigenschaft, leichter zu wechseln, sie sind austauschbarer und mehr den Medien als den Einzelnen zuzurechnen. *Diese Eigenschaft erklärt, daß hier Generationsunterschiede vermittelter auftreten als bei Erzählungen über persönliche Erfahrungen.* Alle Generationen bedienen sich aus dem gegenwärtigen Vorrat öffentlicher Debatten, der Umweltdiskurs ist deshalb in allen Generationen dominant. Dies heißt aber nicht, daß Generationen beim Wandel der Diskurse keine Rolle spielen würden. Frühere Diskurse findet man in der Regel bei älteren Generationen am wenigsten verändert vor, neue tauchen häufig zuerst in den jüngeren Generationen auf. Dadurch bekommt der aktuell herrschende Diskurs jeweils eine spezifische Generationsfärbung. Es ist kein Zufall, daß überwiegend Männer der Vorkriegsgeneration den alten Fortschrittsdiskurs tragen, auch beim Aufgreifen von Umweltthemen, und daß sich die jüngere Umweltgeneration von der etwas älteren alternativbewegten dadurch unterscheidet, daß sie Technik als wichtigen Beitrag zur Lösung des Umwelt-

problems ansieht. *Die These vom Gegensatz zwischen Umwelt und Fort-*
schritt, die in den siebziger Jahren herrschte, weicht der These einer Ver-
bindung von Umwelt und Technik, kennzeichnend für den Diskurs der
neunziger Jahre.[39]

"1969m: Das wissen wir genau, daß wir normalerweise wesentlich mehr
machen müßten, als zur Zeit getan wird, [um] die Umwelt zu retten.
Oder überhaupt etwas übrig zu lassen. Und da sind dann auch wider-
strebende Interessen vorhanden, die setzen sich durch und somit läuft es
halt so weiter wie bisher auch und somit geht es halt noch wesentlich
schneller, daß unsere Umwelt z.B. dahinscheidet.
1971m: Das ist das wichtigste überhaupt, daß da auch die Forschung nie
aufhört, bei der Umwelt, um sie zu retten. Und gerade das erscheint mir
wichtiger als das meiste andere."

Zusammenfassend läßt sich sagen, daß der Diskurs über Umwelt und Tech-
nik den Diskurs über Fortschritt und Technik überlagert hat. Umwelt als
zentrale technikpolitische Aufgabe stellt einen geteilten Horizont dar, aber
die Kombination dieser Elemente ist nicht ohne Widersprüche. In den Diskussionen bleiben alte Frontlinien der siebziger Jahre - Umwelt gegen Fortschritt, alt gegen jung, rechts gegen links - lediglich untergründig noch bestehen.

7.3 Forderungen an das BMFT

Zum Abschluß der Gruppendiskussionen wurde zum Thema "Forschungspolitik" gefragt, welche Wünsche die Teilnehmer an das zuständige Bundesministerium für Forschung und Technologie richten. Bei den Antworten
fällt auf, daß das Bundesministerium für Forschung und Technologie nur
wenigen Teilnehmern geläufig ist. Ein Indikator für die diffuse Außenwahr-

---

[39] Entsprechende Diskursverschiebungen folgen nicht Gesetzen, sondern nur Tendenzen,
sie sind deshalb nicht vorschnell zu verallgemeinern. Neben Generationslagerungen
sind für entsprechende Diskurspositionen auch entsprechende Generationseinheiten
wichtig: Die Frauen der Vorkriegsgeneration z.B. sind nicht so fortschrittsüberzeugt
wie die Männer; politisch eher konservative Gruppen bei der Umweltgeneration sind
nicht so umweltorientiert wie ökologisch ausgerichtete, etc.

nehmung ist, daß man den Namen des Ministeriums nicht genau kennt und sich an ihn sogar nach Nennung durch den Diskussionsleiter nicht erinnert. Obwohl der Name des Ministeriums in der Frage nach forschungspolitischen Wünschen genannt worden war, wiederholte nur ein einziger Diskutant in allen Diskussionen den Namen richtig. Häufig sind leicht verstümmelte Bezeichnungen ("Forschungsministerium") oder Degradierungen wie "Bundesamt für Forschung" oder "Bundesanstalt für Forschung und Entwicklung". Überwiegend wird allgemein von "dem Ministerium", in selteneren Fällen auch noch pauschaler von "den Politikern" gesprochen. Bekannter als das Ressort ist der frühere Minister Riesenhuber.

Prägend für die Wahrnehmung des Ministeriums sind die schon behandelten öffentlichen Themen Energieproduktion (v.a. Atomkraft), Raumfahrt und Gentechnik, daneben einzelne Innovationen, z.B. Wasserstoffmotoren oder das Programm 'Humanisierung der Arbeit'. *Arbeitsbereiche des Ministeriums, die weder öffentlich kontrovers diskutiert werden, noch alltagsnah sind, wie etwa die Werkstofftechnik, werden von den Diskutierenden nicht als Thema aufgegriffen.* Technischer Fortschritt, Forschungs- und Technikpolitik sind in der öffentlichen Diskussion inzwischen so eng mit dem Umweltthema verknüpft, daß in den Gruppen kaum noch eine Grenzziehung zwischen Umwelt- und Technikpolitik stattfand. Explizit wird der Wunsch nach einer engen Kopplung dieser Bereiche zum Ausdruck gebracht. Gelegentlich werden das BMFT und dessen Minister mit dem Umweltressort verwechselt.

Innerhalb der umweltpolitischen Forderungen an das Forschungsministerium spielen Verkehr und Müll eine große Rolle. Das *Verkehrsthema* wird durch Alternativen zum Auto beherrscht: "Das Autofahren so ungünstig machen. Und zugleich die Nahverkehrsmittel so gut auszubauen, daß es Verschiebungen gibt" (1969m); "Wenn man das Auto nicht benutzt, daß andere Möglichkeiten geschaffen werden, daß man preisgünstig in die Stadt kommt, aber schneller" (1931w). Andere wünschen sich eine Verlagerung des Gütertransports von der Straße auf die Schiene. Obwohl Konsens in dieser Frage besteht, wird auch auf Umsetzungsprobleme hingewiesen (zu wenig Lokomotiven, zu hohe Preise, zu geringe Geschwindigkeit bei der Bahn). Beim *Müllproblem* wird die Berücksichtigung der Entsorgung von Produkten schon bei der Produktion gefordert.

"1937m: Wenn man heute sieht, was für Produkte auf den Markt kommen und diese Produkte werden irgendwo entwickelt, als Einzelprodukt. Aber keiner fragt: Was geschieht eigentlich mit den Produkten? Wie sieht die Entsorgung aus? Wie sieht die Belastung des Lebensraumes durch die Produkte aus? Man entwickelt ein System, in sich geschlossen, oder ein Langsystem und fragt eben nicht, wie die Wirkungen dieses Dinges aufs Ganze ist."

"1910m: Ich glaube, wir müssen einfach lernen, uns in die Natur, in deren Ablauf einzufügen und dafür muß Forschung betrieben werden. Wenn wir ein Auto bauen, muß das Auto eben, wenn es erledigt ist, wieder verschwinden. In den natürlichen Ablauf zurückgeführt. Wir müssen also unsere ganze Kunst [darauf verwenden], daß sich diese Dinge wieder zurückverwandeln."

Diskussionsteilnehmer in unterschiedlichen Gruppen wollen die Einkalkulierung der Entsorgung in die Produktentwicklung. Den Proponenten wird nicht widersprochen, es schließt sich allerdings auch keine längere Diskussion an. Ganz anders ist dies in Gruppen, die das Umweltproblem unter dem Aspekt der subjektiven Eigenverantwortung für Müllprobleme aufrollen. "Wir können doch aber ganz einfach anfangen, wie gesagt mit den vier Mülltonnen. Das reicht ja schon und es ist schon mal ein großer Schritt, das hat überhaupt nichts mit der Industrie zu tun, ob ich meinen Müll, ob ich Konservenbüchsen mit dem Glas zusammenschmeiße" (1971m). Mülltrennung ist in diesem Fall eine Möglichkeit für das Individuum, im Umweltbereich aktiv zu werden, ohne auf unüberwindliche Schwierigkeiten zu stoßen ("hat überhaupt nichts mit der Industrie zu tun"). Es gibt Bedenken, ob Mülltrennung kostendeckend ist (z.B. bei Altglas), aber: "Da brauch ich überhaupt keinen Gewinn bei machen. Der Gewinn ist, daß ich reine Luft habe. Daß ich lebe, das ist der Gewinn" (1940w). Jemand berichtet von einer eigenen Straßeninitiative zur Mülltrennung. Andere sprechen sich für eine Umweltsteuer aus. Diese Forderung stößt jedoch auf Widerspruch, sie wird als ein Abwälzen der Probleme ausgegeben, als ein Freikaufen.

"1968m: Umweltgerecht zu produzieren ist nicht billiger, das denke ich auch, aber sozusagen gleich von Anfang an so ein Prinzip zu machen, daß man sich dann freikauft für 100 Mark oder so."

Im Umweltdiskurs wird die individuelle Eigenverantwortung als wichtig angesehen. Die Vorliebe für die alltagsnahen Umweltthemen Auto und Müll dürfte auch auf dieses Motiv zurückzuführen zu sein. Themen dieser Art bieten einerseits eine Alternative zur Industrie- und Politikkritik, wie es noch in der kleinen Nebenbemerkung deutlich wird, daß dies "nichts mit der Industrie zu tun habe". Sie sind insofern auch ein beliebtes, konfliktloses Thema, das Politik und Medien gerne aufgreifen (z.B. der "Öko-Tip" im Fernsehprogramm). Andererseits hat gerade die Individualisierung der Umweltprobleme mit dazu beigetragen, daß das Umweltthema überhaupt zum herrschenden Diskurs geworden ist. Die "Koalition" aus Hausfrauen und Umweltgeneration, die ihre Kaufentscheidungen an Umweltthemen orientiert, ihren Müll trennt und den Garten giftfrei pflegt, entwickelt gerade dadurch ein Umweltbewußtsein, das sich wiederum in Forderungen an Politik und Industrie niederschlägt (z.B. Verpackungssteuer, Verwendung wiederverwendbarer Stoffe). Daß dies auch zu einer Überbewertung der Folgen individuellen Handelns führen kann, sieht man an der Meinung, daß allein über eine Änderung der Konsumgewohnheiten eine Lösung der Umweltprobleme zu erreichen sei.

Der Umweltdiskurs ist der dominante technikpolitische Diskurs. Häufig wird er in Gestalt von politischen Forderungen nach Förderung der Umwelttechnik vorgetragen.

8. Technik, Beruf und Weiterbildung

Technischer Wandel in der Berufsarbeit ist ein altes Thema moderner Industriegesellschaften, mit dem sich auch die Sozialwissenschaften stets beschäftigt haben.[40] Mit der zunehmenden Bedeutung des Computers und computerunterstützter Arbeitsmittel rückte diese Thematik ein weiteres Mal ins Bewußtsein einer breiten Öffentlichkeit. In dieser Studie wurden dazu zwei Fragen gestellt. Zum einen ging es um die Selbsteinschätzung der Befragten, ob die vorhandenen Grundlagen beruflicher Kenntnisse auch in Zukunft für ausreichend gehalten werden; zum anderen wurde nach dem Umfang von Weiterbildungsaktivitäten im Laufe der vergangenen Jahre gefragt.

Da beide Fragen in den vergangenen Jahrzehnten (1973; 1979 und 1985) bereits von Infas/Schulenberg bzw. vom Bundesinstitut für Berufsbildung gestellt worden waren, lassen sich zusammen mit der EMPAS-Befragung von 1992 Veränderungen von Problembewußtsein und Weiterbildungsverhalten über einen längeren Zeitraum untersuchen. Dazu werden aus den drei Erhebungen künstliche Längsschnitte gebildet. Bei der Auswertung der Antworten nach generationsspezifischen Erfahrungen und Deutungen ist zu berücksichtigen, daß die Aneignung technischen Wissens im Beruf eher den Notwendigkeiten folgt und weniger, wie im Falle der Modernisierung von Haushaltstechnik, in das Belieben individueller Neigung gestellt ist. Dieses Kapitel erweitert also den Blick auf den Zusammenhang zwischen privaten und beruflichen Technikerfahrungen.

---

40 Überblicke über Weiterbildung im Kontext von Berufsverläufen, Arbeitsmarkt und Sozialpolitik geben z.B. v. Wiese 1921; Weymann 1980; Weymann 1987. Zur Geschichte und Organisation von Weiterbildung zwischen Staat und Markt Wingens 1985 und Weymann/Weymann 1993.

8.1 Technischer Wandel und Berufskompetenz

Technische Innovationen im Berufsbereich üben einen Druck auf die im Berufsleben Stehenden aus, dem Veralten beruflicher Kenntnisse durch Weiterbildung entgegenzuwirken. Dieser Druck wird von den Betroffenen unterschiedlich gespürt, je nachdem wie sehr sie Veränderungen ausgesetzt sind und wie weit sie sich mit ihren beruflichen Kenntnissen den Anforderungen neuer Technik gewachsen fühlen. Anhand einer Frage aus einer Studie von Infas/Schulenberg von 1973 ist zunächst zu untersuchen, ob kohortenspezifisch unterschiedliche Ansichten darüber bestehen, inwieweit die eigenen beruflichen Kenntnisse genügen, um mit den Anforderungen neuer Techniken am Arbeitsplatz mithalten zu können.

Die Frage lautete: "Glauben sie, daß der technische Fortschritt die Berufsarbeit so schnell verändert, daß die ursprüngliche Berufsausbildung nicht mehr ausreicht, um ein ganzes Leben lang mithalten zu können ?"[41] Insgesamt 67 Prozent der Befragten meinten, daß ihre ursprünglichen Berufskenntnisse infolge des technischen Wandels zukünftig nicht ausreichen werden. Somit waren etwas mehr als zwei Drittel der westdeutschen Bevölkerung bereits vor zwei Jahrzehnten der Ansicht, daß irgendwann im Berufsleben die Notwendigkeit bestehe, sich neues technisches Wissen anzueignen. Jüngere Befragte unterscheiden sich hierbei wenig von älteren (die Zustimmung bewegt sich zwischen 60 und 70 Prozent), Männer wenig von Frauen (69 zu 65 Prozent), technisierte Berufsgruppen (etwa Facharbeiter) wenig von nicht technisierten. Je höher allerdings die Schulbildung, desto eher neigen die Befragten der Ansicht zu, daß technischer Wandel die ursprüngliche Berufsausbildung entwerte.

In unserer Untersuchung von 1992 wurde die damalige Frage wiederholt, um Veränderungen des Antwortverhaltens im zeitlichen Vergleich beurteilen zu können. Die Ergebnisse zeigen nur kleinere Veränderungen: 1992 lag der Anteil derjenigen, die der Meinung waren, daß berufliche Kenntnisse infolge technischen Wandels veralten, mit 71 Prozent um 4 Prozent über dem Ergebnis von 1973. Hierin wird ein schwacher Anstieg sichtbar: das Bewußtsein der Weiterbildungsnotwendigkeit infolge technischer Modernisie-

---

41 Durch eine vorgeschaltete Filterfrage wurden hier ausschließlich die Berufstätigen befragt. Die Antwortvorgaben waren "ja" und "nein". Bei dem im nächsten Abschnitt vorgenommenen Längsschnittvergleich mit der 1992 von uns erneut gestellten Frage, werden ebenfalls nur die Berufstätigen berücksichtigt.

rung ist nochmals gewachsen. Vergleicht man wiederum nach Altersgruppen, Geschlecht und Berufsgruppen, so finden sich auch 1992 nur geringfügige Unterschiede. Differenzen nach Bildungsabschlüssen treten nicht mehr auf. Im Vergleich mit den neuen Bundesländern zeigt sich, daß die dortigen Befragten in Hinblick auf den dauerhaften Wert ihres beruflichen Wissen noch selbstkritischer sind als die Westdeutschen (89 zu 71 Prozent).

8.2 Weiterbildung

Ein Großteil der berufstätigen bundesdeutschen Bevölkerung weiß also, daß einmal erworbene Berufskenntnisse im Laufe des Berufslebens veralten, weil technischer Fortschritt und Veränderungen der Arbeitsorganisation neuen Wissenserwerb nötig machen. Eine Möglichkeit, das Veralten beruflichen Wissens durch schnellen technischen Wandel zu verhindern, sind Weiterbildungsmaßnahmen. Um den Wandel der Weiterbildungsaktivität im zeitlichen Verlauf zu erfassen, wiederholten wir eine Frage, die vom Bundesinstut für Berufsbildung in den Untersuchungen von 1979 und 1985 gestellt worden war[42]: "Denken Sie nun einmal an die letzten 5 Jahre, also von 1974 bis heute (von 1980 bis heute). Haben Sie in dieser Zeit Lehrgänge, Kurse oder Seminare besucht, die der Fortbildung im Beruf oder der beruflichen Umschulung dienten?"

Im der *Untersuchung von 1985* gaben 27 Prozent der Befragten an, in den letzten 5 Jahren an einer Weiterbildungsmaßnahme teilgenommen zu haben. In *Abb. 23* ist zu sehen, daß ein (kurvilinearer) Zusammenhang zwischen Alter und Weiterbildungsteilnahme besteht. Die Teilnahme steigt bis zum Alter von 29 Jahren steil an, erreicht bei den 30-40jährigen den höchsten Wert, und sinkt dann ab. Man sieht auch, daß bei beiden Geschlechtern sehr ähnliche Altersverteilungen vorliegen, obwohl Männer Weiterbildungen häufiger besuchen als Frauen. Der Unterschied zwischen den Geschlechtern ist weniger ausgeprägt als die Unterschiede zwischen den Altersgruppen.

---

[42] Es handelt sich dabei um die BIBB-Qualifikationsstudie der Jahre 1979 und 1985. Die sehr umfangreiche Studie erlaubt ein differenziertes und genaues Bild der Weiterbildungsteilnahme in beiden Jahren.

Abb. 23: Beruflicher Weiterbildungsbesuch in den letzten 5 Jahren nach Alter und Geschlecht

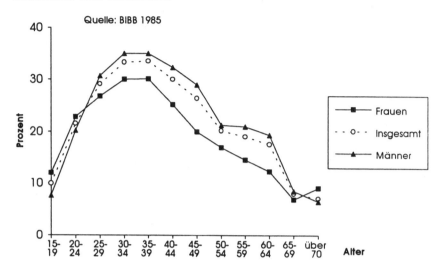

Abb. 24: Berufliche Weiterbildungsteilnahme 1979 und 1985 in den jeweils letzten fünf Jahren (nach Alter und Geschlecht)

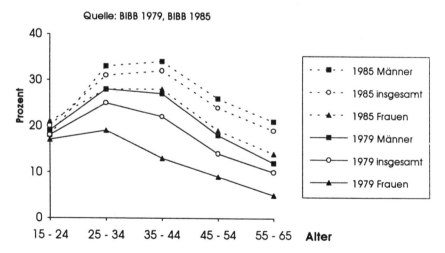

Der Vergleich der hier herangezogenen Untersuchung des Bundes-instituts für Berufsbildung von 1985 mit der *Vorläufer-Untersuchung von 1979 (Abb. 24)* macht sichtbar[43], daß die grundsätzliche kurvilineare Form des Zusammenhangs von Alter und Weiterbildungsteilnahme erhalten bleibt. Eine auffällige Abweichung stellt die Verschiebung des Gipfels der Weiterbildungsteilnahme dar: Während 1979 die 25-34jährigen am häufig-sten Weiterbildungen besuchten, waren dies 1985 die 35-44jährigen. Für die Verschiebung bei dieser Altersgruppe könnte ein Kohorteneffekt mitver-antwortlich sein. Ansonsten ist hinsichtlich der Konstanz der übrigen Alters-verteilung der beiden Kurven von einem Alterseffekt auszugehen: Je jünger jemand ist, desto weniger benötigt er Weiterbildungen: diese häufen sich erst später in der Lebensmitte. Je älter jemand ist und je näher er damit dem Ende der Erwerbskarriere rückt, desto seltener werden Weiterbildungen in Anspruch genommen bzw. nahegelegt, da die Rentabilität der Bildungsin-vestition sinkt.

Zwischen 1979 und 1985 erhöhte sich die Teilnahme aller Altersgruppen an Weiterbildungen von 20 auf 27 Prozent. Da 1985 etwa 14 Prozent der Weiterbildungsmaßnahmen im Computerbereich wahrgenommen wurden (es ist der größte Fachsektor überhaupt), dieser Themenbereich im Jahre 1979 hingegen fast noch nicht vorhanden war, ist vermutlich ein Teil des Anstieges auf die Computerinnovationen zurückzuführen. Im Vergleich der Weiterbildungsmuster 1979 und 1985 fällt weiterhin auf, daß die Unter-schiede zwischen Männern und Frauen abgenommen haben: Während 1979 fast doppelt so viel Männer wie Frauen an Weiterbildungen teilnahmen, ver-ringerte sich dieser Abstand 1985 auf eine Differenz von nur mehr einem Fünftel. Nach wie vor haben Alter und Kohorte sowie Bildungsunterschiede und Einkommen einen Einfluß auf den Grad der Weiterbildungsteilnahme. In der *EMPAS-Untersuchung von 1992*[44] wurde die Frage des Bundesin-

---

43 Da der Originaldatensatz der BIBB-Untersuchung 1979 nicht zugänglich war, mußten wir auf die Altersgruppierung der Erstauswerter der Studie zurückgreifen. Der Vergleich der Datensätze mußte deshalb auf der Grundlage von 10-Jahres-Kohorten durchgeführt werden.

44 Die BIBB-Untersuchung beschäftigte sich ausschließlich mit Fragen des Arbeitsplatzes und der beruflichen Weiterbildung. Die Frageformulierung des BIBB von 1985 enthielt eine Filterfrage zur Teilnahme an beruflicher Weiterbildung überhaupt, an die sich dann eine Frage zu den Weiterbildungsarten anschloß: "Denken Sie nun einmal an die letzten 5 Jahre, also von Anfang 1980 bis heute. Haben Sie in dieser Zeit Lehrgänge, Kurse oder Seminare besucht, die der

stituts für Berufsbildung von 1979 und 1985 nach Teilnahme an Weiterbildungsmaßnahmen nochmals repliziert. In dem damit beobachtbaren Zeitraum von neunzehn Jahren hat die Teilnahme an beruflicher Weiterbildung laufend zugenommen. Im Jahre 1979 hatten 20 Prozent an einer beruflichen Weiterbildung während der vergangenen fünf Jahre teilgenommen, 1985 waren es 27 Prozent und 1992 schon 33 Prozent *(Abb. 25)*. Bei dem deutlichen Anstieg der Weiterbildungsteilnahme bei den jüngeren Altersgruppen handelt es sich weitgehend um ein Methodenartefakt, da in der EMPAS-Untersuchung die Teilnahme an einer beruflichen Erstausbildung - im Unterschied zur Befragung des Bundesinstitutes für Berufsbildung - nicht explizit ausgeschlossen wurde. Interessant ist die gestiegene Weiterbildungsquote der 45-59jährigen. Es scheint üblicher zu werden, in der zweiten Hälfte des Erwerbslebens noch an Weiterbildung teilzunehmen. Die Forderung der sechziger Jahre nach "lebenslangem Lernen" scheint im letzten Jahrzehnt immer mehr Realität geworden zu sein. Es setzt sich ein Trend fort, der schon im Vergleich der Untersuchungen von 1979 und 1985 zu erkennen war. Die gestiegene Teilnahme der 40-50jährigen an Weiterbildungsmaßnahmen in den späten achtziger Jahren zeigt sich auch in der Kohortendarstellung *(Abb. 26)*. Obwohl aufgrund eines Alterseffektes zwischen 40 und 56 ein deutlicher Rückgang des Weiterbildungsbesuches anzunehmen gewesen wäre, haben diese Kohorten ihre Weiterbildungsbeteiligung beibehalten. Die fast waagerechten Linien der Kohorten 1941-45 und 1936-40 deuten auf einen Kohorteneffekt hin. Inhaltlich läßt sich dies u.a.

Fortbildung im Beruf oder der beruflichen Umschulung dienten? Ich meine nur solche, auf die wir bisher noch nicht zu sprechen kamen und die bereits abgeschlossen sind." Die Antwortkategorien ließen folgende Möglichkeiten zu: 1. Ja, zur beruflichen Fortbildung. 2. Ja, zur beruflichen Umschulung. 3. Ja, beides. 4. Nein, nichts von beiden. Die *Anschlußfrage* lautete: "Auf dieser Liste stehen verschiedene Gebiete der beruflichen Weiterbildung. Welchem dieser Gebiete sind die Lehrgänge, Kurse oder Seminare zuzuordnen, die Sie in den letzten 5 Jahren besucht haben? Was davon war der Lehrgang oder Kurs, den Sie beruflich am besten verwerten konnten?" Die Liste enthielt folgende Items: 1. Fremdsprachen. 2. Schreibmaschineschreiben, Steno. 3. EDV-Grundkurs, Einführungslehrgang. 4. EDV-Spezialkurs. 5. Maschinenbedienung, Anlagenbedienung und -wartung. 6. Buchhaltung, Rechnungswesen. 7. Geld-, Kreditwesen, Finanzierung, Versicherungswesen. 8. Personalwesen, Arbeitnehmervertretung. 9. Einkauf, Beschaffung. 10. Vertrieb/Verkauf, Marketing, Werbung. 11. Betriebsführung/Management, Organisation. 12. Elektrotechnik, Elektronik, Energietechnik. 13. Mechanik,Hydraulik, Pneumatik. 14. Erziehung, Pädagogik, Psychologie. 15. Sonstiges.

Abb. 25: Prozentanteil der Teilnehmer an einer beruflichen Weiter-bildung in den jeweils letzten fünf Jahren 1985 und 1992 (nach Alter)

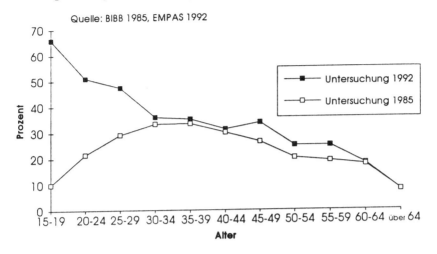

Abb. 26: Teilnehmer an einer beruflichen Weiterbildung in den jeweils letzten fünf Jahren 1985/1992 nach Kohorten

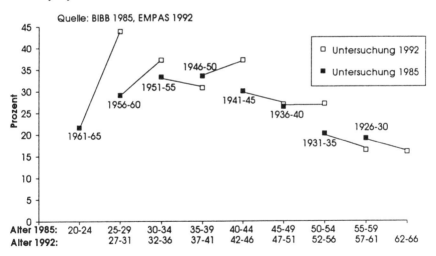

mit dem Einzug der EDV-Technik in den achtziger Jahren in Zusammenhang bringen. Diese Kohorten waren einerseits zu alt, um noch in der Berufsausbildung ihrer Jugend EDV-Kenntnisse erworben zu haben, andererseits zu jung, um bis zum Rentenalter auf eine Weiterbildung verzichten zu können.

Die These von der Außergewöhnlichkeit dieser Kohorten und der allmählichen Abflachung der Alterskurve im Weiterbildungsbereich soll nochmals im Vergleich aller drei Datensätze überprüft werden. Zu diesem Zweck wird die Untersuchung von 1979 (mit identischer Fragestellung wie in der Untersuchung von 1985) mit in die Kohortendarstellung aufgenommen. *Abb. 27* zeigt den Verlauf des Kohortenverhaltens im Intervall zwischen 1979 und 1992. Keine der Kohortenlinien überschneidet sich mit

Abb. 27: Teilnehmer an einer beruflichen Weiterbildung in den jeweils fünf letzten Jahren 1979, 1985 und 1992 nach Kohorten

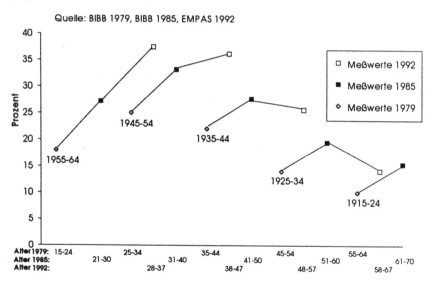

anderen Kohortenlinien, dies ist ein Indikator für die gestiegene Weiterbildungsteilnahme im Kohortenaustausch. Nach wie vor gibt es zwar eine Abnahme der Weiterbildung im Alter von über 50 Jahren, sie fällt aber schwächer aus als in früheren Jahren. Die Kohorten der 1935-44 Geborenen beteiligen sich z.B. 1992 etwas weniger als 1985 an Weiterbildungsmaßnahmen, ihre Weiterbildungsaktivität ist allerdings noch im Alter von 48-57 Jahren höher als die der 35-44-jährigen Ende der siebziger Jahre.[45]

Da unsere Untersuchung auch in Ostdeutschland durchgeführt wurde, sind wir in der Lage, die Weiterbildungsteilnahme mit der in den alten Bundesländern zu vergleichen. Zu bedenken ist dabei freilich, daß es in der DDR eine andere Form beruflicher Weiterbildung gab als in der Bundesrepublik. Nach westdeutschem Muster organisierte Weiterbildung existiert dort erst seit kurzem und befindet sich noch im Aufbau. Dies zeigt sich an der im Vergleich zu Westdeutschland deutlich geringeren Zahl derer, die in den vergangenen 5 Jahren an einer Weiterbildung im Technikbereich teilgenommen hatten. Im Vergleich mit den Alt-Bundesländern war es im Zeitraum zwischen 1986 und 1992 lediglich ein Viertel der Befragten (8 gegenüber 33 Prozent in Westdeutschland). Den Schwerpunkt der Weiterbildung bilden die EDV-Grundkurse, die von 22 Prozent der Teilnehmer an Weiterbildungen besucht wurden. Zählt man noch den Besuch von EDV-Spezialkursen dazu (9 Prozent der Teilnehmer), so liegt der EDV-Bereich sehr deutlich an der Spitze der technischen Weiterbildungsaktivitäten.

Die Teilnahme an Weiterbildungsmaßnahmen nach der Berufsausbildung ist ein Mittel, mit den durch technischen Wandel hervorgerufenen Veränderungen Schritt zu halten. Wissensungleichgewichte zwischen jüngeren und älteren Kohorten werden dadurch abgemildert. Je schneller der technische Wandel vor sich geht, desto stärker sind dabei ältere Kohorten gezwungen "nachzulernen". Dieser "Zwang" zum Weiterlernen würde allerdings nicht notwendig zu einem Weiterbildungshandeln führen, wenn nicht die Akteure selbst Bereitschaft und Motivation mitbrächten. Objektiver, funktionaler Zwang und subjektive Bildungswünsche verbinden sich beim Zustandekommen von Weiterbildungsaktivitäten. *Technische Innovationen führen zu einer Häufung von Weiterbildungsmaßnahmen in der Mitte des Berufsverlaufes.* Beim Start ins Berufsleben reicht noch die Erstausbildung, mit dem Heranrücken des Berufsendes schwindet die Rentabilität der Bildungsinvestition. Berufliche Weiterbildung tendiert aber zu "lebenslangem Lernen": Auch in älteren Jahren ist man bereit oder gehalten, neuen (technischen) Anforderungen mit der Aneignung neuen Wissens zu begegnen.

---

[45] Vgl. zum Zusammenhang von Kohortenzugehörigkeit und Weiterbildungsteilnahme Becker 1991.

8.3   Berufsbiographien und Bildung

Je jünger eine Kohorte ist, desto selbstverständlicher ist es für ihre Mitglieder, schon in jungen Jahren an Weiterbildungsaktivitäten teilzunehmen und auch in späteren Jahren weiterhin oder erneut Weiterbildungen zu besuchen. Die Analyse zeigt, daß auch die Veränderung des Weiterbildungsverhaltens über neue Kohorten geschieht. Der durch den technischen Wandel verursachte Zwang zur Weiterbildung geht mit einem neuen biographischen Muster lebenslangen Lernens einher, mit dem man subjektiv produktiv mit den veränderten Umständen umgeht. Im folgenden soll danach gefragt[46] werden, wie die verschiedenen Generationen den von ihnen in ihrer beruflichen Tätigkeit erlebten technischen Wandel und die damit einhergehende Weiterbildungsnotwendigkeit beurteilen und bewerten. *Begreifen und nutzen die Generationen Weiterbildung als Kompetenzerweiterung und Entwicklungsspielraum innerhalb ihrer Berufsbiographie oder gilt Weiterbildung lediglich als Zwang?*

In der *Vorkriegsgeneration* war Weiterbildung i.e. Sinne selten, nur wenige Männer berichteten davon. Die Männer haben häufig den Beruf gewechselt. Ein Mann mit mehreren Berufswechseln und einem im Krieg abgebrochenen Jurastudium und zwei Landwirte erzählen:

"1910m: Ich habe lange bei Aral gearbeitet, da war technischer Fortschritt angesagt. Da war aber nichts, was mich aus der Bahn geworfen hat, wäre auch schwer möglich. Jede Neuerung fordert mich, etwas zu verstehen. Das ist positiv. Habe ich immer positiv gefunden."
"1922m: Belastung ist das für jeden Menschen. [...] Bei den ersten Lehrgängen war das auch einfacher, den ersten Gauleiterkursus habe ich mitgemacht in Bassum. Landmaschinen."
"1930m: Heute so anders, die jungen Betriebsleiter bekommen meist Angebote vom Werk, wenn eine neue Maschine angeschafft wird,

---

[46] Drei Fragen des Interviews bezogen sich hierauf: (1) "In der Arbeitswelt begegnet einem die Technik in vielerlei Gestalt. Wie ist das an ihrem Arbeitsplatz?" (2) "Mußten Sie sich in Ihrer Arbeit einmal umstellen, weil technische Neuerungen das erforderlich machten?" (3) "Heute werden vielfach Fortbildungen und Umschulungen verlangt, um mit dem technischen Fortschritt mithalten zu können. Welche Erfahrungen haben Sie damit an ihrem Arbeitsplatz gemacht?"

Lehrgänge und so. [...] Das war bei uns nicht so, die Geräte waren auch noch einfacher."

Ein ehemaliger Bäckermeister, der sich nach dem Krieg aus gesundheitlichen Gründen zum Heizungsinstallateur umschulen läßt und am Ende seines Arbeitslebens auf einer Werft arbeitet, meint rückblickend:

"1918m: Die Technik hält nie auf, es kommt immer wieder was Neues, Besseres dazu, was wieder eine neue Erleichterung bringt." Er fügt stolz hinzu: "Alles selber gelernt, gab es keinen Bildungsurlaub und sowas."

Für Frauen der Vorkriegsgeneration waren Anlerntätigkeiten üblich. Der Berufsverlauf der Frauen ist meist durch Mutterschaft und Hausfrauendasein unterbrochen bzw. beendet worden. Die Frauen der Vorkriegsgeneration haben keine Erfahrung mit Weiterbildung gemacht, sie berichten statt dessen über die Einarbeitung in wenig qualifizierte Tätigkeiten:

"1924w: An den ersten Schreibcomputern ausgebildet. [...] Nachdem ich vorher nur Schreibmaschinen bedient hatte, war das für mich ein Brief mit sieben Siegeln. Mir wurde nur die Gebrauchsanweisung gegeben. [...] Ich kam damit nicht klar. Ein Monteur hat das uns dann allen erklärt."
"1915w: Bei Focke-Wulff [sie spricht hier ihre Arbeit in einem Flugzeugwerk im Krieg an] Schrauben prüfen. [...] [Später, bei] Tätigkeit im Krankenhaus nur Feudel und Schrubber. [Nach dieser Tätigkeit] hab'ich schon mal mehr mit Geräten gearbeitet. Getränkeautomat."

Äußern sich die Frauen in allgemeiner Form zu ihrer Einstellung gegenüber Fortbildungsmaßnahmen, so sind sie prinzipiell zwar aufgeschlossen, konkret auf den eigenen, zurückliegenden Beruf bezogen wird jedoch mangels (positiver) Erfahrung distanziert geurteilt.

In der *Nachkriegsgeneration* befinden sich die Generationsangehörigen zumeist im Beruf und damit noch unter aktuellen Anforderungen, denen sie sich nicht entziehen können. Ihre Deutungen von Weiterbildung als Zugewinn von Handlungsspielraum bzw. als Zwang sind sehr unterschiedlich. Exemplarisch dazu eine in einem Layoutbetrieb arbeitende Frau und eine Lehrerin:

"1950w: Das ist mir sehr angenehm. Ich hab' ja etliche Fortbildungen im Computerbereich gemacht. [...] In so einer Fortbildungwoche habe ich einen ungeheuren Wissenszuwachs gehabt. Das bringt mich vorwärts."
"1951w: Ich habe mich geweigert, mich mit Computerfortbildungen zu beschäftigen. Ich kann nicht mal genau sagen warum. Ich weiß genau, daß ich das mal wegen meines Berufes machen muß."

Der Erwerb von PC-Kenntnissen wird von beiden Frauen sehr persönlich auf eigene Bedürfnisse und Absichten bezogen. Während die Lehrerin (1951w) aufgrund einer Abneigung gegen das Gerät ("Ich habe mich geweigert") ihren beruflichen Handlungsspielraum langfristig eingeschränkt sieht ("Ich weiß genau, daß ich das mal wegen meines Berufes machen muß"), betont die Layouterin (1950w) ihren mit diesen Kenntnissen gewachsenen Spielraum ("Das bringt mich vorwärts").

In der *Umweltgeneration* liegen altersbedingt eigene Erfahrungen mit dem Wandel beruflicher Anforderungen lediglich aus der Ausbildung, aus der Einarbeitung und aus Berufsanfängen vor. Zur Frage der Fortbildung auf technischem Gebiet werden gleichwohl grundsätzlich zustimmende Meinungen geäußert, so von einem Chemiestudenten und einem Schüler:

"1964m: In meinem Bereich muß ich ständig auf dem Laufenden bleiben, was es für Neuerungen gibt. Sonst keine Chance."
"1972m: Fortbildung unbedingt notwendig. Irgendwann kommt der Punkt, wo man technisch überfordert ist und nicht mehr mithalten kann."

Während Männer der Vorkriegsgeneration den Erwerb neuer Kenntnisse rückblickend als nützlich einschätzen, Weiterbildung jedoch in ihren Berufsverläufen kaum eine Rolle gespielt hat, können Frauen lediglich über das Eingewiesenwerden in technische Abläufe berichten. In der Nachkriegsgeneration liegen bereits mehr Erfahrungen mit technischer Fortbildung vor. In der Umweltgeneration wird die (zukünftige) Weiterbildung vorab schon für unabdingbar gehalten, um mit dem technischen Fortschritt mithalten und auf dem Arbeitsmarkt bestehen zu können.

Selbständige unterscheiden sich in Erfahrung und Reaktionsweise nicht von Arbeitnehmern. Der Erhalt der Konkurrenzfähigkeit erzwingt die regelmäßige Erneuerung der technisch-apparativen Ausstattung des eigenen Betriebes zur Sicherung von Arbeitsproduktivität, Arbeitsplatzattraktivität,

Kundenfreundlichkeit und Rationalisierung. Zwei Landwirte und ein Apotheker berichten rückblickend über Entscheidungslagen und nennen Gründe für oder gegen die Einführung technischer Neuerungen in ihrem Betrieb. Alle drei gehören der *Vorkriegsgeneration* an und können deshalb auf ein längeres Stück selbst miterlebter Technikgeschichte zurückblicken.

Die beiden *Landwirte* wurden nach dem Krieg Besitzer eines Hofes im nordwestlichen Niedersachsen. Einer hat mittlerweile seinen Hof verpachtet, der andere ist noch berufstätig. Beide sind Nachbarn. Der Innovationsschub der Einführung moderner Landmaschinen nach dem Krieg ist für beide noch sehr präsent und wird plastisch geschildert. Wesentlich ist, daß er als arbeitsökonomische Notwendigkeit infolge des Weggangs von Arbeitskräften aus der Landwirtschaft gedeutet wird, und daß die Landwirte die mit ihm verbundene Arbeitserleichterung als positiv hervorheben.

"1930m: Das erste für uns alle, das war die Einführung des Schleppers, des Ackerschleppers. Das war die Wende Anfang der fünfziger Jahre."
"1922m: Beeindruckt hat mich auch die Strohpresse."
"1930m: Es war für alle eine Arbeitserleichterung. Das galt für alle, daß die Arbeitskräfte aus der Landwirtschaft rausgingen. Das war schon in den fünfziger Jahren. Die gingen in andere Berufe. Man suchte nach Geräten, die die Arbeit erleichtern. Das hat mit dem Schlepper angefangen."

Eine spätere Innovationswelle wird jedoch anders beschrieben:

"1922m: Nach dem Kriege kamen die Trecker, die waren relativ einfach, die hatten vier Gänge. Dann kamen Vorbelege, daß man in den vier Gängen schalten konnte. Vier Rückwärtsgänge. Heute hat man Trecker, die haben 36, 40 Gänge. Die haben Tasten und Druckknöpfe und fahren damit. Der macht das alles automatisch, das kenne ich nicht, da komme ich nicht mit. [...] Ich habe gedacht, du kannst dein ganzes Leben lang immer [beherrschen], was mit der Landwirtschaft zu tun hat, aber das ist nicht wahr. Da bin ich enttäuscht, daß ich das nicht kann."
"1930m: Die haben Elektronik in den Landmaschinen seit einigen Jahren, da muß man dabei sein. Die älteren Maschinen, mit denen wir groß geworden sind, die waren ja einfacher. Heute Elektronik. Wir haben einen Heureiter, der ist 20 Jahre alt, mit dem werde ich fertig, der macht sein Ding auch noch, aber das ist nicht vergleichbar."

Im Gegensatz zum Einfließen der Landmaschinentechnik nach dem Krieg wird der hier angesprochene neuerliche Innovationsschub als fremd erlebt. Betont wird eine gewisse Unfreiwilligkeit der Teilnahme an dieser technischen Entwicklung ("Die haben Elektronik in den Landmaschinen seit einigen Jahren, da muß man dabei sein"). Es klingt Unsicherheit, zum Teil auch Enttäuschung darüber an, von der Komplexität der elektronischen Landmaschinen überfordert zu sein.

Der *Apotheker* war bis vor acht Jahren Pächter einer Apotheke in einer nordwestdeutschen Großstadt, davor war er Mitarbeiter in verschiedenen mittelständischen Betrieben. Er erzählt über sich:

> "1922m: 1950 kam ich aus der Uni, 1951 habe ich die erste technische Fortbildung gemacht. [...] Ein Betrieb ohne Technik ist eine lahme Ente. [...] In jedem Betrieb in dem ich war, wurde umgebaut, ich wurde Experte für Apothekeneinrichtungen. [...] Ich habe Chefs überzeugt für Technik, selbst wenn ich deswegen Gehaltseinbußen hatte. Beim nächsten Betrieb hatte ich dadurch ja finanzielle Vorteile. [...] In einem 'altfränkischen' Betrieb wollen die Leute nicht kaufen und nicht arbeiten. Die wollen was sehen, das muß man haben."

Beim nachfolgenden Bericht über seinen eigenen, bis vor einem knappen Jahrzehnt geführten Betrieb, erwähnt er wiederum als erstes dessen "optimale Einrichtung" und berichtet u.a. von seinem Mikrofilmlesegerät. Dann aber folgt eine ganz andere Erzählung über eine neuerliche Innovation, die vor seinem Ruhestand eintrat:

> "1922m: Mit 60 [Jahren], als ich in der Apotheke mit Datenträgern zur Bestellung und Transparenz arbeitete. [Erklärt Funktion der Telefonübertragung]. Das war mir völlig fremd. Das gab ich ab dann, da habe ich mich gesperrt. [...] Ich wollte kein BTX haben. [Das war der Alp-] Traum schlafloser Nächte damals. [...] Ist zu teuer für einen mittelständischen Betrieb."

An anderer Stelle fügt er dem ökonomischen Motiv, die elektronische Datenübertragung nicht einzuführen, ein persönliches hinzu:

> "1922m: Meine Stellung zur Technik hat sich mit meinem 60. Lebensjahr verändert: In meiner Jugend konnte ich Technik von der Mechanik und Elektrik her verstehen. Als dann die Steuerung mit

Rechnern kam, da habe ich gestreikt: [...] 'Hände weg, das ist mir zu gefährlich.' Bis dahin war ich interessiert."

Ähnlich wie bei den Landwirten wird auch in diesem Fall der "elektronische Innovationsschub" des letzten Jahrzehnts mit Reserviertheit und Abwehr aufgenommen. Eine Anschaffung erfolgt in allen Fällen nicht mehr, während die in den fünfziger Jahren erfolgende Modernisierung aus Gründen der Arbeitserleichterung bzw. ökonomischer Vorteile noch begrüßt worden war.

9. Technikbegabung und Sozialisation

Für Großeltern und Urgroßeltern war es keine Frage, daß Wissen und Handlungskompetenzen - neben langem Lernen und praktischer Übung - in ganz entscheidendem Maße vererbten Begabungen zu verdanken sind. Diese Betonung von Begabung leitet sich aus dem Fortschritt von Biologie und Medizin im 19. Jahrhundert ab. In den sechziger Jahren wurde mit Hinweis auf die "modernen Sozialwissenschaften" und mit außerordentlicher öffentlicher und politischer Resonanz zu einem Radikalangriff gegen den Begabungsbegriff und gegen die Theorie biologischer Einflüsse überhaupt aufgerufen (Roth 1968). Gegenwärtig herrscht Ruhe in diesem nicht selten ideologisch geführten Kampf. Es fehlen die zugespitzen Ausschließlichkeitsansprüche einzelner Forschungsrichtungen und Lehren: die Bildungstheorien der sechziger Jahre sehen sich wachsender Kritik ausgesetzt, die Genetik feiert ihre Erfolge. Von der Genetik könnte der nächste Universalitätsanspruch ausgehen.

In unseren Gruppendiskussionen sind die polarisierten Entgegensetzungen von technischem Können als vererbte "Technikbegabung" und als Ergebnis von "sozialer Umwelt und sozialem Lernen" - generationsspezifisch - noch präsent. Hierzu gehören vor allen Dingen biologische versus soziale Deutungen der Einflüsse von Alter und Geschlechtszugehörigkeit auf den Grad technischer Kompetenz.

9.1 Altern und Altersnormen

Technisches Wissen veraltet schneller als viele andere gesellschaftliche Wissensbestände. Verantwortlich dafür ist die Geschwindigkeit technologischen Wandels, der sich rascher vollzieht als sozialer Wandel auf anderen Ebenen der Gesellschaft. Technisches Wissen besitzt darüberhinaus einen direkten Anwendungsbezug, so daß das Ungenügen der eigenen Kompetenz schwerlich ignoriert werden kann. Für den Grad technischer Kompetenz spielen schulische und berufliche Ausbildung, Art der Berufstätigkeit, alltägliches Umfeld, persönliches Interesse und Offenheit eine Rolle. Ein "askriptiver" Faktor von Gewicht ist das Lebensalter: es gibt eine klare soziale Erwartung an den Grad technischer Kompetenz in Abhängigkeit vom Alter. Während man in jungen Jahren berufliche und fachliche Kenntnisse zu erwerben und sie als Erwachsener im Beruf anzuwenden hat, verliert technisches Wissen nach dem Berufsaustritt seine sozial anerkannte Bedeutung. "In Stereotypen und der Selbsteinschätzung der Alten schlägt sich - wenn auch in verwischter oder überzeichneter Form - nieder, was man vom Altern und von den Alten hält" (Tews 1974[2]).

Die These von der "Altersgradierung technischen Wissens" wurde zum Gegenstand der Diskussion gemacht.[47] Sie wurde von den Diskussionsteilnehmern ausführlich behandelt und ganz allgemein für zutreffend gehalten. Es gab aber zwischen den Generationen Kontroversen um die Gründe altersspezifischer technischer Kompetenzen.

In der *Vorkriegsgeneration* bilden *physiologische* Interpretationen den Kern der Begründungen. Eine Frau läßt zunächst durchblicken, daß sie die Jugend aufgrund ihrer Neugier für lernfähiger hält. Dann konstatiert sie bei sich selbst Besorgnis um den Abbau mentaler Fähigkeiten im Alter:

"1913w: Ich mein jetzt heute. Ich hoff es ja immer noch, daß ich es noch schaffe, daß man das noch alles behält."

Insbesondere in denjenigen Diskussionsgruppen, in denen die Vorkriegsgeneration stark vertreten ist, finden ihre Angehörigen meist ohne Umwege zum Thema der physiologischen Einschränkung beim Erwerb neuen Wissens im Alter. Man benutzt die entsprechenden Metaphern wie: "Der Kopf ist schon so voll" (1921m); "Das Speichervermögen läßt nach" (1930m); "Da sterben so und soviel Zellen oben ab" (1930m). In der Stadt werden die Möglichkeiten des Wissenserwerbs im Alter weniger pessimistisch beurteilt als auf dem Lande.

---

47 Die Frage in den Gruppendiskussionen lautete: "Das eigene technische Wissen veraltet wegen der technischen Entwicklung schnell. Glauben Sie, daß es jemandem mit steigendem Alter schwerer fällt mitzulernen, daß es also die Jugend am leichtesten hat, sich Neues anzueignen?"

Von der allein *biologischen* Sichtweise des Altersabbaus gibt es jedoch Ausnahmen: Männer der Vorkriegsgeneration neigen dann zu einer optimistischeren Einschätzung eigener Fähigkeiten im Alter wie auch der ihrer Altersgenossen, wenn sie über eine technische Ausbildung verfügen und diese lebenslang auch angewandt haben. Ein "Lehrbeamter" erzählt:

> "1933m: Ich komme aus der Technik und mußte mein Leben lang mich immer damit beschäftigen, etwas neues zu lernen, Tag für Tag. Früher konnte man es, wenn man es gelesen und verstanden hatte, konnte man es sehr gut behalten. Heute hab' ich genau das gleiche Interesse. Nur, es fällt mir schwer, es wieder zu behalten. [...] Ich hab' aber einen großen Vorteil: Ich kann diese ganzen neuen Gedanken alle mit den Gedanken, die ich in den letzten vierzig oder fünfundvierzig [Jahren] gelernt habe immer wieder verbinden und verknüpfen, und ich weiß genau, wie das zusammenläuft."

Auch ein kaufmännischer Angestellter berichtet vom gleichen Vorteil:

> "1919m: [Ich habe auf dem] Maschinengebiet früher viel gearbeitet. Da wird, auch wenn man älter wird, immer noch mal die Neuentwicklung, wie das weitergeht. Ein Buchhalter wird das nicht machen. Ich glaube, das ist immer speziell auf den einzelnen zugeschnitten; was er früher gemacht hat, nicht wahr."

Beide sprechen wie andere Angehörige ihrer Generation zunächst die verminderte geistige Leistungsfähigkeit an, machen im Anschluß daran jedoch deutlich, daß sie einen Vorteil besäßen. Sie könnten neues Technikwissen mit altem Grundwissen "verbinden und verknüpfen". Früheres Technikwissen sei zwar einfacher, aber auch grundlegender gewesen, habe deshalb auch heute nicht seine Gültigkeit verloren. Heute ausgebildete Techniker setzen "an einem ganz bestimmten Punkt" an und überspringen das notwendige, früher vermittelte Grundlagenwissen:

> "1933m: Was ich festgestellt habe in der Technologie ist, daß ich jetzt im Laufe der Jahre ein sehr großes Grundwissen bekommen habe, weil ich das immer mitlernen mußte. Während heutzutage die Leute ausgebildet werden als Elektroniker und als Telekommunikationselektroniker und was es alles so gibt; dann setzen die an einem ganz bestimmten Punkt an und dann spricht man von einem Fühler , auh!, das ist ein

146

ein klingender Name. Der kann etwas abtasten. Das ist ein ganz
einfacher Widerstand. Das weiß überhaupt kein Mensch mehr!"

Bis auf solche Ausnahmen herrscht in der Vorkriegsgeneration aber das
Bewußtsein vor, daß man die heutigen technologischen Gegebenheiten nur
noch oberflächlich zu verfolgen in der Lage sei. Wird einmal über Technikkenntnisse gesprochen, so zieht man sich gern auf Lebenserfahrungen zurück: "Bei mir ist das oft so, daß ich viele Dinge weiß, die die nächste Generation nicht mehr weiß, und wo sie natürlich hoch interessiert sind"
(1910m).
  Auch die *Nachkriegsgeneration* bestreitet den Zusammenhang zwischen
Alter und abnehmender Kompetenz und Lernfähigkeit nicht. Gegenüber der
Vorkriegsgeneration besitzt sie jedoch die Überzeugung, daß *persönliches
Interesse, Neugierde, Offenheit und Motivation* eine entscheidende zusätz-
liche Bedingung sind.

  "1954m: Wenn mich jetzt eine Sache interessiert und so, dann werde ich
  die schon noch lernen können, [...] aber Jugendlicher, der sich für die
  gleiche Sache interessiert, der wird es durchaus schneller lernen."

  "1943w: Nein, ich meine auch, daß das nicht altersbedingt ist. Wenn
  einer interessiert ist, dann kann man das alles lernen, das muß nicht
  schwerer sein."

Die Angehörigen der Nachkriegsgeneration sehen eine wirklich entscheidende Barriere der Aneignung neuen Wissens i.d.R. lediglich angesichts der
Einführung des Computers. Kennzeichen dieser Technologie ist ihre An-
dersartigkeit und Abstraktheit. Für den Kompetenzerwerb reicht die gewohnte Praxis von Berufsausbildung und Beruf nicht aus. In das erforderliche komplexe Wissen "steigen" nur Jüngere leicht ein, die dabei jedoch
wichtige Grundlagen der Lebenserfahrung und des Lernens, "die ganz einfachen Sachen", nicht kennen lernen. Einer stärker "praktischen" Sicht der
Nachkriegsgeneration wird hier eine theoretische der Umweltgeneration gegenübergestellt, die "keine Praxis" hat und stattdessen von "oben einsteigt".
Mit dieser Formulierung ist vor allem die verbreitetere akademische Bildung der Umweltgeneration gemeint, die sich durch "theoretisches" Wissen
hervortue.
  In der Nachkriegsgeneration finden sich nur mehr wenige Erzählungen
über das Veralten technischer Wissensbestände. Im allgemeinen fühlt man

sich noch ausreichend lernfähig. Ähnlich wie in der Vorkriegsgeneration wird aber dann gern die allgemeine Lebenserfahrung aufgeboten, wenn die eigenen Technikkenntnisse doch nicht hinreichen, um mitreden zu können.

Besonderes Kennzeichen der *Umweltgeneration* ist, daß sie altersbedingte Unterschiede im Wissenserwerb vor allen Dingen auf *soziale Ursachen* zurückführt. Wichtig sind Art und Qualität der *Bildung*:

> "1970w: Man wird ja auch ganz anders herangeführt von der Schule und so. Neue Sachen halt, man lernt das schon."

Aber auch die Anforderungen der Berufsarbeit selbst werden als ausschlaggebend für kompetenten Umgang mit neuem technischen Wissen angesehen. Mikroelektronische Technik, mit der man sich vertraut fühlt, biete eine im Vergleich zu früherer Technik vorteilhafte Wissensgrundlage für die Zukunft.

> "1966m: Ich denke, in relativ jungen Jahren lernt der Mensch, sich mit Außenwelt und seinen ihn umgebenden Teilen und seinem Computer auseinanderzusetzen; und daß da die Technik einen höheren Stellenwert hat, als beim alten Menschen."

Wie selbstverständlich wird in diesem etwas verunglückten Erklärungsversuch der Computer zur "Außenwelt" heutiger Heranwachsender. Deshalb, so die Schlußfolgerung, habe "die Technik" für heute Aufwachsende einen "höheren Stellenwert". Die komplexere technische Umwelt gebe Heranwachsenden nicht nur einen Wissensvorsprung gegenüber Älteren, sie biete im Alter auch den Vorzug einer vergleichsweise besseren Wissensgrundlage. Diese These bleibt jedoch umstritten:

> "1971m: Meine Oma und mein Opa, die kommen mit der Sache nicht klar. Aus dem Grund, weil wir damit groß geworden sind und die nicht. Ich glaube, wenn wir so alt sind wie die später, dann kommen wir da wesentlich besser mit klar.
> 1966m: Da wirst du genauso deine Probleme haben wie deine Eltern jetzt; zum Beispiel Computerprobleme haben. Du kannst gar nicht über alles im Bilde sein, du bist halt auch hauptsächlich nur mit deiner Generation größtenteils dann wohl zusammen."

Die Umweltgeneration neigt dazu, den Besitz von Bedienungswissen für mikroelektronische Technik gegenüber Älteren übermäßig hervorzuheben und zu stilisieren. Besonders drastisch kommt dies in einer Diskussion zum Ausdruck, in der ein Zwanzigjähriger den anderen aus der Runde klarzumachen versucht, wie groß der Unterschied in den Technikkenntnissen zwischen früher und heute sei. Das heutige technische Wissen unterscheide sich so sehr von früherem, daß den Älteren die Voraussetzungen fehlten, um noch zu verstehen, was vor sich gehe.

"1970m: Wenn da irgendwas Neues auf mich zukommt, wovon ich noch keine Ahnung hab', dann fällt es mir relativ leicht, mich da reinzufummeln. Eben halt aus dem ganzen Grundwissen, was man sonst so in den anderen technischen Bereichen hat. Also, mir fällt das z.B. nicht schwer, irgendeinen Mixer zu bedienen, oder irgendwie. Da gibt's auch zehntausend Knöpfe, wo man schon drauf drücken kann. Also das fällt mir nicht allzu schwer. Aber für einen Menschen, der eben halt weder was mit Computern, noch mit Technik, noch mit irgendwelchen anderen Sachen zu tun hat. Ich weiß nicht, wie ich das erklären soll, aber ich mein', das ist einfach so. Das ist das Umfeld. Das Umfeld hab' ich schon in meinem Kopf. Ich kann mir das einfach bildlich besser vorstellen, als vielleicht so mancher andere, der schon ganz von vorne beginnt. Ich bin damit aufgewachsen und einige andere halt nicht."

Auch in anderen Diskussionen werden solche Überlegenheitsgefühle aufgrund des Wissensvorsprungs, den Angehörige der Umweltgeneration zu haben meinen, geäußert. So werden etwa technische Geräte, wie "Videorekorder" und "Computerspiele" erwähnt, um zu betonen, daß älteren Menschen die "Grundlagen fehlen"; es wird davon gesprochen, daß bei jüngeren Technik "einen höheren Stellenwert hat als beim alten Menschen"; oder es wird einer älteren Frau gesagt, "Du brauchst das nicht". Gern thematisiert die Umweltgeneration den Neuigkeitswert ihres eigenen technischen Wissens. So wird erzählt, wie der Vater einen Fernsehtechniker rufen will, um den neu gekauften Fernseher zu programmieren. Man lacht und staunt über dessen Unkenntnis.

Es gibt jedoch auch andere Töne. In den auf dem *Land* geführten Diskussionen läßt die Umweltgeneration durchblicken, daß neue Kenntnisse zur Bedienung computerisierter Technik im Vergleich zu bisherigem Technikwissen nicht unbedingt besser seien. In einer Diskussion zwischen Mitgliedern der Partei der Grünen auf dem Lande klingt sogar an, daß man sich mit dem "ganzen modernen Kram" nicht mehr abgeben wolle (1957m). Um Entwertung oder bleibenden Wert früher angeeigneten Wissens geht es auch in der Diskussion mit *Ingenieuren* des großen Automobilherstellers. Die Diskussion spitzt sich in ihrem Verlauf auf den Gegensatz zwischen der Berufserfahrung der Älteren und dem "know how" der neu ins Werk kommenden Jüngeren zu. Das Thema Berufserfahrung wird von der Nachkriegsgeneration mit der These in die Diskussion eingebracht, Berufserfahrung könne den Vorteil, den frisch ausgebildete Jüngere mit ihrem aktuellen Wissen hätten, kompensieren. Durch theoretisches Wissen allein sei "dieses Gefühl für Technik" nicht zu bekommen.

> "1937m: Der [ältere Ingenieur] bringt Erfahrung mit. Der weiß das Wesentliche vom Unwesentlichen zu unterscheiden und kann für Probleme genauso nützlich sein, wie einer, der jetzt als junger Mann nur Computer kennt."

An der Diskussion unter Technikern und Ingenieuren zeigt sich deutlich, welche existentielle Bedeutung das Veralten beruflicher Kenntnisse hat. Konkurrenz und Angst um den Arbeitsplatz spielen gegen Ende der Diskussion eine wichtige Rolle. Man müsse sich heute im Berufsleben fortlaufend qualifizieren, denn zu früh mit dem Lernen aufzuhören, könne man sich "nicht mehr leisten". Das Aufbieten der Berufserfahrung wird dem lebenslangen Lernen gegenüber fragwürdig.

9.2   Geschlechtsdifferenzen

Neben der Zugehörigkeit zu einer Generation üben, wie mehrfach herausgearbeitet und unterstrichen, verschiedene andere Faktoren einen Einfluß auf das individuelle Verhältnis zur Technik aus. Ein Faktor von besonderem Gewicht ist die Geschlechtszugehörigkeit. Zwar gibt es weibliche Ingenieure und männliche Technikversager, aber es ist verblüffend, wie stark sich nach wie vor das Verhältnis zur Technik zwischen Männern und Frauen unterscheidet. Darin sind sich viele Untersuchungen einig: Frauen sind in ihrer Globaleinstellung zur Technik deutlich skeptischer (Jaufmann/ Jänsch 1990: 74; Scheuch 1990: 113f.); laut Marktforschung zeichnen sich Frauen in Wahrnehmung und Umgangsweise mit Technik durch größere Distanz aus (Schimpf-Hunnius/Hunnius 1990); die Anschaffung technischer

Haushaltsgeräte wird fast ausschließlich von Männern angeregt und entschieden (Meyer/Schulze 1990: 33f.); das Technikinteresse ist bei Männern größer (Lenk/Ropohl 1978: 278). In Untersuchungen zwischen 1965 und 1988 waren männliche Jugendliche zwischen 38 und 66 Prozent "sehr" oder "ziemlich stark" an Technik interessiert, weibliche Jugendliche hingegen nur zu 3 bis 19 Prozent (Jaufmann 1990: 229). Ähnlich starke Unterschiede wurden in anderen westeuropäischen Ländern gefunden. Das Spiel mit "Autos, Eisenbahn, Motoren" ebenso wie das Spielen mit Baukästen war (1957) und ist (1990) ganz überwiegend Jungensache (Raat 1990: 31 und Lenk/Ropohl 1978: 286), und schon die Elterngeneration der befragten Kinder hatte die gleichen Geschlechtsunterschiede beim Spielen erlebt (ebd.: 287).

Es gibt also schon in der Kindheit eine Tradition geschlechtsdifferenzierenden Spielverhaltens. Sozialwissenschaftler, Psychologen, Pädagogen erklären solche Unterschiede i.d.R. durch Tradition, Institutionen, Vorurteile, Sozialisation. "Weitgehende Einigkeit herrscht mittlerweile darüber, daß eine skeptischere Haltung der Mädchen und Frauen zur Technik auf der globalen Ebene nichts 'typisch Weibliches' und somit biologisch determiniert ist. Nahezu einstimmig werden als Hauptursache geschlechtsspezifisch unterschiedliche und gesellschaftlich geprägte Sozialisationsmuster benannt" (Jaufmann 1990: 235). Ähnlich Lenk/Ropohl (1978): "Die Einstellung zur Technik im Alltag ist stark von sozialen Vorurteilen und Rollenimages geprägt (...). Frauen sind kaum 'von Natur aus' so wenig an Problemen des technisch Machbaren interessiert. Generell scheint das Interesse sozial induziert zu sein" (ebd.: 285).

Vorurteile, Rollenimages, Sozialisationsmuster gehen mit gesellschaftlicher Arbeitsteilung einher, die über Deutungsmuster reproduziert und in Verhaltensunterschieden kontinuierlich reaktiviert wird. Die Vorstellung, daß Frauen technisch weniger "begabt" seien, ist ein klassisches Deutungsmuster, ja der Begabungsbegriff selbst ist ein traditionelles Deutungsmuster, bei dem angenommen wird, daß in der Erbmasse eines Menschen Anlagen gelegt sind, die sich im Laufe der Entwicklung entfalten.[48] Deutungsmuster

---

48 Ein Indikator dafür, daß es sich bei "technischer Begabung" um ein veraltetes Deutungsmuster handelt, ist die Tatsache, daß dieser Begriff in einem Pädagogischen Lexikon von 1970 noch eingehend behandelt wird (Horney/Ruppert/Schultze 1970: 1181ff.), in neueren Lexika aber nicht mehr enthalten ist. Ein weiteres Indiz dafür ist, daß der Begabungsbegriff inzwischen insgesamt umstritten ist, und die früher stark an

sind wirksam, wenn Erziehungsberechtigte nach ihnen handeln, und wenn zu Erziehende das Deutungsmuster verinnerlichen und ihrerseits in Verhalten umsetzen. *Abb.* 28 zeigt Ergebnisse einer Umfrage von 1973 (Lenk/ Ropohl 1978), in der Erwachsene danach gefragt wurden, ob sich die Begabungen von Jungen und Mädchen unterscheiden. Es fällt auf, daß "technische Begabung" unter den verschiedenen Begabungen als am meisten geschlechtsdifferenzierend angesehen wurde. 82 Prozent der Befragten hielten die Geschlechter für technisch unterschiedlich begabt, wobei Mädchen als weit weniger begabt gelten.

Abb. 28: Einschätzung geschlechtsspezifischer Begabung (v.H.)

	Begabung		Jeweils begabter sind	
	gleich	verschieden	Mädchen	Jungen
Intelligenzmäßig	82	18	8	10
Für den Arztberuf	65	35	4	31
Im Umgang mit Menschen	60	40	36	4
Sprachlich	60	40	36	4
Logisches Denken	54	46	8	38
Naturwissenschaftlich	50	50	9	41
Musisch	47	53	47	4
Für Ingenieurberufe	20	80	1	79
Technisch	18	82	1	81

Frage: "Es gibt verschiedene Ansichten darüber, ob sich die Begabungen von Jungen und Mädchen unterscheiden. Was meinen Sie?" (Bevölkerung ab 16 Jahre - Dezember 1973; N = 2000)

aus Lenk/Ropohl (1978): 288

Zwanzig Jahre sind seit dieser Studie vergangen. Frauenemanzipation und Kampagnen wie "Mädchen in technische Berufe" könnten Auswirkungen auf das Rollenverständnis der Bevölkerung gehabt haben. Um dies zu überprüfen, wiederholten wir 1992 eine Frage nach "technischer Begabung" und verglichen unsere Ergebnisse mit einer Kölner Studie von 1967

Erbanlagen orientierte Vorstellung durch dynamischere, umweltoffenere Modelle von Begabung ersetzt wird (Böhm 1988: 62f.).

(Kops 1972).[49] *Abb. 29* zeigt, daß der Zusammenhang von technischer Begabung und Kohorte/Alter 1967 eine kurvilineare Form aufweist: Männer wie Frauen sagten in ihrer Jugend und im Alter häufiger als in mittleren Jahren, daß sie "nicht so begabt" seien.[50] In *Abb. 30* ist zu sehen, daß der Anteil derjenigen, die sich selbst als technisch nicht so begabt charakterisieren, in den letzten 25 Jahren von 48 auf 42 Prozent zurückgegangen ist. Aber die Unterschiede zwischen den Geschlechtern sind groß: 56 Prozent der Frauen und 24 Prozent der Männer halten sich für technisch nicht begabt,[51] und der Unterschied zwischen den Geschlechtern ist in den letzten 25 Jahren größer und nicht kleiner geworden. Der Rückgang der "Nicht-Begabten" ist vor allem auf die Antworten der Männer zurückzuführen.

---

49 Der Wortlaut der Frage war 1967: "Manche Menschen sind für technische Dinge sehr begabt. Was würden Sie von sich sagen. Sind Sie für technische Dinge sehr begabt oder nicht begabt?" 1992 lautete die Frage: "Manche Menschen sind für technische Dinge sehr begabt, manche nicht begabt. Was würden Sie von sich anhand der Ihnen vorliegenden Skala sagen? 1 bedeutet, daß Sie für technische Dinge sehr begabt und 6, daß Sie für technische Dinge nicht begabt sind. Mit den Werten dazwischen können Sie Ihr Urteil abstufen."

50 Dieser Vergleich von Daten aus verschiedenen Studien ist nicht unproblematisch. Die Studie von 1967 ist nur für die Stadt Köln repräsentativ und umfaßt eine Stichprobe von 584 Personen. Als Vergleichspunkt dient die EMPAS-Technikuntersuchung von 1992 in den alten Bundesländern (N=995). Der Vergleich beruht auf der Annahme, daß die für die Stadt Köln repräsentative Untersuchung von 1967 für die damalige Bundesrepublik hinreichend aussagekräftig ist. Die kleine Stichprobengröße der Kölner Untersuchung erlaubt nur eine Auswertung von Kreuztabellen mit Zellengrößen, die nicht anfällig sind für Zufallsschwankungen durch die Stichprobenziehung für Untergruppen. Aus diesem Grund wurden 7 Jahrgangsgruppen gebildet, und die Gruppe der über 66jährigen zusammengefaßt. Die Werte der Kölner Untersuchung sind in der Frage dichotom: "sehr begabt" und "nicht begabt", in der Auswertung aber tauchen drei Werte auf: "sehr begabt", "durchschnittlich begabt" und "nicht so begabt". Da wir diese methodische Unsauberkeit nicht replizieren wollten, weicht unsere Fragenformulierung in Bezug auf die Antwortkategorien von der 1967er Frage ab. Sie wurde in Richtung auf eine einheitliche Skala gestellt, also auf einem höheren Meßniveau. Für den Vergleich der beiden Untersuchungen wurden die 1967er Werte zu einer dummy-Variable umcodiert, ob Personen sich für technisch "nicht begabt" halten (47,5 % = 276 Personen hatten sich 1967 für diese Antwort entschieden). In der 1992er Studie wurden die Antworten 4, 5 und 6 zum Wert 1 = "nicht begabt", die Werte 1, 2 und 3 zum Wert 0 zusammengefaßt. Es werden nur die Anteile der Kategorie "nicht begabt" miteinander verglichen.

51 Die Geschlechtsunterschiede sind bei einem F-Test sowohl 1967 als auch 1992 hochsignifikant auf einem 0,001-Niveau.

Abb. 29: Technisch "nicht so Begabte" nach Alter und Geschlecht

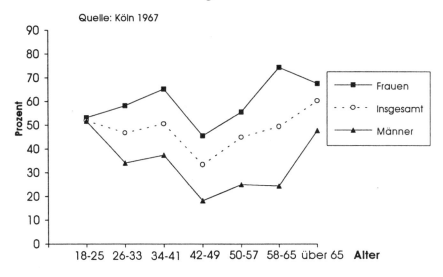

Abb. 30: Technisch "nicht so Begabte" 1967/1992 nach Geschlecht

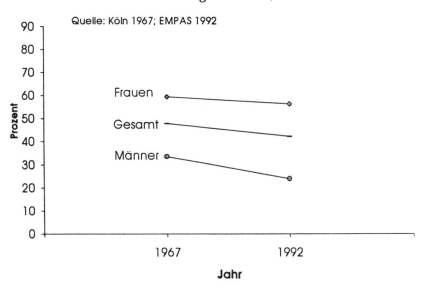

154

Abb. 31: Technisch "nicht so Begabte" 1967/1992 nach Alter

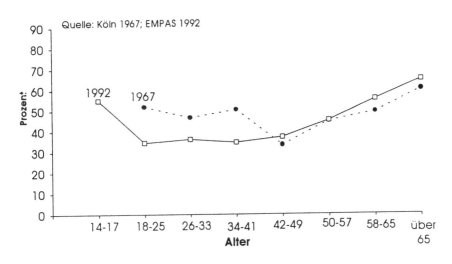

Abb. 31 zeigt für beide Untersuchungen, daß sich Personen über 50 Jahre nach wie vor nicht mehr für technisch begabt halten. Dieser Altersverlauf findet sich vor allem bei Frauen. Ältere Frauen halten sich 1992 sogar etwas mehr als 1967 für technisch nicht begabt. Stark verändert hat sich hingegen die Situation bei den Männern. Die ohnehin von Männern als gut eingeschätzte Technikbegabung hat ihre Altersunterschiede stark verloren, während 1967 noch eine in Technikuntersuchungen häufig zu findende U-Verteilung der Altersgruppen vorlag.

Zwischen 1967 und 1992 hat ein demographischer Austausch stattgefunden: Die neueintretenden Geburtskohorten 1950-1973 nahmen an der Untersuchung von 1967 noch nicht teil, die (ausscheidenden) Kohorten der vor 1917 Geborenen sind in der 1992er Untersuchung nur mehr in geringem Umfang vertreten. Für den Vergleich bleiben die Kohorten 1918 bis 1949. Auch hier fallen wiederum *geschlechtsspezifische* Unterschiede auf. *Abb. 32* gibt die Kohortenverläufe für *Männer* wieder. Alle männlichen Kohorten, insbesondere die Jungen, aber auch Ältere, schätzen ihre technische Begabung 1992 höher ein als 1967. Im Unterschied dazu zeigt *Abb. 33* für *Frauen*, daß sich alle Kohorten (bis auf die 1942-49 Geborenen) 1992 für

Abb. 32: Männer, die 1967 und 1992 angaben, technisch "nicht so begabt" zu sein, nach Kohorten

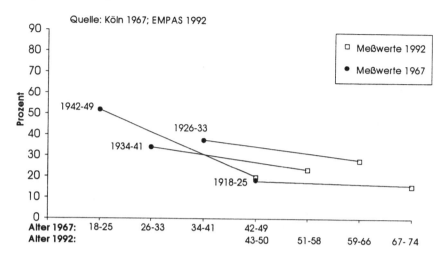

Abb. 33: Frauen, die 1967 und 1992 angaben, technisch "nicht so begabt" zu sein, nach Kohorten

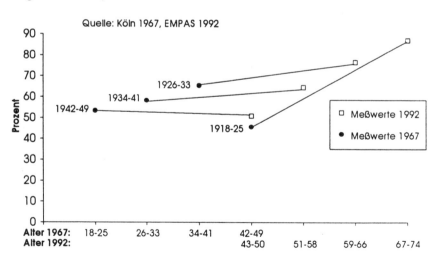

weniger oder für erheblich weniger begabt halten als 1967. Frauen der "vortechnischen Generation" sprechen sich überwiegend technische Begabung im Alter ab.

Die EMPAS-Studie von 1992 ermöglicht auch eine Betrachtung der Unterschiede in der Selbsteinschätzung der technischen Begabung in den *neuen und alten Bundesländern*. Allgemein zeigt sich ein nur geringer Unterschied *(Abb. 34)*. In beiden Landeshälften halten sich die Menschen insgesamt für eher durchschnittlich begabt, wobei sich die Bürger der neuen Bundesländer etwas besser einstufen. In beiden Landesteilen schneiden die Jüngeren besser als die Älteren ab.[52] Stark ist in beiden Landesteilen wiederum der Zusammenhang zwischen Geschlecht und technischer Begabung.[53] Der Abstand zwischen den Geschlechtern ist im Osten sogar noch etwas stärker ausgeprägt als im Westen, obwohl in den neuen Bundesländern eine wesentlich höhere Frauenerwerbsquote bestand. Dies ist ein Indiz für die große Beharrungskraft historisch tief verankerter Habitus-Strukturen.

Abb. 34: Selbsteinschätzung der technischen Begabung nach Geschlecht in den neuen und alten Bundesländern

	Männer		Frauen	
	Durch-schnitt	Standard-abweichung	Durch-schnitt	Standard-abweichung
Neue Bundesländer	2,60	1,16	3,82	1,34
Alte Bundesländer	2,69	1,22	3,84	1,36

Die Skala hatte die Extreme 1 = sehr begabt und 6 = nicht begabt.
Quelle: EMPAS 1992

Der zunehmende Kontakt von Frauen mit Technik im Haushalt, ebenso wie die Zunahme der Frauenerwerbstätigkeit haben bisher keine Auswirkungen auf die geschlechtsspezifische Stereotypisierung von Technik-

---

[52] $Eta^2 = 0,04$

[53] $Eta^2 = 0,18$

kompetenz gehabt. *Nach wie vor geben doppelt so viele Frauen wie Männer an, technisch nicht begabt zu sein. Die Schere zwischen Männern und Frauen scheint sich zwischen 1967 und 1992 sogar weiter geöffnet zu haben.* Während bei Männern Altersunterschiede fast geschwunden sind, gibt es bei Frauen nach wie vor die starke Tendenz, sich mit über 50 Jahren für technisch völlig unbegabt zu halten.

9.3 Technikbegabung in der Generationsperspektive

Das unterschiedliche Verhältnis der Geschlechter zur Technik beruht historisch darauf, daß der Berufsbereich vor allem dem Mann vorbehalten blieb und die häuslichen Aufgaben der Frau zugesprochen wurden (Geissler 1994). Der Wandel des Verhältnisses der Geschlechter zur Technik zeigt sich zum einen an der zunehmenden Zahl von Frauen in technischen Berufen, zum anderen an den Veränderungen des gesellschaftlichen Diskurses über die Gleichberechtigung der Frau. Vor dem Hintergrund historisch *unterschiedlicher (Berufs)Erfahrungen* im Umgang mit Technik sowie gewandelter *kultureller Deutungen* des Geschlechterverhältnisses[54] wurde in den Gruppen über Generationsunterschiede gesprochen.

In einer Diskussionsgruppe, die ganz aus Angehörigen der *Vorkriegsgeneration* zusammengesetzt ist, kommt das Thema auf frühere Zeiten. Hier heben die anwesenden Frauen rückblickend nachdrücklich die Selbstständigkeit im Umgang mit Technik in Krieg- und Nachkriegzeit hervor. Diese Beschreibungen stehen in Kontrast zu den (wenigen) Berichten über ihren heutigen Umgang mit Technik.

"1924w: Man muß nur gezwungen sein, das zu machen. Ich glaube, dann wächst man auch mit der Aufgabe. Und so mit Bügeleisen (..) habe ich auch (..) überall zischte es. Da denk' ich, irgendwas ist nicht in

---

[54] Frage 1 lautete: "Wenn es um das Verhältnis der Geschlechter zur Technik geht, dann sind beispielsweise Aussagen wie diese zu hören: Frauen könnten schlechter Auto fahren als Männer, dafür seien sie begabter in handwerklichen Dingen und geschickter im Umgang mit Geräten zu Hause. Von Männern wiederum wird gesagt, sie wagten sich eher an die Reparatur kaputtgegangener Geräte und trauten sich zu, mit Bohrmaschine und Computer umzugehen. Was halten Sie von solchen Aussagen?"

Ordnung. Da habe ich den Stecker auseinandergenommen und habe das alles angeguckt. [..] Wie mein Mann kam, war ich stolz."

Das Erfolgserlebnis mit dem reparierten Bügeleisen soll zeigen, wie man "mit der Aufgabe" wuchs. Eine besondere Rolle spielte dabei die finanzielle Not. Sie zwang dazu, das wenige, das man besaß, instand zu halten. Die Bedeutung, die die Notzeit nach dem Krieg für die Instandhaltung der technischen Hilfsmittel im Haushalt hatte, zeigt sich in der nachfolgenden Diskussionspassage, in der sich die Diskussionsteilnehmer darüber beklagen, daß man kaputtgegangene Geräte heutzutage gleich wegwerfen würde. "Das geht nicht, das kann ich nicht, diese Vokabeln hat's nicht gegeben" (1924w).

Wenn es um heutige Zuständigkeiten und Kompetenzen beim Umgang mit Technik im Privatbereich geht, führt dies häufiger zu Kontroversen zwischen Männern und Frauen. Eine Frau (1931w) weist das im Fragestimulus enthaltene Klischee der geringeren technischen Begabung von Frauen damit zurück, daß sie ihren Mann als technisch gänzlich unbegabt beschreibt. Daraufhin möchte ein männlicher Teilnehmer (1932m) in ironischem Tonfall von ihr wissen, ob sie denn nun auch schon "die Kaffeemaschine [..] reparieren" würde, "und der Mann guckt zu". In einer anderen Diskussion sagt eine Frau von ihrem Mann, daß er schlecht Auto fahre, worauf ihr entgegnet wird, dann solle sie doch das Steuer übernehmen. Sie geht erschrocken einen Schritt zurück: "Ich hab' das doch nicht so gemeint" (1928w). Typisch für die Arbeitsteilung beim Umgang mit Technik ist immer noch:

"1928w: Und sonst im Haushalt, wenn was kaputt ist, dann sage ich zu meinem Mann: Hier, Kaffeemaschine ist kaputt, oder irgendwas. Das sage ich von mir aus. Ich würde es vielleicht auch können, ich weiß es nicht, wenn ich mich dahinter klemmen würde. Aber das ist einfach die Sache meines Mannes."

Die Benachteiligung durch geschlechtsspezifische Sozialisation führt manchmal dazu, daß die Aneignung gewisser Technikkenntnisse im späteren Leben gerade aus diesem Grund selbstbewußt vorgetragen wird. Junge Frauen, die sich mit Technik auskennen, werden ausdrücklich gelobt. Auf *Gleichstellungspolitik* wird insgesamt mit Rückblick auf die eigene Lebensgeschichte positiv Bezug genommen.

"1913w: Wir haben ja [heute] auch alle die Geräte. Und müssen da ja auch mit umgehen. Also, das wär' früher UNDENKbar gewesen. Dann hat Vater dabei gemußt. Also das ging ja gar nicht anders. Denn Vatern war das Haupt und alles andere war Nebensache."

"1913w: [Früher] war der Unterschied [gemeint ist der zwischen Jungen und Mädchen in der Erziehung] ganz riesig groß. [..] und dann ist man aber so langsam da reingekommen."

Es gibt eine Erfahrung, die Männer und Frauen besonders der Vorkriegsgeneration gemeinsam gemacht haben und die jüngere Jahrgänge kaum noch kennen: der notwendige, nicht selten hohe Kraftaufwand bei der manuellen Bedienung alter technischer Geräte. Da heutige Geräte zwar "geistig" etwas anspruchsvoller seien, körperliche Kräfte eine untergeordnete Rolle spielten, werde es jungen Frauen in technischen Dingen vergleichsweise leichter gemacht:

"1913w: Denn die Mädchen können ja genausoviel wie die Jungs, körperlich vielleicht nicht. Einige ja, aber andere können das doch. Und aber bei diesen Geräten, da muß man ja geistig so ein bißchen mehr, da braucht man das körperliche ja gar nicht so. Also, da kann die Frau ja das gleiche machen."

Männer der Vorkriegsgeneration benutzen den Hinweis auf eventuelle erforderliche Körperkraft gerne, um ihre Zuständigkeit für bestimmte Technikeinsätze zu begründen oder zu erhalten. Am deutlichsten kommt die frühere Erfahrung des körperlich anstrengenden Umgangs mit technischem Gerät bei den Landwirten der Vorkriegsgeneration zum Tragen. Während "die Technik von früher her körperlich schwerer war", könne sich heute "auch das weibliche Geschlecht mehr mit Technik befassen, wie das vor 50 oder 100 Jahren" noch nicht der Fall gewesen sei (1930m).

In der *Nachkriegsgeneration* sind Frauen häufiger berufstätig und besitzen mehr Erfahrungen im Umgang mit elektrisch betriebener Haushaltstechnik. Zum Teil berichten sie auch vom Bedienen mikroelektronischer Geräte aus dem Bereich der Unterhaltungselektronik. Für das technische Selbstverständnis dieser Frauen spielt der in den sechziger Jahren verstärkt geführte gesellschaftspolitische Gleichberechtigungsdiskurs eine gewisse Rolle. Die Erfahrung selbst erarbeiteter Technikkenntnisse in Privatbereich und Beruf verbindet sich bei ihnen häufig mit Kritik an sozialer Benachteiligung.

"1955w: Ich würde sagen, es ist immer eine Sache der Notwendigkeit. Dadurch, daß es eben halt notwendig wird, bestimmte Reparaturen durchzuführen, muß ich mich da auch mit vertraut machen, auch als Frau. Und dann kann man das auch. Wenn ich bestimmte Dinge zu Hause machen muß, weil sonst keiner da ist, dann kann ich durchaus eine Bohrmaschine in die Hand nehmen und damit umgehen."

"1955w: Wenn man sich das so überlegt, welche Berufsmöglichkeiten dem Mädchen dadurch genommen werden, daß die nie mit dem Computer zu tun gehabt haben, bis vielleicht, wenn sie Glück haben, in der Oberstufe. Aber bis dahin erstmal nicht. Da haben die Jungs natürlich schon [einen] unheimlichen Vorsprung."

In anderen Diskussionsrunden berichten Frauen vom selbständigen Auseinandernehmen des Strickautomaten, vom Anbringen eines Wandregals mit Hilfe einer Bohrmaschine und von anderen technischen Arbeiten mit gewissem Stolz. Frauen der Nachkriegsgeneration mußten sich technische Kenntnisse weitgehend selbst aneignen. In höherem Maße erwerbstätig als ihre Vorgängergeneration mußten sie sich auch das Selbstverständnis als Frau im Beruf weitgehend "vorbildlos" erarbeiten. Diese Leistung könnte erklären, warum Frauen der Nachkriegsgeneration besonders stark Kritik an der sozialen Benachteiligung des weiblichen Geschlechts üben und bessere Bedingungen für die technische Ausbildung junger Frauen verlangen.

Interessant ist die von den *Ingenieuren* zu diesem Punkt geführte Diskussion, deren Thema die Leistung weiblicher Ingenieure im Beruf ist. Man ist sich einig, daß Frauen in technischen Berufen gewisse Schwierigkeiten hätten, den Männern ebenbürtig zu sein: "Aufgrund ihrer Natur sind die Geschlechter unterschiedlich und sicherlich auch aufgrund ihrer Erziehung" (1937m); sie sind "von den Erbanlagen geprägt" (1947m). Es ist die Rede von typisch männlichem und typisch weiblichem Verhalten im Beruf. Die Diskussion zeigt, daß die Ingenieure, gewohnt sich in einer Männerdomäne zu bewegen, den erst vereinzelt ins Werk kommenden Frauen kritisch gegenüberstehen.

Auch die *Umweltgeneration* thematisiert geschlechtsspezifischen Umgang mit Technik:

"1970w: Mir geht das auch die ganze Zeit im Kopf 'rum, daß ich mich eigentlich so dagegen wehre, daß Jungs technisch begabter sind als Mädchen und so weiter. Aber ich muß zurückdenken an meine Schulzeit: Ich hatte die Leistungskurse Deutsch und Englisch und da saßen fünfzehn Mädchen und ungefähr zwei bis drei Jungs und in den Leistungskursen Mathe und Physik war es genau anders herum. Von daher muß ich echt sagen, daß es immer noch so ist."

Die Verteilung von Jungen und Mädchen auf entsprechende Fächer in der Schule zeige, daß dort immer noch geschlechtsspezifisch erzogen werde. Den Mädchen würden weniger naturwissenschaftlich-technische Grundlagen vermittelt als den Jungen. In der anschließenden Passage heißt es dazu, daß diese Diskrimierung auch auf die Erziehung im Elternhaus zurückzuführen sei. In einer anderen Diskussion über den Umgang mit Computern wird betont, daß junge Männer sozialisatorisch bedingt im Vergleich zu jungen Frauen immer noch leichte Vorteile beim Umgang mit Computern hätten, daß sich dies jedoch "ja jetzt schon langsam" abschleife.

Im Vergleich zu den Frauen der Nachkriegsgeneration fällt auf, daß hier mit weniger Nachdruck auf die soziale Benachteiligung von Frauen hingewiesen wird. Kritik wird zwar vorgetragen, jedoch weniger scharf formuliert. Dies ist darauf zurückzuführen, daß Frauen der Umweltgeneration (noch) nicht jene negativen beruflichen Erfahrungen gemacht haben, von denen Frauen der Nachkriegsgeneration berichten. Auch ein versöhnlicheres Gesellschaftsbild scheint dafür zu sorgen, daß junge Frauen den Konflikt um geschlechtsspezifische Diskriminierung weniger stark wahrnehmen.

"1968w: Das Ganze [gemeint ist die Arbeitswelt] ändert sich ja jetzt schon langsam. Daß die Mädchen nun schon eher an den Computer rangeführt werden, oder daß sie quasi gleichgestellt sind mit dem Mann."

In einer Gruppe von *Studenten* werden nur noch persönliche Interessen der Studien- und Berufswahl in den Vordergrund gerückt, nicht jedoch soziale oder geschlechtsspezifische Bedingungen. So berichten Frauen von ihren Freundinnen, daß diese allein aufgrund unterschiedlicher eigener Interessen einen Technikberuf gewählt oder eben nicht gewählt hätten. Das Thema der Benachteiligung von Frauen im Beruf wird nicht aufgegriffen und vertieft. Entdramatisierend verhalten sich auch die Männer der Umweltgeneration. Zwar weisen sie darauf hin, daß Unterschiede der Geschlechter im Technikverhältnis auch in ihrer Generation noch vorhanden seien, sie messen dem jedoch eine geringe, weil schwindende Bedeutung zu. Gehen sie auf gesellschaftliche Voraussetzungen geschlechtspezifischer Unterschiede ein, so tun sie es am Rande. Diese jungen Männer haben die Überzeugung, daß die einschlägigen Fehler vorangegangener Generationen überwunden seien.

Ganz anders verläuft die Diskussion auch zu diesem Punkt in einer Gruppe auf dem *Land*. Im Gespräch sagen die jungen Männer zum Teil recht deutlich, daß sie Frauen beim Umgang mit Technik und in technischen Berufen wenig zutrauen. Im weiteren Verlauf des Gesprächs ist die Diskussion selbst beim Thema beruflicher Benachteiligung von Frauen von Männern dominiert.

10. Vergangenheit und Zukunft

Technische Entwicklung wird von den Befragten und Gesprächspartnern dieser Studie als Fortschritt oder als Gefahr, als kontinuierlicher oder sprunghafter Prozeß, als steuerbar oder als eigendynamisch verstanden. In den Gruppendiskussionen wurden u.a. zwei Fragen behandelt, die sich auf Kontinuität bzw. Diskontinuität der Erfahrungen der Generationen beziehen, besonders auf die Möglichkeit, aus der Gegenwart an Erfahrungen der Vergangenheit anzuknüpfen und aus der Gegenwart Ziele und Erwartungen für die Zukunft zu formulieren.[55] Die Fragen lösten interessante Technikphantasien, Wunschvorstellungen und Befürchtungen aus.

10.1 "Was Du ererbt von Deinen Vätern ..."

Die Annahme kontinuierlicher technischer Entwicklung ist ein Indikator dafür, daß Generationen glauben, ihre unterschiedlichen Technikerfahrungen noch sinnvoll an kommende Generationen weitergeben zu können. Wenn die Technikentwicklung sehr schnell vor sich geht, kann es zu einer Ungleichzeitigkeit der Erfahrungsräume der Generationen kommen. In

---

[55] Die beiden Fragen lauteten: (1) "Die technische Entwicklung, sagen viele, sei in diesem Jahrhundert so schnell verlaufen, daß das, was man gestern über Technik und Forschung wußte, morgen schon nicht mehr zu gebrauchen sei. Können Sie diese Erfahrungen bestätigen, wenn Sie an Ihr bisheriges Leben denken - oder gibt es in der Technik Wichtiges, woran sich kommende Generationen auch später noch erinnern sollten?" (2) "Es hat in diesem Jahrhundert einschneidende technische Fortschritte gegeben. Wir möchten Sie fragen: Welche Wünsche, Befürchtungen und Aufgaben sehen Sie für die Zukunft?"

diesem Fall ist eine Wissenstradierung nur mehr eingeschränkt möglich oder unmöglich. In traditionalen Gesellschaften, die eine geringe Dynamik technischer Entwicklung aufweisen, ist es selbstverständlich, daß im Laufe des Lebens angeeignete Erfahrungen und technisches Wissen wertvoll und nutzbringend an die Nachkommen weiterzugeben sind. In modernen Gesellschaften hingegen ist die Kontinuitätsannahme - nicht nur auf technischem Gebiet - fragwürdig geworden. "In traditional society, age is a valid surrogate for relevant experience, but when the industrial revolution occurs, age comes to signify historical location and degree of disfranchisement by change, rather than the due prerogatives of seniority" (Ryder 1965: 851; vgl. Buchhofer/Friedrichs/Lüdtke 1970).

Welche Handlungsmaximen möchten die Generationen unserer Studie an nachfolgende Generationen weitergeben und aus welchen konjunktiven Erfahrungen werden diese Maximen abgeleitet?

Die *Vorkriegsgeneration* verfügt über den größten Erfahrungsschatz in bezug auf technischen Wandel. Die Beschreibungen nehmen z.T. die Form einer Genealogie des Gerätefortschritts an. Von dieser Generation wird die Geschwindigkeit der technischen Entwicklung betont. Vor allem nach dem Zweiten Weltkrieg sei die Entwicklung sehr schnell abgelaufen, verbunden mit einer Kommerzialisierung der Produkte und zunehmender Massenfertigung. Die Erfahrung des schnellen Gerätefortschritts und der massenhaften Verbreitung technischer Geräte bilden den *Hintergrund* dafür, was diese Generation ihren Kindern an technischem Wissen vermitteln will bzw. welchen Umgang mit Technik sie nachfolgenden Generationen nahelegen möchte. Die so entstandenen *Handlungsmaximen* folgen überwiegend der Fortschrittserfahrung.

"1933m: Ich würde denen [unseren Kindern] empfehlen, sie sollten sich auf jeden Fall mit der Technik auseinandersetzen und sollten versuchen, sie immer zu nutzen."
"1919m: Derjenige macht das Rennen, der mit der Zeit mitgeht."

Besonders Männer dieser Generation haben erfahren, daß der technische Fortschritt Grenzen überwunden hat, die man vorher als unüberwindbar ansah. So erzält jemand, er habe in einem Artikel des Readers' Digest vor 35 Jahren die Aussage eines Wissenschaftlers gelesen, daß die Mondfahrt schon deshalb nicht möglich sei, weil der Mensch die hierfür notwendige Geschwindigkeit nicht aushalte. Das implizite Argument lautet: vorherige Unkenrufe gegen die Weltraumfahrt, die hier stellvertretend für den technischen Fortschritt steht, seien unberechtigt gewesen; die Möglichkeiten des Menschen seien sehr viel größer als angenommen werde; man solle diese Möglichkeiten nutzen. Auch wenn Folgeprobleme technischer Entwicklung wahrgenommen werden, wird das dahinterstehende Deutungsmuster der Bejahung der technischen Entwicklung aufrechterhalten: "Also beängstigend ist das schon. Aber Fortschritt ist Fortschritt" (1930m). Die an die Kinder weiterzugebende Maxime der Lebenserfahrung lautet, daß Mitlernen sich immer auszahle und der technische Wandel grundsätzlich positiv sei.

Fortschrittsglaube und Weiterbildungsbereitschaft dieser Generation wurden allerdings durch die mikroelektronische Revolution auf eine harte Probe gestellt. Der Einsatz von Computern und digitalen Geräten erfolgte für diese Generation im letzten Drittel beziehungsweise am Ende ihrer Berufstätigkeit. Aus strukturellen, zum geringeren Teil aus lernpsychologischen Gründen (vgl. Thomae/Lehr 1973; Feile 1981; Friedrich/Meier 1984; Kuwan 1990) sind die Weiterbildungsmöglichkeiten in diesem Lebensabschnitt nicht mehr gut. Es herrscht ein Ausgliederungsdruck gegenüber älteren Arbeitnehmern, die mit dem technischen Wandel nicht mehr mithalten können (vgl. Dohse u.a. 1982; Dieck u.a. 1985). Das Thema des Veraltens technischen Wissens stellt für die Jüngeren dieser Generation noch ein gewichtiges berufliches Problem dar.

"1931w: Das ist ja eine ganz enorm schnelle Entwicklung. [...] Ich habe vor 20 Jahren aufgehört, in meinem Beruf zu arbeiten und ich könnte heute überhaupt nichts mehr werden. Das hat sich so weiterentwickelt, daß ohne Spezialkenntnisse auf dem heutigen technischen Sektor gar nichts möglich ist. Und ich, wenn man denkt in 10 Jahren wird der Fortschritt noch weiter sein, dann wird kein Mensch in der Lage sein - der also vor 10 Jahren aufgehört hat zu arbeiten - dann den Anforderungen gerecht werden könnte. Ich glaube schon, daß die Entwicklung so schnell geht, daß vieles überholt ist in 10 Jahren.
1932m: Na ja, der Wissensumschlag ist natürlich viel schneller als um die Jahrhundertwende. Das ist klar. Wenn einer, was weiß ich, vor 20 Jahren - um als Beispiel zu nehmen - den Rundfunkmechaniker vielleicht gelernt hat. Ich meine, mit seinen Kenntnissen, die er vor 20 Jahren erworben hat, [wäre er] weg vom Fenster.
1921m: Ja, ja.
1932m: Heute gibt es nur Platinen und Chips und Elektronik ist das heute. Alles Elektronik. Und da brauchen [Sie] auch, ich will nicht sagen keine Kenntnisse, aber irgendwie einen Fehler suchen. Ich hab

das ja selbst miterlebt. Das geht ja auch irgendwie mehr oder weniger maschinell und dann weiß man ganz genau halt, die Platine ist defekt, die arbeitet nicht und schon weiß er genau: Nummer soundso, dann wird die eingesteckt und dann läuft das wieder. Also das Fehleraufspüren und Reparieren und Suchen, was der Mann vielleicht vor 20 oder 25 Jahren gelernt hat, das gibt es nicht, weil ja von der Technik her die Sache ganz anders bestückt ist. Früher gab es Röhren, die den Apparat erst mal vorgewärmt haben und und. Das ist ja heute nicht mehr, das können sie im Museum besichtigen. Vielleicht sind die Geräte, die heute entwickelt werden, vielleicht [sind die] in 20 Jahren auch im Museum.

1931w: Ganz sicher.

1921m: Es geht immer schneller, auch die ganze Abwicklung. Wenn man in der Industrie, die Sachen sieht: Wie schnell die Maschinen zum alten Eisen gehören. Was heute noch aktuell ist und was gepriesen wird, das ist DIE Maschine. Also das läuft und das dauert vielleicht 10 Jahre, dann spricht da keiner mehr von."

Für die ehemalige Sekretärin (1931w) hat der technische Wandel im Beruf zur Folge, daß ihr der Wiedereinstieg verwehrt ist. Der Rundfunkmechaniker (1932m) faßt die Entwicklung bildhaft so zusammen, daß frühere Geräte im "Museum" zu besichtigen seien, ausgegliedert aus dem Gegenwartsalltag.[56] Der Rentner (1921m) beschreibt die alten Maschinen als "zum alten Eisen gehörend", als "abgewickelt" und nach zehn Jahren vergessen. In diesen Bildern, die normalerweise für Menschen und nicht für Maschinen benutzt werden, schwingt eine Identifikation mit den alten Maschinen mit. Da für den Rentner der Prozeß abgeschlossen ist, kann er relativ gelassen darüber reden. Anders liegt der Fall bei der Sekretärin, deren Berufslaufbahn unfreiwillig endete. Sie spitzt im Lauf der Diskussion ihre Bewertung des Prozesses des Veraltens von technischem Wissen zu.

"1931w: Ich meine, die Frage war, geht die technische Entwicklung so schnell voran, oder schneller voran als früher. Das würde ich also eindeutig bejahen.

---

[56] In einer anderen Gruppe spricht 1921m anspielungsreich und lachend davon, daß "das Alte meist museumsreif" sei, wobei er offen läßt, ob es sich dabei um Geräte oder um Menschen handelt.

1949w: Ich würde sagen erschreckend schnell.

1931w: Menschenfeindlich würde ich sagen. Das ist also so, daß.

1932m: (Unterbricht) Warum menschenfeindlich?

1931w: Ja, wenn sie ständig damit im Kontakt bleiben MÜSSEN, um auf dem Laufenden zu sein und sie haben keine Gelegenheit, es zu machen, dann sind sie völlig veraltet in ihren Fähigkeiten. Dann müssen sie ganz, ganz von vorne anfangen, wenn sie den Anschluß finden wollen. Das finde ich menschenfeindlich.

1932m: Ja, ich meine, der Mensch sollte sich ja eigentlich immer weiterbilden und immer wieder was zulernen.

1931w: (Unterbricht) Aber das, was er beherrscht hat, das ist ganz schnell.

1932m: (Unterbricht) Na ja, aber wenn Sie im Beruf sind, das geht ja dann sukzessive. Gut, Sie müssen was zulernen. Aber wird dann sicherlich auch Ihnen zugute kommen, oder dem Arbeitnehmer in irgendeiner Form. Kommt Ihnen dann zugute."

Die Zuspitzung "menschenfeindlich" führt zu einer Konfrontation, die einen Zwiespalt in der Vorkriegsgeneration aufzeigt. Fortlaufendes Lernen sehen einige primär als einen auferlegten Zwang an, andere hingegen als Verwirklichung des klassischen Bildungsideals, demzufolge man bestrebt sein solle, sich immer zu bilden, denn dies komme jedem letzlich zugute.

In einer Minderheit der Vorkriegsgeneration, vorwiegend bei Älteren, die sich schon im Ruhestand befinden, läßt die große Spannweite akkumulierter technischer Erfahrungen und eine Entfremdung von der Gegenwart durch die technische Entwicklung die Fortschrittsidee verblassen und stattdessen den Wunsch aufkommen, zu früheren technischen Verhältnissen zurückzukehren.

"1924w: Ich denke mal an die Schreibmaschinen. Wir haben ja wohl alle mit [mechanischen] Schreibmaschinen angefangen und dann kam die elektrische [Schreibmaschine] und dann kam ja der Computer. Und ich würde sagen, es sollte sich wieder auf die Schreibmaschine besinnen. Denn das ist das, was uns doch geholfen hat. Ist meine Meinung. Computer ist gut. Ich hab' auch daran gearbeitet, aber.

1918m: (Unterbricht) Das ist ja an sich ein Grundthema. Man sagt immer, wir sollen Strom sparen. Und alle neuen Geräte sind elektrisch.

(Mehrere): Elektrisch, ja.

1918m: Auch Kugelkopf[schreibmascine], elektrische Schreibmaschine,

der Computer, das geht alles mit Elektronik oder mit Elektrizität. Die Entwicklung ist schnell vor sich gegangen. Ja, das stimmt. Und das wird ja wohl so bleiben. Denn die Industrie will verkaufen und die wird immer wieder in ihren Labors was Neues erfinden und was Neues rausbringen, denn die wollen verkaufen. Vom Verkauf leben die ja. Und es wäre vielleicht ganz günstig, wenn mal [ein] paar alte Filme gezeigt werden, wie früher das Leben so war, nicht nur auf dem Lande, sondern auch in der Stadt. Damit die mal sehen, was die Leute früher sich haben quälen müssen. Und die waren gesünder, wie wir heute. Denn die haben 16 Stunden und noch länger gearbeitet. Na ja, mit 12, spätestens mit 14 Jahren aus der Schule gekommen und die haben auch gleich arbeiten müssen.
1922w: Nun ja, Gottseidank ist das vorbei. Das wollen wir doch auch nicht immer vormachen.
1918m: Nein, nein, aber das ist.
1922w: (Unterbricht) Das ist eine Entwicklung.
1918m: Ja aber heute! Was wollen sie denn? Die stellen doch heute ENORME Ansprüche, schon die Kleinsten. Und die kriegen auch alles, was sie haben wollen."

Eine Abkehr vom Computer und ein Wiederbesinnen auf die gewohnte, alte Schreibmaschine, weniger elektrische Geräte und eine Rückkehr zu vorbildhafter, harter Arbeit, der Wunsch nach weniger anspruchsvollen Kindern, der Erhalt mechanischer Musikinstrumente ohne Ersatz durch elektronische Instrumente, Rückkehr zum häuslichen Singen anstelle der allgegenwärtigen "Dudelmaschine" (gemeint ist das Radio) - so Beispiele aus nichtzitierten Diskussionspassagen - ergänzen die Assoziationen einer Stimmung der Nostalgie und der Klage über die Gegenwart.

Die *Nachkriegsgeneration* besitzt einen anderen *Erfahrungshintergrund*. Für sie gehörte eine Vielzahl technischer Geräte schon zum selbstverständlichen Bestandteil der Alltagswelt ihrer Jugend. Die Jüngeren dieser Generation waren auch schon an der mikroelektronischen Entwicklung aktiv oder passiv mitbeteiligt. Eine andere für das Technikbewußtsein dieser Generation wichtige Erfahrung war die laufende und expansive Zunahme des Konsumangebots:

"1947w: Ich kann auch nur sagen, ich bin in den letzten 2 Jahren auch aus diesem Prozeß ausgekoppelt. Ich bin ja nie zur Besinnung gekommen. Aber das ist alles bei mir erst ausgelöst worden, als ich - da muß ich wohl nochmal ausführen - vor einem Süßigkeitenregal stand, weil ich eine ganz bestimmte Sache suchte für meine Mutter und ich fand sie nicht und ich einmal zwölf Meter auf der [einen] Seite runtergesucht habe und zwölf Meter auf der anderen Seite. Von dem Tag an habe ich mir geschworen, in diesen Laden, den betrete ich nicht mehr. Wenn Menschen so: Ich fühlte mich total erniedrigt, ich war fertig mit der Welt."

Die Sprecherin erzählt hier engagiert und beinahe im Stil eines religiösen Bekehrungsberichts davon, wie sie die Überfülle des Angebots im Supermarkt einmal als "erniedrigend" empfunden habe. In dieser "Bekehrungserzählung" scheint ein Stück typischer Erfahrung der Nachkriegsgeneration auf. Denn für diese Generation waren die Konsummöglichkeiten des Wirtschaftswunders einerseits faszinierend, andererseits aber auch, im Unterschied zur Umweltgeneration, neu, unerwartet, fremd, teilweise bedrohlich.

In der Nachkriegsgeneration zeichnet sich ein anderes Verständnis von Kontinuität ab. *Handlungsmaxime* ist weniger die Weitergabe selbst erworbenen oder tradierten konjunktiven Generationswissens, sondern die Sicherung der Zukunft der Kinder. "Kontinuität" verlagert sich von der Tradierung bewahrenswerter Erfahrung auf die Zukunftssicherung. Zukunft ist in der Gegenwart zu erarbeiten.

"1948m: Dann müßten Sie einen neuen Antrieb erforschen.
1958m: Wenn ich's könnte, wär ich schon wahrscheinlich da angekommen.
1948m: Es ist wie bei uns. Wenn wir im Werk sagen, wir müssen ein abwasserfreies Werk bauen. Haben alle ganz tolle Ideen. Wir zerbrechen uns da den Kopf drüber, wie das alles zu bewerkstelligen ist. Wir haben auch Ideen, das muß auch umgesetzt werden. Aber was weiß ich, ich habe viele Bekannte, die irgendwo in Berlin arbeiten, oder sowas. Die haben eine Umweltsenatorin: 'Ah euer Werk' - was eine Kaffeefabrik ist - 'da müssen Biofilter eingebaut werden.' Alle haben da tolle Ideen. Es gibt alles heute nur noch im Labormaßstab und nicht für die Großindustrie. Wie man [es] machen soll, wissen die auch nicht."

Der technische Fortschritt muß erarbeitet werden, gute Ideen allein reichen nicht aus. Die Umsetzung in die Praxis ist entscheidend, sagt dieser für die Abwasserentsorgung zuständige Ingenieur; in der Praxis stellen sich andere Probleme als im Modell oder im Labor. Charakteristisch für die Nachkriegsgeneration ist auch, daß Frauen dieser Generation mit dem Problem familienbedingter Berufsunterbrechungen anders umgehen als die vorangehende Generation, um Kompetenzen und Chancen nicht zu verlieren. Während in der Vorkriegsgeneration die Hausfrauentätigkeit, das Zwei- (Beruf ⇨ Kinder) oder Drei-Phasen-Modell (Beruf ⇨ Kinder ⇨ Beruf) die Leitbilder waren, wird in der Nachkriegsgeneration die Berufstätigkeit trotz Kind möglichst nicht mehr unterbrochen (vgl. Beck-Gernsheim 1983; Geissler 1994). Bessere Möglichkeiten der Arbeitszeitreduktion und der Arbeitszeitflexibilisierung haben die Entscheidungslage günstiger werden lassen.

"1949w: Aber ich denke, das ist eben heute die Möglichkeit, daß man heute auch vielseitiger ist. Sie [die Krankenschwester] kann jetzt sagen: 'Gut ich arbeite meinetwegen so und soviel Tage im Monat, dann bleibe ich im Betrieb und kann dann, wenn die Zeit gekommen ist, daß die Kinder erwachsen sind, dann kann ich wieder ganz rein. Ich komme nie ganz raus.' Dann bleibt man mit diesen neuen Geräten auf dem Laufenden. Wenn man dann nach 5 Jahren, jetzt nach 5 Jahren Pause anfangen würde, hätte sie wohl starke Schwierigkeiten."

Im Unterschied zur Vorkriegsgeneration gibt es in der Nachkriegsgeneration keine nostalgischen Rückgriffe auf die Vergangenheit. Einzig der Abstieg von Handwerk und Reparaturwesen wird kritisch angemerkt. Das Kontinuitätsbewußtsein läßt sich zusammenfassend so charakterisieren: *Erfahrungshintergrund ist das erarbeitete Wirtschaftswunder* nach den Zerstörungen des Zweiten Weltkrieges, die Ausweitung des Konsumangebots. *Handlungsmaxime ist, mit dem technischen Fortschritt mitzuwachsen*, dabei aber selektiv zu handeln. *Kontinuität heißt, die Umweltbedingungen für kommende Generationen in Ordnung zu erhalten.*

In der *Umweltgeneration* speist sich der *Erfahrungshintergrund* des Kontinuitätsbewußtseins nicht zuletzt aus dem Miterleben der mikoelektronischen Neuerungswelle. Die *Schnelligkeit der Entwicklungen*, ausgelöst durch die Mikroelektronik, (Kurzlebigkeit von Computern, Mikrowellengeräten, Geräten der Musikelektronik wie Tonband, Plattenspieler, CD) geben die Basis für das Technikkontinuitätsbewußtsein dieser Generation ab. Jemand berichtet von einem Freund, der während des Lernens einer neuen Programmiersprache erlebte, daß sein eben erlerntes Wissen durch das Auftauchen einer neuen Programmversion veraltet war. Überwiegend wird mit einer gewissen *Faszination* von der neuen Technik erzählt:

"1957m: Also finde das immer so faszinierend, weißt du, diese Mikrochips. Wo sie so ein Plättchen haben von Quadratzentimeter Größe, und da sind Millionen von Informationen drauf. Also ich finde das ganz schön verrückt.

1959m: Na ja, aber man weiß, daß es das gibt und also ist es auch. Also man findet da viel so Selbstverständnis dazu. Man weiß, es gibt halt so ein Mikrochip. Wie er nun genau funktioniert, daß kann man sich nicht vorstellen. Daß es eigentlich auch alles unvorstellbar ist, daß das alles, diese Menge an Information da auf einem Mikrochip draufliegt, da setzt man sich irgendwann drüber hinweg und sagt: 'Ja, es ist halt da.' Und das ist vielleicht erst in den letzten 20 Jahren gekommen. Die Entwicklung war schon rasend schnell. Nur das ist irgendwie dadurch, daß die Tatsachen so geschaffen sind, ist es nicht mehr groß verwunderlich. Das ist einfach so da. Also ich staune da noch drüber, daß das so möglich ist, aber man lebt damit ja auch. Du weißt halt, das ist so. Man lebt ja auch gerade mit dem Mikrochip in allen möglichen Bereichen schon.

unbek.: Mhm.

1959m: Und wundert sich schon gar nicht mehr darüber, daß das eben so ist, daß es so schnell geht und manche Sachen so wahnsinnig sind."

Diese Diskussion zeigt jedoch auch, daß die Faszination nicht allgemein geteilt wird. Obwohl für den zweiten Sprecher die Funktionsweise eines Mikrochip "unvorstellbar" ist, fehlt ihm inzwischen die Begeisterung. Seit 20 Jahren habe man mit diesen Geräten zu tun, sie sind alltäglich geworden.

"1957m: Der Zeitraum, so im Vergleich zu früher, wo Fortschritte erzielt worden sind, war früher wesentlich größer, als heute das der Fall ist. Was heute irgendwie top ist, ist morgen schon wieder irgendwie Schnee von gestern. Also nach dem Motto läuft das ja. Man wundert sich über gar nix mehr.

1959m: Nö, also das.

1957m: (Unterbricht) Das ist nicht mehr so weltbewegend, oder sowas.

1959m: Wenn frühere Generationen ein Flugzeug gesehen haben, es kam da oben rumgeflogen auf dem Lande, da haben [sie] irgendwie an einen bösen Teufel gedacht, oder irgendwer, an solche Sachen. Dieses Staunen vor der Technik, das ist ja gar nicht mehr. Das ist durch die Schnellebigkeit, glaube ich, schon ziemlich weggegangen."

Die Behauptung, daß die Wandlung der Alltagsbereiche durch den Computer unmerklich verlaufen sei, widerspricht den genau entgegengesetzten Äußerungen der Vorkriegs- und Nachkriegsgeneration. Sie enthält die für einen Augenblick überraschende Maxime einer *Kontinuität im Neuen.*

Die Umweltgeneration ist größtenteils noch zu jung, um Handlungsmaximen an ihre Nachkommen weitergeben zu wollen. Auch Probleme der Wissensentwertung stellen sich noch weniger als in den älteren Generationen. Trotzdem gibt es auch bei einigen Mitgliedern der Umweltgeneration den Versuch eines bewußten Rückgriffs auf frühere Zeiten. Man interessiert sich sehr für landwirtschaftliche Tips: "wie man's gut machen kann ohne riesentechnischen Aufwand" (1967w); für Möbel aus Massivholz, die solide mit Fugen und Zapfen gemacht worden sind, anstelle heutiger "Wegwerfpreßspanmöbel" (1959m); generell für die Wiederbelebung alter technischer Künste. Solche Ideen v.a. von Alternativbewegten der Umweltgeneration sind eine Folge der Auseinandersetzung mit Problemen gegenwärtiger Industrieproduktion. Sie stützen sich aber nicht auf persönliche, vergangene Technikerfahrungen wie bei älteren Mitgliedern der Vorkriegsgeneration, die teilweise denselben Wunsch nach einem Rückzug aus der Gegenwart verspüren.

Zusammenfassend läßt sich beim *Kontinuitätsbewußtsein* der Umweltgeneration festhalten, daß es sich maßgeblich in Auseinandersetzung mit der Erfahrung der *Innovationswelle der Mikroelektronik* ausbildet. Der schnelle Austausch von Geräten und Wissen ist in dieser Generation sehr präsent. In den *Handlungsmaximen* dieser Generation ist schneller Wandel als Erwartungsnorm erkennbar.

Neben Generationsunterschieden sind auch in den Diskussionen zur Kontinuität und Diskontinuität von Zeitläufen und Generationserfahrungen wieder Unterschiede zwischen den Diskursen in *Stadt und Land* festzustellen. In städtischen Gruppen spielt das Thema der Tradierung der Vergangenheit keine konsensstiftende Rolle und steht auch nicht im Fokus der Gruppen. In allen Diskussionen auf dem Land wird dagegen eine Kontinuität von Vergangenheit und Gegenwart vorausgesetzt. Das Kontinuitätsthema ist auch in Gruppen konsensstiftend, die ausschließlich aus Mitgliedern der Umweltgeneration zusammengesetzt sind:

"1969m: Man verwendet Grundlagen der Vorgeneration, mehr aber auch nicht. Aber die nachfolgende Generation wird unsere Grundlagen wieder verwenden und die Grundlagen wären nicht da, wenn wir die Grundlagen der vorherigen Generation nicht hätten. Demnach, wie gesagt: Es baut alles aufeinander auf.

1971m: Diese Grundlagen von damals bzw. was damals High-Tech war, das ist für uns schon fast selbstverständlich und ganz normal, und wir lernen halt sowas nicht, sondern halt was wesentlich später kommt in der Entwicklung. Das ist das, was wir dann mehr können. Diese Grundlagen von damals, die nehmen wir halt automatisch eben wieder mit auf."

In ländlichen Gruppen gilt die Beständigkeit im Wandel als fester Grundsatz. Obwohl auch hier auf die Schnelligkeit des technischen Wandels hingewiesen wird, der im Erfahrungsschatz sehr präsent ist, wird daraus meist nicht die Schlußfolgerung gezogen, daß Tradierung von technischem Wissen unmöglich sei. Die Gleichzeitigkeit der Erfahrung schnellen Wandels und des Festhaltens an Kontinuitätsvorstellungen scheint auf den ersten Blick paradox. Eine hypothetische Erklärung wäre, daß Mitglieder verschiedener Generationen auf dem Lande zwar mit denselben Innovationsschüben wie Stadtbewohner konfrontiert werden, daß sie diese aber nicht in gleicher Weise als existentielle Bedrohung erleben. Ein erklärungskräftiger Faktor könnte auch sein, daß Diskurse und reale Prozesse in Stadt und Land in einem anderen Verhältnis zueinander stehen. Die Diskurse unterscheiden sich mehr als die Verhältnisse. Zwar ist auch auf dem Lande die traditionale Lebensweise der Gesellschaft geschwunden, aber in einem "cultural lag" sind die traditionaleren Diskursinhalte einer kleinen Ortsgesellschaft beibehalten worden. Diese Eigenart der ländlichen Semantik trifft sich gut mit der Grundcharakteristik des Alltagsbewußtseins, daß Menschen bestrebt sind, die Welt unter der Annahme des "Und-so-weiter" und des "Ich-kann-immer-wieder" zu betrachten (Schütz/Luckmann 1979: 29). Die allgemein menschliche Neigung, Unbekanntes in Bekanntes, Unvorhergesehenes in Vorhergesehenes zu verwandeln, die Tendenz der Neutralisierung von Neuerungen scheint auf dem Lande ausgeprägter zu sein als in der Stadt.

10.2 Zukunftsphantasien

Zukunftsphantasien stehen nicht selten für Wünsche, momentan Unrealistisches, aber Erstrebenswertes mit technischen Mitteln zu erreichen. Science fiction-Literatur, selbst ein Beiprodukt des technischen Zeitalters, ist häufig Anreger solcher technisch verkleideten Wünsche, die überwiegend Männer faszinieren (Nagl 1981: 43-54). Technische Zukunftsphantasien in den Gruppendiskussionen betreffen z.B. die Hoffnung, daß es irgendwann ein Gerät geben werde, das die Bindung an den Ort aufhebt. Ein Teilnehmer der Ingenieursdiskussion fordert ernsthaft, daß problemlose, umweltfreundliche Transportmöglichkeiten entwickelt werden sollten, die analog dem Prinzip des "beamens" (bekannt aus der Fernsehserie "Raumschiff Enterprise") funktionieren. In einer anderen Gruppe bringt jemand die ganze Gruppe zum ungläubigen Lachen, indem er schon vorab von den potentiellen Nachteilen eines "Libidomaten" spricht.[57]

Besonders die *Umweltgeneration* beschäftigt sich mit den Grenzen technischer Möglichkeiten. In der Jugendphase, mit ihrer noch geringen Festlegung des Lebenslaufs, finden Themen der Abgrenzung von Wunsch und Realität große Resonanz. Einige fasziniert die Frage, ob es Grenzen im Weltall gebe; andere interessieren sich für die mathematischen Aspekte des Unendlichkeitsproblems; eine junge Frau wirft das Thema auf, ob Technik mehr eine Möglichkeit zur Erfahrung von Grenzen oder zur Überwindung von Grenzen sei: "Durch Technik erfährst du schon die Grenzen, weil bestimmte Geräte sind halt nicht möglich, weil es im Moment noch Grenzen gibt. Andererseits durch Technik ist es möglich, die Grenzen auch zu überwinden und dann doch wieder etwas Neues zu schaffen" (1955w). In den verschiedenen Spekulationen und Wünschen der Umweltgeneration scheint noch etwas von der alten Idee und Erfahrung durch, die stets mit technischem Fortschritt verbunden war: Unmögliches wird wahr, Unwahrscheinliches wirklich. Technik transzendiert die Gegenwart, die Zukunft ist voller Möglichkeiten und ein Ort für noch unerfüllte Wünsche. Objekt ambivalenter Phantasien, widersprüchlicher Wünsche und Befürchtungen ist nicht zuletzt die *Medizin*:

"1970w: Etwas Positives will ich doch sagen zur Technik. [...] Und zwar möchte ich darauf hinweisen, daß man, wenn man hier Medizin und so denkt. Was wir auch so vergessen, wieviel wir Gutes auch durch die Technik haben. Lungenmaschine und so. Wenn ich bedenke, wieviel Leuten Leben gerettet werden kann. Oder Blutaustauschgerät und was es sonst noch gibt. Daß da die Technik unheimliche Fortschritte macht.

---

57 Ein "Libidomat" soll in dieser Phantasie wohl dazu dienen, sexuelle Bedürfnisse zu befriedigen. Ähnliche Vorstellungen verfolgte Wilhelm Reich bei der Entwicklung des Orgon-Apparates.

Und das ist auch mein Wunsch für die Zukunft, daß das auch noch ausgebaut wird. Und vor allem das ist etwas, das ist wirklich was für alle."

Umstritten ist in diesem Bereich vor allem die *Gentechnik*, die einerseits mit medizinischem Fortschritt in Zusammenhang gebracht wird, andererseits mit Versuchen am Menschen und mit künstlicher Befruchtung und Züchtung assoziiert wird:

"1929w: Ja, mit dieser ganzen Gentechnologie, ich meine wir sollten unserem Herrgott mal nicht allzu sehr ins Handwerk pfuschen. Sollen das mal so lassen, meine ich jedenfalls, wie das schon seit Jahrtausenden. Ich meine nicht jetzt hier, daß gegen Krankheiten was geforscht wird und das. Das meine ich nicht."

Automation und Computer sind ein anderes, beliebtes Objekt von Technikphantasien. Der Menschheit könne auf längere Sicht durch ihren Einsatz die Arbeit ausgehen. Man ist sich aber nicht einig, was von dieser Vision zu halten sei, ob der Weg ins Schlaraffenland oder in den horror vacui führen werde.

"unbek.: Es wird aber doch immer weniger gearbeitet.
1969m: Das irgendwann überhaupt nicht mehr gearbeitet wird.
unbek.: Das wolltest du so gerne.
1969m: Hä?
unbek.: Das wolltest du so gerne.
1969m: Ja, ich weiß nur nicht, was die gesamte Menschheit machen will, wenn sie offenbar nichts mehr tun müssen. Ob da nicht andere Probleme auf einen zukommen.
1970m: Ja ich meine früher haben sie, was weiß ich, 16 Stunden gearbeitet, jetzt arbeitest du nur noch 8. Und was machst du mit der restlichen Zeit? Du hast Freizeit. Findest [du] das schlecht?
1969m: Nee, momentan krieg ich die Freizeit noch gut um.
1970m: Ich meine, das ist Gewohnheitssache.
1971m: So mit der Zeit würde man sich dauernd eine Aufgabe suchen. Daß man halt nicht rumgammelt oder so. Aber wer halt Video, gammelt er zu Hause rum. Also auf jeden Fall irgendeine Beschäftigung wird sich dann jeder suchen, die dann zwar anders als irgendwie produktiv

angesehen wird; muß ja jeder selber entscheiden, was er da mit seiner Freizeit macht."

Die Folgen phantasievoll postulierten technischen Fortschritts werden hier ebenso phantasievoll in Arbeitszeitverkürzung ("immer weniger gearbeitet") und zum Freizeitproblem umdefiniert. Ähnlich angeregt ist auch die Diskussion über *Informationstechnik und home-shopping,* die die Menschen "auseinanderbringen", isolieren:

"1928w: Ich finde auch, daß die Technik die Menschen immer weiter auseinanderbringt.
1930m: Ja, aber.
1928w: (Unterbricht) So wie in der Bank z.B., wo man sonst irgendwie so Menschen hatte. Daß man seine Kontoauszüge abforderte oder sowas. Das macht man jetzt alleine. Oder das wird ja auch sicher mal so kommen über den - ich kenne die Ausdrücke[home-shopping] so gar nicht - aber so über den Fernseher meinetwegen seine Lebensmittel einkauft. Da braucht man nur noch auf Knöpfe zu drücken
1944w: In Amerika machen die das schon.
1928w: Ja. Jetzt diese Selbstbedienungsläden sind ja nicht mehr so, als man früher sagte, ich möchte ein Pfund Salz und ein Pfund Mehl haben. Und noch so einen kleinen Talk noch dabei. Das ist ja schon jetzt in den Selbstbedienungsläden anders. Und wenn man jetzt zu Hause sitzt und alles über Computer herein. Wahrscheinlich nur noch ein Sessel und rundherum die Technik und dann kann man tippen und.
(Lachen)
1944w: (Unterbricht) Kommandozentrale.
unbek.: Ja das ist es, so ist es.
1928w: Furchtbar."

Hier vermischt sich unter der Hand die Angst vor der Isolation mit einer Größenphantasie weitreichender Kommandogewalt. Obwohl das Thema der Ersetzung der Menschen durch Maschinen und Computer in verschiedenen Diskussionen angesprochen wird, also als Thema präsent ist, fehlt ihm eine innere Kohärenz der Deutung.

In fast allen Diskussionen wird die Phantasie technischen Fortschritts durch das *Umweltthema* beherrscht. Im Vordergrund stehen nicht selten apokalyptische Ängste:

"1955w: Die Natur ist am Ende. Also da kannst du nicht weiter ausbeuten und noch mehr kaputtmachen. Also da mußt du jetzt sanieren."

Im allgemeinen aber dominiert - wie schon in den Einzelinterviews - ein konsensuelles Hoffnungsprinzip, daß durch Technik die Umwelt zu entlasten sei bei Aufrechterhaltung des gewohnten Wohlstandes, den insbesondere die jüngere Umweltgeneration zu schätzen weiß.

"1972m: Ich weiß nicht, ich sehe in der Technik auch eine Möglichkeit. Und zwar die Möglichkeit, wir haben im Moment so einen Stand der Technik, daß wir echt schon viel erreichen könnten auch im Bereich Umweltschutz und eben ein besseres Leben in dem Sinne. Also keine Verschmutzung und sowas mehr. Ja, ich seh darin eine Chance, wir haben die Chance, die Technik zu nutzen und zwar so, daß wir nichts von unserem Komfort und so abschreiben brauchen, aber auch unsere Natur behalten können."

Neben solchen eher allgemeinen Aussagen findet man zum Umweltthema als Zukunftsaufgabe der Technik einige interessante Assoziationen, z.B. beim Müllproblem. Das *Müllproblem* gehört nicht nur durch seine Alltagsnähe, sondern auch durch die Verbindung der *alten Tugend Sauberkeit mit dem neuen Umweltthema* zum emotional bewegendsten Gegenstand der Umweltdiskussionen.

"1971m: Ich glaube auch, der Mensch muß einfach umdenken. Wir müssen einfach, sag ich mal, fünf verschiedene Mülltonnen zu Hause stehen haben. Autobahn ist nicht mehr [Tempo] zweihundert, sondern nur noch.
1940w: (Unterbricht) [Der Müll] muß aber dann auch wirklich abgeholt werden, das ist ja dann auch immer noch so ein Problem.
1913w: Das wollte ich auch gerade sagen, das ist ja grausam wie das ausgesehen hat.
1940w: Es ist auch an den Supermärkten [dem Standort von Sammelcontainern]. Dann ist der Wahnsinn da. Der Supermarkt ist da auch für verantwortlich für seine Tonnen da. Aber wenn da natürlich einer kommt, der hat eine Firma und bringt dann da fünfhundert Flaschen hin. Ja dann geht alles drunter und drüber, das darf natürlich nicht sein.
[...]

1940w: Und es gibt ein Chaos, weil die Leute eben nicht sich das überlegen, was das bedeutet, daß man also auch sich ordentlich verhält. Was nicht auf meinem Grund und Boden: 'Bin ich das vielleicht?' Aber sobald es Allgemeingut ist, und einer fängt da schon an mit dem Schlodrian, dann denkt der andere: 'Och jetzt ist hier sowieso alles durcheinander, da kann ich jetzt auch noch mitmachen.'"

Das Müllproblem gerät hier in die Nähe der Mißachtung von *Ordnung und Sauberkeit*. Ordnung und Sauberkeit werden auf eigenem Grund zwar noch eingehalten, in der Öffentlichkeit sind sie dagegen einem "Schlodrian"-Prinzip[58] gewichen. Weitere Bedeutungsebenen des Müllproblems zeigt die folgende Diskussion: Man will die Müllberge "zum Mond schießen", d.h. weit weg haben, egal wie. Und man trauert der Zeit nach, in der Verpackungen noch im heimischen Herd verbrannt, d.h. unsichtbar gemacht wurden. Die Mülldiskussion in der *Vorkriegsgeneration* gipfelt in einer *Reminiszenz an frühere, bessere Zeiten*:

"1918m: Auch die Müllberge, wohin damit? Auf den Mond schießen ist zu teuer.
1922w: Na ja, aber wir sind alle daran beteiligt. Das Einzige, was wir machen können, ist uns bescheiden.
1924w: Ja, wir gehen schon immer mit den Botteln [Flaschen] los. Und: 'Bitte nicht einpacken.' Es sind ja manche Dinge, die sind so abgepackt. Es ist so eine Packung [Geste, die eine enorme Größe des Pakets andeutet] und soviel drin. Und dann zerreißen sie das und tun das in den Aschenkasten. Früher hatte man noch Ofen, da ging das durch den Ofen weg. Was sollen sie machen?
1918m: Wir haben früher Einwegflaschen gehabt. Die schönen Literflaschen von der Milch.
Mehrere: Ja.
1918m: Und Halbliterflaschen. Da kam so ein kleiner Pappdeckel oben drauf und wir haben die alte Flasche abgeliefert, haben die mitgenommen. Das ging doch!
1924w: Mit der kleinen Milchkanne.

---

58 Der Versprecher "Schlodrian" dürfte das Resultat der Zusammenziehung von Schlendrian (Faulheit, Unordnung) und Sankt Florians Prinzip sein ("Verschon mein Haus, zünd andere an").

1918m: (Unterbricht) Wir haben auch eine Kanne gehabt, ja.
1919m: Mit der Kanne losmarschiert sind. Ging auch, funktionierte auch.
1920w: Wo gibt es? Ich glaube bei Plaza [Supermarkt] gibt es sogar lose Milch.
1922w: Also ohne Kühlschrank möchte ich doch auch nicht mehr leben. (Durcheinander)."

In dieser dichten, regen Interaktion wird das Thema des Müllproblems fast durch ein Hochhalten früherer Zeiten verdrängt, bis der Hinweis kommt, daß der damalige Preis für die Idylle das Fehlen von technischen Geräten wie dem Kühlschrank war. Nach einem kurzen Durcheinander ist sich die Gruppe einig: auf die technischen Geräte der Haushaltsrevolution (Staubsauger, Waschmaschine, Gefrierschrank) möchte niemand mehr verzichten. Beide konjunktive Erfahrungsschichten - die vortechnische, noch nicht mit massenhaften Konsumgütern ausgestattete Zeit und die Haushaltsrevolution - werden geschätzt und prägen die gegenwärtigen Erfahrungen und Wahrnehmungen. Das Umweltproblem stellt dagegen noch eine dünne, abstrakte Erfahrungsschicht dar, die auf diesen beiden Zeiten aufsitzt. Es ist gegenüber der konjunktiven Erfahrung früherer Zeiten nicht tief verankert.

Auch die Debatte über *Energieprobleme*, die das Nachdenken über Umwelt und Technik nicht zuletzt mit ausgelöst hat, zeigt einige phantastische Züge. Allgemein ist sie erstaunlich weit in den Hintergrund getreten, für die Umweltgeneration hat sie eher den Charakter eines Merkpostens, den man noch kurz erwähnt, der aber nicht weiter beschäftigt. In der *Vorkriegsgeneration* sind die Energiedebatten noch offener, weniger abgeschlossen und deshalb auch kontroverser. Nach der Jahre währenden öffentlichen Kontroverse um dieses Thema ist der Austausch der Gedanken und Argumente aber recht kursorisch. Auch die Lösungsvorschläge haben erstaunlicher Weise gelegentlich surrealistischen Charakter:

"1918m: Warum baut man denn nicht Sachen an, die wir dringend gebrauchen? Zum Beispiel können wir uns selber unseren Sprit [Benzin] machen. Durch den Anbau von irgendwelchen Rüben, oder was weiß ich, wovon das gemacht wird. Und wir können auch selber unheimlich viel Flachs anbauen, wir können unser Leinen selber spinnen. Warum wird das nicht aufgegriffen? Wir müssen dann amerikanischen Weizen kaufen. Und sind abhängig von Öl, von Nahrungsmittel und Gott weiß was alles."

180

Energieknappheit wird hier vom Umweltproblem zum Problem mangelnder *Autarkie* umdefiniert. Der Sprecher schlägt eine Wiederbelebung des Flachsanbaus vor, um von importierter Baumwolle unabhängig zu werden. Dies gilt auch für Öl, Weizen und Textilien. Umwelt ist der Transporteur für das Thema der ersehnten Rückkehr zu früheren Zeiten. Ähnlich eigenwillig sind manch andere Beiträge. Man befürchtet z.B., daß alternative Energiegewinnungsarten wie Sonnenenergie, Windkraft oder Erdwärme schädlich seien, weil die gewonnene Energie "entnommen werde". Bei Nutzung der Sonnenenergie würde an anderen Stellen der Erde die Sonnenstrahlung fehlen, bei Nutzung von Windkraft würde die allgemeine Windgeschwindigkeit vermindert, bei Nutzung von Erdwärme die allgemeine Erdtemperatur sinken: "Es muß auf jeden Fall so sein, jede Wirkung hat eine Gegenwirkung, das ist ein normales menschliches Gesetz auf Erden" (1922m). Solche Thesen nehmen in der Argumentationsstruktur laienhaft die in den siebziger Jahren geführte Energiedebatte auf und setzen sie phantasievoll und sachunkundig fort: Nicht die Umwandlung nichtregenerierbarer Energiestoffe wie Öl oder Kohle in Energie ist eine gefährliche Verschleuderung von Ressourcen, sondern die Nutzung der Alternativenergien Sonne, Wind und Wärme vermindert unwiderruflich das verfügbare Energiepotential.

Vor allem die Mitglieder der *Umweltgeneration* sehen in den Umweltproblemen nicht nur eine drängende Aufgabe der Politik, sie fordern auch drastische *Zwangsmaßnahmen* im Interesse der Menschen und des Lebens. Sie seien notwendig, damit Technik sinnvoll eingesetzt und nicht wie jetzt die Verschlechterung der Lebensumstände (Trinkwasser-, Luftverschmutzung) bewußt in Kauf genommen werde.

> "1971m: Aber ich mein, wir sind uns darüber einig, es geht eben wirklich nur durch drastische Maßnahmen. Ich meine, da brauchen wir gar nicht drüber diskutieren, bin ich der Meinung. Weil, wie es im Augenblick ist, geht's nicht weiter. Sonst steht hier nämlich in zwanzig Jahren kein Baum mehr."

Lösungen zählen. Einigen Diskutierenden ist der Glaube an die Lösung des Umweltproblems überhaupt abhanden gekommen. Ein pessimistisches Menschenbild herrscht vor: "Ich bin da sehr skeptisch, dann muß man die Mehrheit der Menschen ändern" (1933m). In Beiträgen dieser Art findet sich keine Utopie mehr vom "neuen Menschen" und der "neuen

Gesellschaft" kraft Aufklärung, wissenschaftlichen Fortschritts und/oder Revolution.

11. Schlußbemerkungen

Ergebnis dieser Studie ist der Nachweis und die Beschreibung von "Technikgenerationen". Technikgenerationen entstehen aufgrund einer je spezifischen Lagerung von Kohortengruppen im historischen Fluß technischer Innovationen. Technikgenerationen sammeln in Jugendzeit und jungem Erwachsenenalter je besondere "konjunktive Erfahrungen" mit den technischen Innovationen ihrer Zeit. Diese unterschiedlichen konjunktiven Erfahrungen führen zu einem jeweils anderen Verhältnis zur Technik. Bisher dem "Alter" zugeschriebene Unterschiede von Technikeinstellungen und -kompetenz erweisen sich bei genaueren Längsschnittbetrachtungen als Generationsunterschiede. In der Bevölkerung der Bundesrepublik haben wir vier Technik-Generationen identifiziert. Die jüngeren Technikgenerationen greifen technische Innovationen schneller auf. Auf diese Weise kommt es zu einer generationsspezifischen Einführungsgeschwindigkeit neuer Techniken. Je länger eine technische Innovation eingeführt ist, desto mehr gleichen sich Kaufverhalten, Kompetenzunterschiede und Einschätzungen zwischen den Generationen an.

Es sind die alltäglichen, praktischen Erfahrungen mit einer Innovation, die das Verhältnis zur Technik, das Technikgenerationen ausbilden, im Kern lebenslang prägen. In geringerem Maße haben öffentliche Technikdiskurse Einfluß auf Technikeinschätzungen. Auch solche Diskurse haben oft eine Geschichte. Nach einer Zeit kontroverser öffentlicher Diskussionen bei der Einführung einer Innovation, in der Faszination und Angst die Debatte motivieren, überwiegt in der folgenden Phase ein positiver Diskurs, in dem der praktische Nutzen im Vordergrund steht, bevor in einer Phase des Selbstverständlich-Werdens das Interesse wieder abflaut. Die Altersphase einer Innovation ist dann durch eine nochmalige Diskussion unbeabsichtigter und unerwünschter Folgen gekennzeichnet. Öffentliche Diskurse sind zwar generationsübergreifender als persönlich-praktische Technikerfahrungen, jedoch werden auch öffentliche Diskurse von den

Generationen entsprechend ihrer Lagerung und konjunktiven Erfahrung in unterschiedlicher Weise mitgetragen.

Generationen sind nicht wirklich homogen - weder in Bezug auf Technik noch in anderer Hinsicht. Innerhalb jeder Generation gibt es individuelle Differenzierungen des technischen Erlebens und des Erfahrungsraumes und es gibt auffällige Binnengruppen, deren unterschiedlicher Umgang mit Innovationen eine beachtliche Spannweite aufweisen kann: man denke an "Alternative" und "Yuppies" als Generationseinheiten innerhalb der Computergeneration oder an die Unterschiede im Verhältnis zur Technik zwischen Frauen und Männern. Technikbezogene Selbstbilder von Männern und Frauen unterscheiden sich nach wie vor in allen Generationen erheblich. Technik-Generationen weisen also nach innen individuelle und gruppenförmige Varianten auf.

Menschen werden geboren, Menschen sterben: der "demographische Metabolismus" des Generationsaustausches ist ein naturwüchsig biologischer Prozeß. Als Folge des sukzessiven Kohortenaustausches muß soziales Wissen von Generation zu Generation jeweils neu angeeignet werden, wird dabei bestätigt, modifiziert, verworfen oder einfach vergessen. Ebenso natürlich ist, daß Individuen über ihr Leben hin fortlaufend Informationen selegieren, verarbeiten und akkumulieren mit der Folge, daß die Verarbeitung von Informationen in jungen Jahren weniger und anders durch gelerntes Wissen vordeterminiert ist als im späteren Leben. Nicht naturwüchsig ist hingegen, wie Erwerb, Wandel und Verlust von Wissen individuell und gesellschaftlich durch soziale Institutionen geregelt werden. Zu den modernen, Wissensprozesse regelnden Institutionen gehören die expandierenden Einrichtungen der lebenslaufbegleitenden (beruflichen) Weiterbildung. Die Beteiligung an Weiterbildung hat in den letzten Jahrzehnten kontinuierlich und allgemein zugenommen. Beachtenswert ist, daß heute Menschen noch mit über fünfzig Jahren bereitwillig ihr (technisches) Wissen auffrischen.

Trotz lebenslanger Weiterbildung und der Kanonisierung auch dieser Fachschulung bedeutet der schnelle technische (und soziale) Wandel eine elementare Herausforderung an die Synchronisation ungleichzeitiger Lebenserfahrungen von Generationen. Mit zunehmendem Tempo des Wandels werden die Abfolgen unterschiedlicher Lagerung von Kohorten immer kürzer und die Differenz konjunktiver Generationserfahrungen größer. Für einen Wissensaustausch zwischen den Generationen sorgen traditionell in entscheidender Weise die Kernfamilie und die lange Berufsphase, da in Familie und Beruf ein vielfältiger Kontakt zwischen den verschiedenen Generationen besteht. Jugend- und Altersphase hingegen fördern mit ihren generationshomogenen Lebensformen Abschottungsprozesse. Nun sind

Jugend und Alter aber keine allein biologisch bestimmten Zustände, vielmehr werden Dauer und Gestalt dieser Lebensphasen maßgeblich durch Entscheidungen über Bildungswesen und Sozialpolitik geprägt. Die in den letzten Jahrzehnten erfolgte Ausdehnung des Zugangs zu und der Aufenthaltsdauer in den so institutionalisierten Lebenslaufphasen "Jugend" und "Alter" mindert die Synchronisation der Ungleichzeitigkeiten. In der gewohnten, vierphasigen institutionellen Ordnung des modernen Lebenslaufs durch Familie (Privatfinanzierung), Bildung (Staatsfinanzierung), Beruf (Marktfinanzierung) und Ruhestand (Sozialversicherung) haben sich die Gewichte geändert.

Grundsätzlich gibt es im Prozeß der Prozedierung technischen Wissens in der Generationsabfolge zwei kritische Phasen in von sozialem Wandel geprägten, modernen Gesellschaften: den Übergang von der "Jugend" in den Beruf und den Ausstieg aus dem Beruf in das "Alter". Durch den demographischen Wandel hat die erste Statuspassage an Bedeutung verloren, letztere gewonnen. Zu beiden Passagen eine Anmerkung:

Beim *Jugendübergang* besteht im Prinzip die Gefahr einer Enttradierung: Anschlußfähigkeit und Kontinuität sozialen Wissens können im Generationenwechsel teilweise verloren gehen. Da es sich bei den modernen Industriegesellschaften in den letzten 150 Jahren vorwiegend um Gesellschaften mit hohem demographischem Wachstum handelte, wurden in der Generationstheorie und in Jugenddebatten solche Probleme der Enttradierung durch Jugendgenerationen bevorzugt behandelt. Aufgrund der neueren demographischen Entwicklung werden "Jugendprobleme" dieses Typs jedoch unwahrscheinlicher, zumal der Nexus von Jugend und Technikoffenheit nicht durchbrochen ist. Probleme der Enttradierung und der Kontinuitätssicherung sozialen Wissens treten allerdings in ähnlicher Form auch bei Einwanderungsgesellschaften auf. Bei anhaltenden Migrationswellen werden deshalb innovative Problemlösungen in diesem Bereich nach wie vor notwendig sein.

Beim *Altersübergang* erfolgt im Prinzip eine Abkopplung von Modernisierungsprozessen. Solange nur kleine Gruppen der Gesellschaft "alt" wurden und Innovationen nicht mehr rezipierten, hatte dieses Problem ein geringes Gewicht. Die Ungleichzeitigkeit der Generationen fand keine öffentliche Beachtung. Dies hat sich mit dem Altern der Gesellschaft geändert. Doch der "Altersknick" der Technikakzeptanz und -kompetenz hat weniger mit biologischen Prozessen als mit dem Ausmaß der Ausgrenzung von Alten aus der (technischen) Gegenwart zu tun. Langfristig sind sozial-, bildungs- und technikpolitische Probleme der Altersgesellschaft nur zu lösen, wenn die Partizipationschancen - nicht zuletzt an Innovationen -

verbessert werden. Dies bezieht sich bildungspolitisch auf die weitere Unterstützung lebenslanger Bildung, die längerfristig zu einer Auflösung des Junktims "Jugend gleich Bildung" führen muß. Beschäftigungs- und sozialpolitisch ist die zu kurzfristig angelegte Arbeitsmarktstrategie zu korrigieren, die über massenhafte Frühverrentungen die Ausgrenzung von Älteren aus der (technischen) Gegenwart beschleunigt und vertieft.

Nicht nur die unterschiedliche Technikakzeptanz von Generationen ist ein Indikator für technikspezifische Ungleichzeitigkeiten. Dies gilt auch für das unterschiedliche Technikverhältnis von Frauen und Männern. In den modernen Industriegesellschaften galt seit ihren Anfängen eine geschlechtsspezifische Arbeitsteilung, in deren Folge Männer mehr mit der technischen Modernisierung in Verbindung standen als Frauen. In den letzten Jahrzehnten hat es zwar eine Verbesserung der Situation von Frauen in Bildung und Beruf gegeben, die Angleichung der Techniknähe der Geschlechter ist jedoch angesichts der tiefen Verankerung der Unterschiede so gering, daß noch auf lange Zeit mit einem Fortbestand dieser Differenzen zu rechnen ist.

Literaturverzeichnis

Ahsen, Marco von (1990): Kohortenanalytische Prognosen im Rahmen einer strategischen Marktforschung. Bremen.

Bayerische Rück (1993) (Hrsg.): Risiko ist ein Konstrukt. München.

Beck, Ulrich (1986): Risikogesellschaft. Frankfurt/M.

Beck, Ulrich (1988): Gegengifte. Frankfurt/M.

Beck, Ulrich (1991): Politik in der Risikogesellschaft. Frankfurt/M.

Beck, Ulrich/Bonß, Wolfgang (Hrsg.) (1989): Weder Sozialtechnologie noch Aufklärung? Frankfurt/M.

Beck-Gernsheim, Elisabeth (1983): Vom "Dasein für andere" zum Anspruch auf ein Stück "eigenes Leben". In Soziale Welt 34: 307 - 340.

Becker, Henk A. (1989a): Theoretisch kader voor analyses van levenslopen en generaties. In ders./Hermkens, Piet L. J. (Hrsg.): Oude naast nieuwe generaties. Utrecht, S. 63 - 98.

Becker, Henk A. (1989b): Generationen, Handlungsspielräume und Generationspolitik. In Weymann, Ansgar (Hrsg.): Handlungsspielräume. Stuttgart, S. 76 - 89.

Becker, Rolf (1991): Berufliche Weiterbildung und Berufsverlauf. In MittAB 2/91: 351 - 364.

Berger, Peter L./Luckmann, Thomas (1980): Die gesellschaftliche Konstruktion der Wirklichkeit. Frankfurt/M.

BIBB (Bundesinstitut für Berufsbildungsforschung) (Hrsg.) (1981): Qualifikation und Berufsverlauf. Berlin.

Bijker, Wiebe E./Hughes, Thomas P./Pinch, Trever (Hrsg.) (1987): The Social Construction of Large Technological Systems. Cambridge.

Blasius, Jörg/Rohlinger, Harald (1988): Korrespondenzanalyse. In Faulbaum, F./Uehlinger, H.M. (Hrsg.): Fortschritte der Statistik-Software 1. Stuttgart, S. 387 - 397.

Blossfeld, Hans-Peter (1989): Kohortendifferenzierung und Karriereprozeß. Frankfurt/M. - New York.

Blossfeld, Hans-Peter (1990): Berufsverläufe und Arbeitmarktprozesse. In Sonderband 31 der Kölner Zeitschrift für Soziologie und Sozialpsychologie, S. 118 - 145.

Böhm, Winfried (Hrsg.) (1988): Wörterbuch der Pädagogik. Stuttgart.

Bohnsack, Ralf (1989): Generation, Milieu und Geschlecht. Opladen.

Bonß, Wolfgang (1994): Die Erfindung des Risikos - Unsicherheit und Ungewißheit in der Moderne. Hamburg - Bremen. Unveröffentlichtes Manuskript.

Bonus, Holger (1975): Untersuchungen zur Dynamik des Konsumgüterbesitzes. Berlin.

Braun, Ingo (1988): Stoff Wechsel Technik. Berlin.

Braun, Ingo (1993): Technik-Spiralen. Berlin.

Buchhofer, Bernd/Friedrichs, Jürgen/Lüdtke, Hartmut (1970): Alter, Generationsdynamik und soziale Differenzierung. In Kölner Zeitschrift für Soziologie und Sozialpsychologie 22: 300 - 334.

Bundesministerium für Bildung und Wissenschaft (Hrsg.) (1991): Berichtsystem Weiterbildung. Bonn.

Bussemer, Herrad Ulrike/Meyer, Sibylle/Orland, Barbara/Schulze, Eva (1988): Zur technischen Entwicklung von Haushaltsgeräten und deren Auswirkungen auf die Familie. In Torniepoth, Gerda (Hrsg.): Arbeitsplatz Haushalt. Berlin, S. 116 - 127.

Dieck, Margret/Naegele, Gerhard/Schmidt, Roland (Hrsg.) (1985): "Freigesetzte" Arbeitnehmer im 6. Lebensjahrzehnt. Berlin.

Dilthey, Wilhelm (1957): Über das Studium der Geschichte der Wissenschaften vom Menschen, der Gesellschaft und dem Staat. In ders.: Gesammelte Schriften. Band 5. Stuttgart, S. 31 - 73.

Dohse, Knuth/Jürgens, Ulrich/Russig, Harald (Hrsg.) (1982): Ältere Arbeitnehmer zwischen Unternehmerinteressen und Sozialpolitik. Frankfurt/M. - New York.

Eisenstadt, Shmuel N. (1966): Von Generation zu Generation. München.

Eder, Klaus (1988): Die Vergesellschaftung der Natur. Frankfurt/M.

Feile, Günther Bruno (1981): Personalpolitik für die älteren Arbeitnehmer bei technisch-organisatorischem Wandel. München.

Fischer, Arthur/Fuchs, Werner/Zinnecker, Jürgen (Hrsg.) (1985): Jugendliche und Erwachsene '85. 5 Bände. Opladen.

Fleischer, Arnulf (1983): Langlebige Gebrauchsgüter im Haushalt. Frankfurt/M. - Bern.

Fogt, Helmut (1982): Politische Generationen. Opladen.

Friedrich, Werner/Meier, R. (1984): Qualifizierung älterer Arbeitnehmer im Betrieb - Probleme und Chancen. In Zeitschrift für Gerontologie 17: 315 - 320.

Friedrichs, Jürgen (1991): Unter welchen Bedingungen werden neue Technologien angenommen? In Jaufmann, Dieter /Kistler, Ernst (Hrsg.): Einstellungen zum technischen Fortschritt. Frankfurt/M. - New York, S. 117 - 134.

Fuchs, Dieter (1987): Die Akzeptanz moderner Technik in der Bevölkerung. In Lompe, Klaus (Hrsg.): Techniktheorie, Technikforschung, Technikgestaltung. Opladen, S. 183 - 232.

Gehlen, Arnold (1986): Anthropologische und sozialpsychologische Untersuchungen. Reinbek.

Geissler, Birgit (1994): Die Arbeitsmarkt-Integration der Frauen als reflexive Modernisierung. Bremen. Unveröffentlichte Habilitationsschrift.

Glatzer, Wolfgang u.a. (1991): Haushaltstechnisierung und gesellschaftliche Arbeitsteilung. Frankfurt/M. - New York.

Glatzer, Wolfgang (1993): Die Technisierung der privaten Haushalte. In Gräbe, Sylvia (Hrsg.): Der private Haushalt im wissenschaftlichen Diskurs. Frankfurt/M. - New York, S. 281 - 301.

Glenn, Norval B. (1977): Cohort Analysis. Beverly Hills - London.

Halbwachs, Maurice (1985): Das Gedächtnis und seine sozialen Bedingungen. Frankfurt/M.

Hampel, Jürgen/Mollenkopf, Heidrun/Weber, Ursula/Zapf, Wolfgang (1991): Alltagsmaschinen. Berlin.

Honneth, Axel/Joas, Hans (1980): Soziales Handeln und menschliche Natur. Frankfurt/M.

Hörning, Karl H. (1985): Alltägliches. In Technik und Gesellschaft 3: 13 - 35.

Hörning, Karl H. (1988): Technik im Alltag und die Widersprüche des Alltäglichen. In Joerges, Bernward (Hrsg.): Technik im Alltag. Frankfurt/M., S. 51 - 94.

Horney, Walter/Ruppert, Johann Peter/Schulze, Walter (Hrsg.) (1970): Pädagogisches Lexikon. Zweiter Band. Gütersloh.

Inglehart, Ronald (1989): Kultureller Umbruch. Frankfurt/M. - New York.

Jaufmann, Dieter u.a. (1988): Technikakzeptanz bei Jugendlichen im intergenerationellen, internationalen und intertemporalen Vergleich. In Jaufmann, Dieter/Kistler, Ernst (Hrsg.): Sind die Deutschen technikfeindlich? Opladen, S. 23 - 76.

Jaufmann, Dieter/Kistler, Ernst (Hrsg.) (1988): Sind die Deutschen technikfeindlich? Opladen.

Jaufmann, Dieter/Kistler, Ernst/Jänsch, Günter (1989): Jugend und Technik. Frankfurt/M. - New York.

Jaufmann, Dieter (1990): Technik und Wertewandel. Frankfurt/M.

Jaufmann, Dieter/Jänsch, Günter (1990): Technikakzeptanz: Wie weit widersprechen sich die Demoskopen und was denkt die Bevölkerung. In Kistler, Ernst/Jaufmann, Dieter (Hrsg.): Mensch - Gesellschaft - Technik. Opladen, S. 71 - 100.

Jaufmann, Dieter/Kistler, Ernst (Hrsg.) (1991): Einstellungen zum technischen Fortschritt. Frankfurt/M. - New York.

Jaufmann, Dieter (1991): Alltagstechnologien - Großtechnologien. In ders./ Kistler, Ernst (Hrsg.): Einstellungen zum technischen Fortschritt. Frankfurt/M. - New York, S. 71 - 94.

Joerges, Bernward (Hrsg.) (1988a): Technik im Alltag. Frankfurt/M.

Joerges, Bernward (1988b): Gerätetechnik und Alltagshandeln. In ders. (Hrsg.): Technik im Alltag. Frankfurt/M.

Joerges, Bernward (Hrsg.) (1991): Alltag und Technik. Broschüre FS II 91-502 des Wissenschaftszentrum Berlin. Berlin.

Johnson, Paul/Thomson, David/Conrad, Christoph (Hrsg.) (1989): Workers Versus Pensioners. Intergenerational Equity in an Ageing Society. Manchester University.

Jungblut, Michael (1981): Arbeitslose von morgen. In "Die Zeit" 36, 11, S. 17.

Kelle, Udo (1994): Empirisch begründete Theoriebildung. Weinheim. (im Druck)

Kertzer, David J. (1983): Generation as a Sociological Problem. In Annual Review of Sociology 9: 125 - 149.

Klages, Helmut/Herbert, Willi (1983): Wertorientierung und Staatsbezug. Frankfurt/M. - New York.

Kops, Manfred (1972): Bevölkerung und technischer Fortschritt. Forschungsbericht des Instituts für angewandte Sozialforschung. Köln.

Kreutz, Henrik (1983): Generationsbildung als eine Form der Vergesellschaftung in der Situation sozialen Wandels. In Angewandte Sozialforschung 11: 385 - 394.

Kuwan, Helmut (1990): Weiterbildungsbarrieren. Reihe Bildung - Wissenschaft - Aktuell 7/90. Herausgegeben vom Bundesministerium für Bildung und Wissenschaft. Bonn.

Lenk, Hans/Ropohl, Günter (1978): Technik im Alltag. In Sonderheft 20 der Kölner Zeitschrift für Soziologie und Sozialpsychologie, S. 265 - 298.

Lepsius, Rainer M. (1990): Interessen und Ideen. In ders.: Interessen, Ideen und Institutionen. Opladen, S. 31 - 43.

Link, Jürgen/Reinecke, Siegfried (1987): 'Autofahren ist wie das Leben'. In Segeberg, Harro (Hrsg.): Technik in der Literatur. Frankfurt/M., S. 436 - 482.

Lübbe, Hermann (1983): Zeit-Verhältnisse. Graz - Wien - Köln.

Luhmann, Niklas (1986): Ökologische Kommunikation. Opladen.

Lüscher, Kurt/Schultheis, Franz (Hrsg.) (1993): Generationsbeziehungen in "postmodernen" Gesellschaften. Konstanz.

Luthe, Heinz Otto/Meulemann, Heiner (Hrsg.) (1988): Wertwandel - Faktum oder Fiktion? Frankfurt/M.- New York.

Mangen, David J./Bengtson, Vern J./Landry Jr., Pierre H. (1988): Measurement of Intergenerational Relations. Newbury Park - Beverly Hills.

Mangold, Werner (1967): Gruppendiskussionen. In König, René (Hrsg.): Handbuch der empirischen Sozialforschung. Band 2. Stuttgart, S. 228 - 255.

Mannheim, Karl (1964): Das Problem der Generationen. In ders.: Wissenssoziologie. Berlin - Neuwied, S. 509 - 565.

Mannheim, Karl (1980): Strukturen des Denkens. Frankfurt/M.

Mason, William M./Fienberg, Stephen E. (Hrsg.) (1985): Cohort Analysis in Social Research. New York.

Matthes, Joachim (1985): Karl Mannheims "Das Problem der Generationen" neu gelesen. In Zeitschrift für Soziologie 14: 363 - 372.

Mensch, Gerhard (1977): Das technologische Patt. Frankfurt/M.

Meyer, Sibylle/Schulze, Eva (1989): Technik und Familie. Längsschnittuntersuchung der Auswirkungen der Technisierung auf Familien-, Haushalts- und Wohnstrukturen im 20. Jahrhundert. Projektzwischenbericht. Berlin.

Meyer, Sibylle/Schulze, Eva (1990): Zur Dialektik von Technik und Familie. In Verbund sozialwissenschaftlicher Technikforschung (Hrsg.): Technik und Alltag. Berlin, S. 19 - 36.

Mollenkopf, Heidrun/Hampel, Jürgen/Weber, Ursula (1989): Technik im familialen Alltag. In Zeitschrift für Soziologie 5: 378 - 391.

Nagl, Manfred (1981): Science Fiktion. Tübingen.

Noelle-Neumann, Elisabeth/Hansen, Jochen (1991): Technikakzeptanz und Medienwirkung. In Jaufmann, Dieter/Kistler, Ernst (Hrsg.): Einstellungen zum technischen Fortschritt. Frankfurt/M. - New York, S. 27 - 52.

Noller, Peter/Paul, Gerd (1991): Jugendliche Computerfans. Frankfurt/M. - New York.

Ogburn, William F. (1967): Die Theorie des "Cultural lag". In Dreitzel, Hans-Peter (Hrsg.): Sozialer Wandel. Neuwied - Berlin, S. 328 - 338.

Orland, Barbara (1987): Sozialgeschichte der Haushaltstechnik. In Stiftung Verbraucherinstitut (Hrsg.): Technisierung und Rationalisierung - überholte Zielsetzungen für den privaten Haushalt? Berlin - Bonn, S. 21 - 35.

Ortega Y Gasset, José (1978): Die Aufgabe unserer Zeit. In ders.: Gesammelte Werke. Band 2, Stuttgart, S. 79 - 141

Peiser, Wolfram (1991): Kohortenanalyse in der Konsumentenforschung. Wiesbaden.

Peters, Hans-Peter u.a. (1987): Die Reaktionen der Bevölkerung auf die Ereignisse in Tschernobyl. In Kölner Zeitschrift für Soziologie und Sozialpsychologie 39: 764 - 782.

Pinder, Wilhelm (1926): Das Problem der Generation. Berlin.

Plessner, Helmuth (1988[3]): Die verspätete Nation. Frankfurt/M.

Pollock, Friedrich (1955): Gruppenexperiment. Frankfurt/M.

Popitz, Heinrich (1989): Epochen der Technikgeschichte. Tübingen.

Preston, Samuel H. (1984): Children and the Elderly. In Demography 21, S. 435 - 457.

Preuss-Lausitz, Ulf u.a. (Hrsg.) (1983): Kriegskinder, Konsumkinder, Krisenkinder. Weinheim - Basel.

Raat, Jan H. (1990): Was halten Mädchen und Jungen von Technik. In Kistler, Ernst/Jaufmann, Dieter (Hrsg.): Mensch - Gesellschaft - Technik. Opladen, S. 29 - 34.

Rammert, Werner (1988): Technisierung im Alltag. In Joerges, Bernward (Hrsg.): Technik im Alltag. Frankfurt/M., S. 165 - 197.

Rammert, Werner (1993): Technik aus soziologischer Perspektive. Opladen.

Renn, Heinz (1987): Lebenslauf - Lebenszeit - Kohortenanalyse. In Voges, Wolfgang (Hrsg.): Methoden der Biographie- und Lebenslaufforschung. Opladen, S. 261 - 298.

Rice, Ronald E./Rogers, Everett M. (1980): Reinvention in the Innovation Process. In Knowledge 1: 499 - 514.

Roth, Heinrich (1968) (Hrsg.): Begabung und Lernen. Stuttgart.

Ryder, Norman B. (1965): The Cohort as a Concept in the Study of Social Change. In American Sociological Review 30: 843 - 861.

Sackmann, Reinhold (1990): Herrschaft, Rationalisierung und Individualisierung. Frankfurt/M. - Bern.

Sackmann, Reinhold/Weymann, Ansgar (1991): Generations, Social Time and 'Conjunctive' Experience. In Becker, Henk A. (Hrsg.): Life Histories and Generations. Utrecht, S. 247 - 274.

Sackmann, Reinhold (1992): Das Deutungsmuster "Generation". In Meuser, Michael/Sackmann, Reinhold (Hrsg.): Analyse sozialer Deutungsmuster. Pfaffenweiler, S. 199 - 215.

Sackmann, Reinhold (1993): Versuch einer Theorie der Einführung technischer Geräte in den Haushalt. In Meyer, Sibylle /Schulze, Eva (Hrsg.): Technisiertes Familienleben. Berlin, S. 253 - 275.

Scheuch, Erwin K. (1990): Bestimmungsgründe für Technik-Akzeptanz. In Kistler, Ernst/Jaufmann, Ernst (Hrsg.): Mensch - Gesellschaft - Technik. Opladen, S. 101 -139.

Schimpf-Hunnius, Sigrun/Hunnius, Gerhard (1990): TECHNIK-AKZEPTANZ: Geschlechtsspezifische Reaktionsmuster. In Kistler, Ernst/ Jaufmann, Dieter (Hrsg.): Mensch - Gesellschaft - Technik. Opladen, S. 183 - 193.

Schluchter, Wolfgang (1979): Die Entwicklung des okzidentalen Rationalismus. Tübingen.

Smith, Adam (1978): Der Wohlstand der Nationen. München.

Schmucker, Helga (1980): Studien zur empirischen Haushalts- und Verbrauchsforschung. Berlin.

Schütz, Alfred/Luckmann, Thomas (1979): Strukturen der Lebenswelt. Band 1. Frankfurt/M.

Statistisches Bundesamt (Hrsg.) (1964): Fachserie M: Preise, Löhne, Wirtschaftsrechnungen. Reihe 18: Einkommens- und Verbrauchsstichproben. Ausstattung der privaten Haushalte mit ausgewählten langlebigen Gebrauchsgütern. Stuttgart - Mainz.

Statistisches Bundesamt (Hrsg.) (1970): Fachserie M: Preise, Löhne, Wirtschaftsrechnungen. Reihe 18: Einkommens- und Verbrauchsstichproben. Heft 1: Ausstattunge privater Haushalte mit ausgewählten langlebigen Gebrauchsgütern. Stuttgart - Mainz.

Statistisches Bundesamt (Hrsg.) (1974): Fachserie M: Preise, Löhne, Wirtschaftsrechnungen. Reihe 18: Einkommens- und Verbrauchsstichproben. Heft 1: Ausstattung privater Haushalte mit ausgewählten langlebigen Gebrauchsgütern. Stuttgart - Mainz.

Statistisches Bundesamt (Hrsg.) (1979): Fachserie 15: Wirtschaftsrechnungen. Einkommens- und Verbrauchsstichprobe 1978. Heft 1: Ausstattung privater Haushalte mit ausgewählten langlebigen Gebrauchsgütern. Stuttgart - Mainz.

Statistisches Bundesamt (Hrsg.) (1984): Fachserie 15: Wirtschaftsrechnungen. Einkommens- und Verbrauchsstichprobe 1983. Heft 1: Ausstattung privater Haushalte mit ausgewählten langlebigen Gebrauchsgütern. Stuttgart.

Statistisches Bundesamt (Hrsg.) (1990): Fachserie 15: Wirtschaftsrechnungen. Einkommens- und Verbrauchsstichprobe 1988. Heft 1: Langlebige Gebrauchgüter privater Haushalte. Stuttgart.

Tews, Hans Peter (1974[2]): Soziologie des Alterns. Heidelberg.

Thomae, Hans/Lehr, Ursula (1973): Berufliche Leistungsfähigkeit im mittleren und höheren Erwachsenenalter. Göttingen.

Weber, Max (1980[5]): Wirtschaft und Gesellschaft. Tübingen.

Weber, Max (1956): Soziologie. Weltgeschichtliche Analysen. Politik. Stuttgart.

Weber, Max (1909): Agrarverhältnisse im Altertum. In Handwörterbuch der Staatswissenschaften. 3. Auflage. 1.Band. Jena.

Weymann, Ansgar (Hrsg.) (1980): Handbuch für die Soziologie der Weiterbildung. Darmstadt/Neuwied.

Weymann, Ansgar (Hrsg.) (1987): Bildung und Beschäftigung. Sonderband 5 der Sozialen Welt. Göttingen.

Weymann, Ansgar/Weymann, Verena (1993): Weiterbildung zwischen Staat und Markt. In Meier, Arthur/Rabe-Kleberg, Ursula (Hrsg.): Weiterbildung, Lebenslauf, sozialer Wandel. Neuwied - Berlin, S. 11 - 28

Weymann, Ansgar/Sackmann, Reinhold (1994): Modernization and the Generational Structure. In Becker, Henk A./Hermkens Piet L. J. (Hrsg.): Solidarity of Generations. Amsterdam. (im Druck)

Weymann, Ansgar (1994b): Altersgruppensoziologie. In Kerber, H./ Schmiederer, A. (Hrsg.): Spezielle Soziologien. Reinbeck. (im Druck)

Whyte, William F. (1982): Social Inventions For Solving Human Problems. In American Sociological Review 47: 1 - 13.